ENCICLOPÉDIE
populaire

HISTOIRE
DE
L'ART DRAMATIQUE

PAR

A. BARON,
PROFESSEUR A L'UNIVERSITÉ
DE LIÉGE, ETC.

1

A. JAMAR,
ÉDITEUR.

ÉDITION RÉSERVÉE AUX MEMBRES DE LA SOCIÉTÉ.

10

0

HISTOIRE

DE

L'ART DRAMATIQUE.

TYP. D'ALEX. JAMAR.

EVRIPIDE

HISTOIRE

DE

L'ART DRAMATIQUE

PAR

A. BARON,

PROFESSEUR A L'UNIVERSITÉ DE LIÉGE, MEMBRE DE L'ACADÉMIE
ROYALE DE BELGIQUE, ETC.

BRUXELLES,

Société pour l'émancipation intellectuelle,

A. JAMAR, ÉDITEUR.

HISTOIRE

DE

L'ART DRAMATIQUE.

LIVRE PREMIER.

CHAPITRE PREMIER.

DE L'ART DRAMATIQUE.

L'imitation est le principe des arts; Aristote l'a dit, et l'expérience avant lui. L'homme aime à imiter et à voir imiter. C'est à la fois un besoin et une faculté. L'art est l'exercice de cette faculté et la satisfaction de ce besoin; il est l'imitation soumise à certaines conventions et à certaines lois; l'artiste, un imitateur qui connaît et observe ces lois et ces conventions. Que l'artiste, en imitant, ait un autre but que l'imitation même, on le conçoit; mais elle est son moyen essentiel, son impérieuse condition de manifestation.

Or, de tous les arts, celui qui semble avoir porté l'imitation au plus haut degré, qui, mieux que tout autre, donne la vie et le mouvement aux êtres qu'il reproduit avec leurs sentiments, leurs paroles, leurs actes et les choses qui les entourent, c'est l'*art dramatique*.

Aussi l'art dramatique nous est-il, pour ainsi dire, instinctif. Les enfants imitent entre eux la famille, le ménage, l'école, les troupes qui paradent, les processions du clergé, en un mot tout ce qu'ils voient et entendent, tout ce qu'ils ont vu et entendu. Bientôt l'imitation exacte ne leur suffit plus ; l'imagination veut sa part, elle embellit ou enlaidit, loue ou blâme, exalte ou ridiculise, par la façon même dont elle expose.

Sous ce rapport, comme sous tant d'autres, l'homme continue l'enfant. Lui aussi se plaît à la reproduction dramatique de toutes les réalités, et chez lui aussi l'imagination et le sentiment dépassent bientôt le réel ; il lui faut l'étrange, le terrible ou le grotesque, le merveilleux, l'idéal.

On ne s'étonnera donc point de trouver chez presque tous les peuples sauvages ou civilisés la représentation de faits, de mœurs, de paroles humaines, qui, développée sous diverses influences, puis régularisée et soumise à certaines conditions intellectuelles et matérielles, est devenue ce que nous appelons *le drame*.

Le drame, pris dans son sens le plus général, peut donc se définir : un ouvrage d'imitation où l'auteur agit, ou fait agir des acteurs, au nom de personnages réels ou fictifs, en employant, ensemble ou séparément, la prose, les vers, la musique, la danse et la pantomime, dans le but d'exciter la curiosité et la sympathie des spectateurs.

L'étude de l'art dramatique est peut-être de toutes les études littéraires celle qui offre le plus d'intérêt et de variété ; celle qui représente le mieux l'homme à l'homme, soit comme individu, soit comme membre de la grande famille humaine, ou des diverses sociétés présentes et passées ; celle qui fait revivre de la manière la plus animée, pour l'humanité, ses passions, ses sentiments, ses habitudes, ses vices, ses ridicules, et, pour chaque peuple en particulier, la religion et l'histoire, les phénomènes de la nature et les produits des arts et de l'industrie, la langue surtout, depuis le ton le plus simple jusqu'au plus élevé, depuis le dialogue familier et presque trivial jusqu'aux sublimes élans de la poésie ; celle, en un mot, qui, sous tous les rapports, est à la fois la plus agréable et la plus utile aux philosophes comme aux philologues, aux littérateurs comme aux gens du monde.

Le drame a ses doctrines, ses lois et ses formes, mais comme elles ont infiniment varié suivant les temps, les lieux, l'auditoire et les différents genres, il nous semble que la méthode la plus convenable pour s'en faire une idée correcte et complète, est d'en suivre l'histoire à travers les siècles et les pays divers, et d'exposer les théories à mesure que les faits les amèneront.

Son origine est presque au berceau des sociétés humaines, et, par une série de transformations successives, il est parvenu jusqu'à nous aussi fécond et aussi varié aujourd'hui qu'à aucun moment de sa longue existence. Les époques les plus raffinées de la civilisation ancienne et moderne ont eu leurs spectacles, et les voyageurs en ont rencontré chez les peuples sauvages depuis Otaïti jusqu'au Kamtschatka. Ici une représentation théâtrale est une fête nationale ou une cérémonie religieuse, à laquelle le peuple est convié tout entier ; là, c'est un plaisir aristocratique que les classes élevées peuvent seules se permettre. Tantôt il se répète chaque soir, tantôt il n'a lieu qu'en de rares et solennelles circonstances. La scène peut être et le salon d'un particulier, et le théâtre de Marcellus où Rome se pressait tout entière. Ses annales embrassent à la fois le *Prométhée* grec dont la lecture dure à peine une heure, et les 80,000 vers du mystère de la *Passion ;* le *Hamlet* de Shakspeare et les actes sacramentaux de Calderon ; les *Huguenots* de Meyerbeer et les farces de la foire ; Aristophane et Câlidâsa, l'*Œdipe* de Sophocle et les vaudevilles de Scribe.

Au milieu de cette infinie variété de lieux et de temps, d'œuvres et de noms, où serait la poétique universelle, la mesure applicable à tous ? Ni siècle, ni pays n'ont su longtemps conserver même leur code spécial, sans amender, ajouter, retrancher bien des articles, quand ils n'allaient pas jusqu'à en bouleverser des titres tout entiers.

L'étude du drame ne sera donc pas didactique, mais historique. Au lieu d'imposer des lois préalables, nous verrons les règles particulières résulter presque toujours de faits antérieurs, et nous chercherons à apprécier autant que possible les unes et les autres d'après les principes éternels de la vérité et de la raison.

Il ne s'agit pas ici de toutes les représentations scéniques imaginables. Nous nous arrêterons aux peuples et aux genres qui présentent des monuments réellement littéraires. Les Perses, les Égyptiens, les Hébreux, les Arabes et toutes les tribus musulmanes n'ont point de théâtre, mais l'antiquité nous offre la Grèce et Rome, et nous trouvons en Orient l'Inde et la Chine.

Le théâtre grec, désespérant modèle que presque tous les peuples modernes ont cherché à imiter sans pouvoir jamais en atteindre la beauté sévère et la merveilleuse unité, réveille un intérêt plus vif aujourd'hui que des interprètes plus consciencieux et plus fidèles nous l'ont fait mieux connaître. Si Rome n'est, sous le rapport de l'art dramatique, qu'une pâle copie d'Athènes, le drame oriental nous frappe du moins par la nouveauté des œuvres, la singularité des mœurs et les souvenirs d'une civilisation effacée, dont il reste un des plus curieux témoignages. Viendra ensuite le théâtre français tout entier, depuis les miracles et les mystères, suivis des efforts classiques du xvie siècle et de la puissante régularité des deux âges suivants, jusqu'aux innovations plus ou moins heureuses, mais originales et quelquefois brillantes, de la période contemporaine. Enfin, à la France succéderont les annales riches et variées du drame anglais, espagnol, allemand, italien, hollandais.

Malheureusement, pour une matière si vaste et si féconde, l'espace qui nous est accordé dans ce recueil est singulièrement restreint. Comment embrasser tant de choses en si peu de mots? Nous savions bien que nous ne pourrions pas tout dire; nous sera-t-il donné du moins d'en dire assez?

CHAPITRE II.

DU THÉATRE GREC.

Le mot *théâtre*, dit Plutarque dans son *Traité de la Musique*, vient de *theorein*, examiner, contempler, qui vient lui-même de *Theos*, Dieu. En Grèce, comme presque partout ailleurs, l'origine du théâtre se trouve dans les fêtes et cérémonies religieuses. Dès la plus haute antiquité, probablement même du temps de Thésée, on chantait en chœur, pendant les vendanges, des hymnes ou dithyrambes en l'honneur de Bacchus. Ces choristes, dit Horace, étaient promenés sur un tombereau et barbouillés de lie. De là, selon quelques érudits, le mot *tragédie*, qui, d'après eux, s'écrivait d'abord *trugôdia*, de *trux*, *trugos*, lie, et *ôdê*, chant. D'autres font venir *tragédie* du même mot *ôdê*, chant, et *tragos*, bouc, parce que, pour parler comme Boileau, dans les concours qui ne tardèrent pas à s'établir entre les diverses troupes bachiques, ou entre les membres de chacune d'elles,

> Du plus habile chantre un bouc était le prix.

Enfin, il est des philologues qui, ne voulant pas admettre

1.

ces étymologies matérielles, dérivent le mot *tragédie* de *tra-cheia*, rude, sévère, grave, et *ôdé*, chant. Si l'on peut supposer, en effet, que la rustique gaieté des campagnes anima d'abord ces sortes d'hymnes, et que la comédie y rattache son origine à aussi bon droit au moins que la tragédie, ce caractère primitif ne tarda pas à se modifier. Aux chœurs en l'honneur de Bacchus, déjà plus graves quand il ne s'agissait pas seulement du dieu des raisins, mais des aventures du conquérant des Indes que l'on confondait avec l'Osiris égyptien, on en ajouta d'autres en l'honneur d'Apollon. Puis, Arion y introduisit, dit-on, un perfectionnement notable ; il divisa le chœur en deux parties qui se répondaient l'une à l'autre, et intitula ces sortes de dialogues, d'après les interlocuteurs, les *Centaures*, les *Lapithes*, les *Satyres*, *Ajax*, etc. Les lexicographes citent ensuite Lassus d'Hermione, Cherilus à qui ils attribuent 150 à 160 pièces, Pratinas, Phrynichus, Susarion, Épigène de Sicyone, et enfin Thespis. Avec Thespis, du bourg d'Icarium en Attique, qui florissait, selon la commune opinion, vers la 61ᵉ olympiade, 556 ans avant Jésus-Christ, la tragédie se retrouva dans sa véritable patrie qu'elle ne quitta presque plus. Thespis fut le premier qui s'avisa, dans les moments de repos que prenait le chœur, de faire parler un acteur. Jusque-là le chœur seul avait chanté ; Thespis créa l'*épisode*, la *monodie*, ce qui veut dire le chant ajouté, le chant solo, en attendant qu'Eschyle *jetât dans les chœurs*, non plus un, mais plusieurs *personnages*, et les combinât dans un véritable drame. Ainsi, tandis que le chœur est maintenant l'entr'acte de la tragédie, la tragédie dans l'origine fut l'entr'acte du chœur. Cette circonstance fait comprendre les difficultés éprouvées par la suite, quand les progrès de l'art engagèrent à resserrer le chœur et même à le faire disparaître, au moins momentanément. On sait assez quel empire l'habitude exerce sur les hommes. C'est ainsi que le souvenir des anciens chants bachiques resta si longtemps dans les esprits, qu'à l'apparition des premières pièces d'Eschyle, les spectateurs s'écriaient : *Eh bien ! rien pour Bacchus ?* locution qui devint proverbiale et qui s'appliquait à tous ceux qui s'éloignent du but proposé.

C'est d'Eschyle que date réellement la tragédie ; rien de ce qui l'a précédé ne nous est parvenu. Mais avant de nous occuper des améliorations qu'il fit subir à l'essence même du drame, voyons quelles étaient à Athènes les conditions matérielles de l'art théâtral, et sans parler des premiers essais, des échafauds en bois qui remplacèrent le tombereau de Thespis, et s'écroulèrent, dit-on, pendant une pièce de Pratinas, transportons-nous immédiatement à une représentation de *Philoctète* ou d'*Antigone*.

Qu'on se figure d'abord une enceinte immense, pouvant contenir, non pas 1,500 à 3,000, mais 20,000 à 50,000 spectateurs, n'ayant d'autre toit que le ciel, quelque chose comme nos hippodromes. Là, devant le peuple tout entier, les représentations théâtrales avaient lieu trois fois l'année, aux fêtes de Bacchus. Les deux premières ne duraient qu'un jour ; la troisième, nommée les *grandes dionysiaques*, durait neuf ou dix jours, et l'on y jouait quatorze ou quinze pièces. On comprend que, à de rares exceptions près, chaque pièce n'était jouée qu'une fois.

L'enceinte dont je viens de parler comprenait, premièrement, un vaste demi-cercle où étaient disposés des gradins en forme d'amphithéâtre, séparés perpendiculairement en trois ou quatre parties par des escaliers où circulaient les assistants pour prendre ou pour quitter leurs places. C'était là ce qu'on nommait *koilon*, *cavea*, le creux, partagé en trois divisions horizontales ; la division supérieure était destinée aux femmes (les femmes, exclues de la plupart des réunions publiques de la Grèce et entre autres des jeux olympiques, étaient admises au théâtre d'Athènes) ; celle du milieu appartenait à la population masculine en général, et l'on réservait les degrés inférieurs aux magistrats ou aux personnes à qui leurs services méritaient cette distinction. Au bas du dernier gradin était l'*orchestre* qui peut représenter notre parterre. Il restait toujours vide pendant les représentations, et n'était occupé que dans les *entr'actes* ou intervalles entre les pièces, par ceux qui disputaient les prix de musique ou de danse. On avait remarqué que cet espace laissé vide au centre du théâtre était favorable à la voix et cette observation ne pouvait échapper aux Grecs, aussi habiles observateurs des lois de l'acoustique que de celles de l'optique.

La ligne où s'arrêtait des deux côtés l'amphithéâtre se nommait *logeion*, en latin *pulpitum*. Au milieu de cette ligne était un compartiment carré, occupant tout l'espace en face de l'orchestre, mais moins profond que large, appelé *proscenium*. C'était la scène proprement dite, l'endroit où les acteurs représentaient la pièce. Au-dessous, et à la hauteur de l'orchestre, se trouvait l'*hyposcenium*, où se tenait la musique, qui ne consistait d'ordinaire qu'en un ou plusieurs joueurs de flûte, chargés de soutenir la voix des acteurs. Enfin, un peu plus haut que l'orchestre, mais un peu plus bas que le *proscenium*, on voyait un espace carré appelé *thymélé*. On y plaçait le plus souvent un autel autour duquel, pendant les intermèdes, le chœur exécutait les évolutions dont nous parlerons bientôt.

La nature et la disposition des décorations est une des parties qui ont le plus embarrassé les critiques. Le fond du théâtre représente ordinairement un temple ou un palais ; le lieu de la scène est presque toujours en plein air, une place publique, une campagne, le bord de la mer, etc. Quand il était nécessaire d'offrir un intérieur, les anciens se servaient d'une machine appelée *encyclème*, qui contenait les divers compartiments d'un édifice. Il semblerait, d'après certaines pièces où l'on voit des personnages venir à travers les airs sur des nuées ou dans des chars traînés par des dragons, que les anciens eussent poussé fort loin, du temps même d'Eschyle, tout ce qui tenait aux machines. Mais quels moyens employaient-ils? Le spectacle même était-il réel ou simplement supposé? C'est sur quoi il est très-difficile de prononcer, d'autant mieux que, d'après ce qui nous reste des écrivains grecs, il ne paraît pas qu'il y eût de rideau devant la scène, comme il y en avait à Rome. Quoi qu'il en soit, nous pouvons supposer qu'Athènes déployait, dans les représentations scéniques, une extrême magnificence, et il suffit, pour le croire, de se rappeler tout ce que ses monuments et la tradition nous apprennent de l'architecture, de la sculpture, des cérémonies publiques dans cette ville et de son goût général pour les arts et le luxe.

On conçoit que, dans des salles ou plutôt des cirques aussi immenses, et avec ce grandiose général de la représentation, si les acteurs avaient paru dans leurs formes naturelles, ils auraient semblé des pygmées. Aussi, non-seulement les Grecs n'admettaient sur la scène que des hommes, qui remplissaient même les rôles de femmes, mais tous les acteurs portaient des masques. Sans doute, on était privé ainsi du charme de l'expression. Mais, outre qu'en raison de l'éloignement, cette expression eût été, de toute façon, perdue pour les spectateurs, il faut songer que l'art de l'acteur avait en Grèce deux caractères qui le distinguent du même art chez les modernes. Il était rhythmique et idéal ; rhythmique, en ce que les vers tragiques, soumis à une espèce de mélopée, se disaient autrement que la conversation usuelle ; idéal, en ce que, avant l'expression du caractère individuel ou de la passion, il avait pour objet principal, comme la statuaire, de présenter aux spectateurs une élévation héroïque, une majesté plus qu'humaine, en un mot l'idéal de la grandeur et de la beauté. C'était donc tout l'opposé de notre système actuel qui cherche à faire disparaître le rhythme dans la déclamation et à faire revivre les individualités dans le jeu et le costume. Loin de regarder les masques comme une fâcheuse mais inévitable nécessité, les Grecs eussent considéré comme la dégradation de l'art, comme une véritable profanation, de permettre à un acteur aux traits vulgaires, ignobles, ou d'une originalité trop prononcée, de représenter les dieux ou les héros. Les masques enveloppaient non-seulement la figure, mais la tête entière. D'après ceux qui nous restent, nous devons croire qu'ils étaient en général fort beaux. Mais nous savons aussi qu'ils devaient offrir une extrême variété de types, à en juger par la grande quantité de noms de masques que cite Pollux dans l'*Onomasticon*. Un petit nombre représentaient certaines individualités ; les masques comiques avaient pour la plupart la bouche excessivement ouverte.

L'ensemble de la personne des acteurs tragiques était d'accord avec cette vaste dimension de la figure. Leur chaussure, le cothurne, ajoutait cinq ou six pouces à leur taille, des gantelets allongeaient leurs bras, tous les moyens artificiels étaient employés pour mettre le reste du corps en rapport avec les pieds et la tête ; et afin que ces moyens fussent moins faciles à découvrir, presque tous les rôles comportaient la longue robe traînante. Tout cet appareil, aussi bien que la nature des sujets appartenant toujours aux âges mythologiques et héroïques, donnait aux personnages de la tragédie une sorte de nature céleste et merveilleuse, qui rendait plus vraisemblables la poésie de leur style et le rhythme de leur déclamation. Il était naturel que des êtres qui, sous tous les rapports extérieurs, paraissaient si fort élevés au-dessus des hommes, employassent le langage des dieux.

Les exercices auxquels se livraient les acteurs pour parvenir à la déclamation la plus pure et la plus énergique, et surtout à l'excellence de la musique ou du geste théâtral, qu'ils portèrent à une si haute perfection, malgré l'embarras du masque et du costume, étaient très-assidus et très-fatigants. La Grèce d'ailleurs honorait leur profession autant que Rome la méprisait en général. L'acteur Aristodème fut envoyé en ambassade auprès de Philippe. Les poëtes Eschyle, Sophocle, Aristophane étaient à la fois musiciens, décorateurs et acteurs dans leurs pièces, ce qui donnait aux unes l'unité et l'harmonie la plus précieuse, et n'empêchait pas les autres de commander les armées et d'être élevés aux plus hautes dignités. Sans doute le peuple témoignait souvent son mécontentement contre eux par des murmures, des rires, des trépignements de pieds, des sifflets et même des injures; mais l'orateur qui traitait les plus hauts intérêts de l'État était exposé aux mêmes désagréments.

Toutes les tragédies grecques sont en vers ïambes de différente forme. Quelques traducteurs les ont divisées en actes. Cette division, consacrée par Horace pour le drame latin, était inconnue aux Grecs. Leurs pièces se coupaient par intermèdes, c'est-à-dire par les chants du chœur. Le nombre des intermèdes et l'étendue de chacun d'eux sont indéterminés. Il y en a six dans l'*Antigone*, et deux seulement dans le *Philoctète*. Généralement on en comptait trois ou quatre. Les rhéteurs nomment *prologue* ou *exposition* l'espace compris entre le premier vers de la pièce et le premier intermède; du premier au dernier intermède, c'était l'*épisode* ou le *nœud*; depuis le dernier jusqu'à la fin, l'*exode* ou le *dénoûment*.

Nous avons vu que les intermèdes étaient occupés par le

chœur, et que la tragédie tout entière avait tiré de lui son origine. Il est donc important de s'y arrêter. Le chœur se compose, suivant les exigences de la pièce, d'hommes ou de femmes, de vieillards ou de jeunes gens, de citoyens ou d'esclaves, de prêtres, de soldats, etc. Le nombre des choristes n'était pas fixé dans le principe. Ceux d'Eschyle sont fort nombreux, mais l'impression terrible que produisit sur les spectateurs le chœur des cinquante Furies dans ses *Euménides*, détermina les magistrats à réduire le nombre des choristes à quinze pour la tragédie, et à vingt-quatre pour la comédie. Les choristes se présentaient sur la scène précédés d'un joueur de flûte, quelquefois un par un, le plus souvent cinq de front sur trois de hauteur, ou réciproquement. Pendant les intermèdes, surtout pendant le premier, ils ne sortaient pas du *thymélé*, et y exécutaient diverses évolutions, d'après les divisions adoptées dans l'ode, *strophe, antistrophe* et *épode*. A la strophe, ils allaient de droite à gauche; à l'antistrophe, de gauche à droite, sur le même air; à l'épode ils s'arrêtaient et, tournés vers l'orchestre, faisaient entendre un chant différent du premier. Parfois ils se partageaient en deux groupes qui exprimaient des sentiments ou des opinions différentes et finissaient par se réunir. Les chœurs des tragédies modernes sont généralement conçus dans cet esprit d'antithèse morale. Pendant le reste de la pièce, le chœur ne représente qu'un des acteurs, se mêlant au drame par l'intermédiaire du coryphée; aussi parle-t-il alors au singulier, et on lui répond comme à un seul personnage.

Aristote n'expose pas nettement les fonctions du chœur, comme partie intégrante du drame, et dans ses rapports internes avec l'action. Horace le fait mieux comprendre dans l'*Art poétique*. Selon lui, le chœur personnifie la moralité, c'est, en quelque sorte, l'honnête homme de la pièce. On pourrait dire, en poursuivant l'idée d'Horace, que le chœur est dans la tragédie grecque l'interprète de l'opinion sur l'événement qui se passe, le sentiment du poëte qui s'incorpore à la représentation comme organe du genre humain, la conscience morale vivifiée comme observatrice et juge des passions. En un mot, comme l'a bien formulé Schlegel, le chœur est un spectateur idéal qui modère l'impression pathétique que la fable peut produire dans l'âme des spectateurs réels, et leur donne en même temps une traduction lyrique et musicale de leurs propres sentiments.

Les dépenses occasionnées par les représentations scéniques aux entrepreneurs des théâtres étaient fort considérables; et le prix payé à l'entrée était loin de les couvrir. Ce prix varia jusqu'à Périclès qui le fit réduire à une obole, 15 centimes. Encore, grâce aux progrès de la démocratie, les magistrats furent-ils chargés de donner à chaque citoyen, aux frais de l'État, d'abord l'obole destinée à payer la place, et plus tard encore une autre obole pour se procurer pendant le spectacle quelques rafraîchissements. On conçoit d'après cela comment Plutarque dit que les spectacles coûtaient plus cher que n'avaient jamais coûté les guerres contre les Barbares. Mais celui sur lequel, après le trésor public, pesaient les plus lourdes dépenses était l'entrepreneur des chœurs ou *chorége*. Le citoyen revêtu de la fonction publique et sacrée de chorége s'engageait à former à ses dépens une troupe de musiciens et de danseurs pour célébrer les fêtes de Bacchus, et figurer par conséquent dans les tragédies et les comédies qui en faisaient partie. Les frais qu'entraînaient l'entretien et l'instruction de tous ceux qui composaient cette troupe montaient très-haut. Car, outre les trente à quarante choristes, il y avait à subvenir aux dépenses du *didascalos* chargé de les instruire et de les former, du *coryphée* qui les conduisait, de l'*aulète* ou joueur de flûte qui leur donnait le ton. Cependant la plus grande émulation régnait entre les choréges des différentes tribus pour obtenir le prix décerné à celui dont la troupe était la plus habile et la plus brillante; et tribu, chorége, poëte se croyaient amplement récompensés de leurs peines et de leurs dépenses, quand il leur était permis de consacrer dans le temple de Bacchus, toujours aux frais du chorége, un trépied avec quelqu'une de ces inscriptions dont les historiens nous ont conservé la formule : *La tribu Antiochide remporta le prix. Aristide, chorége, fit les frais du chœur, et le poëte Aristarque composa les tragédies.* Dans ces vieilles républiques de la Grèce, un trépied payait le talent de l'artiste, comme une couronne le génie et le patriotisme de Démosthènes.

CHAPITRE III.

—

A en juger d'après certains passages des anciens, le théâtre grec, malgré la rareté des représentations, malgré les dépenses et les difficultés qu'elles entraînaient, doit avoir été singulièrement fécond en œuvres dramatiques.

Fabricius compte près de 200 poëtes tragiques, dont il est fait mention dans les auteurs. De ces 200 poëtes, trois seulement nous sont parvenus, Eschyle, Sophocle et Euripide. C'étaient eux que les critiques d'Alexandrie avaient choisis et dont ils faisaient multiplier les copies, comme étant les meilleurs modèles des trois âges de la tragédie. Et cependant sept pièces seulement d'Eschyle ont été conservées. On en cite 98 autres. Nous n'avons également que sept pièces de Sophocle, environ 170 sont perdues. Euripide en avait composé, dit-on, 145; vingt ont échappé aux ravages du temps. Cette extrême fécondité étonnera moins, si l'on songe que les pièces grecques sont en général beaucoup

plus courtes que les nôtres, que les sujets et la disposition de
la fable sont beaucoup plus simples, qu'enfin la richesse et l'abondance de la langue employée, la facilité du vers tragique, parfois le peu d'étude de style et le prosaïsme de diction, surtout
dans Euripide, permettaient une composition plus rapide. Ajoutez que beaucoup de pièces ont été attribuées à l'un ou à l'autre
des trois grands poëtes sans trop de fondement et sur la parole
d'une critique assez légère. On ne prête qu'aux riches.

Quand on étudie chronologiquement cet ensemble de productions dramatiques, on aperçoit, dès les premières œuvres, une
idée dominante, qui se modifie par la suite, mais qui ne meurt
point et reste jusqu'à la fin l'âme de la tragédie antique, c'est
l'idée de la lutte entre l'homme et la fatalité. Sous le plus beau
ciel de l'univers, entourés d'une nature féconde et variée, jouis-
sant de la plénitude de l'existence physique, exaltés par la conscience de leurs forces qui se résumaient dans celles de leurs
héros, et que leurs héros exerçaient contre les monstres produits par un sol encore inconnu ou rebelle, ne connaissant entre
eux d'autre différence que celle qui résultait de cette force même,
et ignorants du despotisme religieux et politique depuis les temps
les plus anciens, les Grecs avaient peu réfléchi aux effets de la
complication des volontés, des intérêts, des passions des hommes
en société, pas plus qu'aux luttes internes de l'âme. Mais un
fait inexplicable pour des âmes neuves les frappait parfois. Ils
s'étaient aperçus que les forces de leurs héros, si puissantes
qu'elles fussent, expiraient souvent devant une nature plus
puissante encore. Ils avaient mille exemples d'hommes parvenus
lentement ou rapidement au faîte du bonheur, et de là tombant
tout à coup dans l'abîme de la misère, sans qu'ils pussent démê-
ler clairement quelquefois la cause de leurs prospérités, plus
souvent celle de leurs infortunes. Au lieu d'étudier les motifs si
divers de tant d'événements, ils préférèrent, natures simples,
ignorantes et en même temps poétiques et qui avaient animé tout
l'univers, animer aussi cette cause invisible qui frappait parfois
avec justice, plus souvent au gré d'un caprice inexplicable,
presque toujours d'un coup imprévu et irrésistible. De là était
née cette divinité sombre, terrible, inaccessible, qui habite par

delà tous les cieux, et courbe sous son sceptre d'airain les dieux comme les hommes. Ils la firent cruelle, car ce n'est que leurs malheurs que les hommes attribuent à la fortune; leur bonheur, ils s'en font gloire à eux-mêmes : inexorable, car ils avaient remarqué qu'une fois poursuivis par le malheur, tous nos efforts pour nous y dérober ne font qu'augmenter sa furie: envieuse, car nous ne sommes frappés que des maux qui attaquent les puissants et les heureux. Cette idée domine dans l'épopée, comme dans l'histoire primitive des Grecs. Homère et Hérodote en sont pleins, mais elle ne paraît nulle part plus grande et plus effrayante que dans Eschyle.

Il s'ensuivit que la tragédie d'Eschyle dut être simple, car où est l'intrigue, la ruse, la force qui balancera longtemps un tel ennemi?

Elle dut être grandiose, car si à cet ennemi vous opposez des mortels, ils seront doués d'une force surhumaine, d'une stature gigantesque, d'une inébranlable énergie de volonté surtout ; sans cela la lutte ne serait même pas concevable.

Elle dut exciter au plus haut degré les deux passions reconnues dès lors comme les deux mobiles souverains de la tragédie, la terreur et la pitié. Car, dans cette lutte de la liberté interne de l'homme contre la fatalité extérieure, quoi de plus terrible que cette fatalité toujours victorieuse? quoi de plus pitoyable que cette liberté toujours vaincue?

Cependant ces sentiments de terreur et de pitié qui naissent de la tragédie, non-seulement en Grèce, mais sur tous les théâtres littéraires, suffiraient-ils à expliquer le charme qu'ont pour nous ces représentations, et aussi la leçon morale à retirer du drame comme de toute œuvre intellectuelle? Ne semble-t-il pas, au contraire, qu'ils laissent dans l'âme une impression de douleur et de désespoir également contraire et au plaisir et à l'instruction? Ou s'imagine-t-on que nous ne soyons attirés au théâtre que par le besoin de quelque agitation violente qui secoue l'engourdissement de la vie journalière?

Sans doute il y a quelque vérité dans ce dernier point de vue, et nous lui attribuerions volontiers la passion des Romains pour les jeux du cirque, ou des Espagnols pour les combats de taureaux. Mais le charme de la scène a encore une plus noble cause, qui n'est pas étrangère même à ces divertissements d'un ordre bien inférieur, et que plusieurs critiques allemands ont habilement saisie. C'est que l'activité, l'énergie, le courage déployés par le héros tragique, comme par le gladiateur, sont des qualités sympathiques avec la puissance intellectuelle et morale de l'homme. Nous avons la conscience de la dignité de notre nature, et nous sentons en même temps qu'elle ne peut se manifester avec avantage que dans une lutte sérieuse contre une puissance extérieure; que, quand elle n'est pas activée ainsi, elle dort ou du moins semble sommeiller au fond de nos âmes. C'est dans ces combats et ces périls que la partie morale de notre être nous donne les preuves de son énergie et de son élasticité, et c'est là le spectacle qui plaît à l'homme parce qu'il l'élève, parce que, en même temps qu'il y voit souvent les traces d'un meilleur ordre de choses imprimées dans l'apparente irrégularité des événements, il y recueille aussi les titres qui établissent ses droits à une divine origine et à une existence plus noble que celle que lui préparent les jouissances terrestres.

Outre ces considérations générales, la tragédie grecque avait pour les Grecs, et surtout pour les Athéniens, un attrait tout spécial. L'immense majorité des sujets, appartenant aux traditions mythologiques et héroïques, leur présentait un intérêt religieux, national, souvent local. L'éloge d'Athènes, de Thésée, de toutes les vieilles renommées de la patrie, les crimes et les malheurs des autres races royales entretenaient l'amour du sol et des institutions républicaines; et tandis que l'espèce de nuage mystérieux qui enveloppait l'existence de cette race moitié mortelle et moitié divine augmentait l'illusion et l'idéal, le drame lui-même gagnait à la peinture de ces âges primitifs, où la force étant la seule loi des particuliers et des peuples, les passions sans guide et sans frein pouvaient, tout en conservant la vérité de l'histoire, se déployer avec toute l'énergie nécessaire à l'action tragique.

Cependant à mesure que grandissait Athènes, à mesure qu'elle passait d'une adolescence fougueuse et passionnée au calme puissant de l'âge mûr, la tragédie se modifiait avec les événements et le caractère national. Bientôt ce ne fut plus cette exaltation d'orgueil, cette confiance dans la force de la volonté humaine, effet naturel des triomphes médiques et qui surexcite les héros d'Eschyle; ce fut une guerre intestine entre deux ennemis également habiles, où la valeur devait être savante, l'enthousiasme raisonné, le succès organisé d'avance; ce fut une existence passée dans les sérieuses agitations de la place et de la vie politique. Aussi Thucydide ne place-t-il pas le destin en première ligne, les faits et surtout les hommes sont mieux étudiés; et en même temps alors au drame qu'Aristote appelle *simple*, parce qu'il n'a, pour ainsi dire, que deux acteurs, la volonté et la fatalité, succède avec Sophocle celui qu'il appelle *complexe*, parce que la lutte des passions humaines entre elles vient se compliquer avec la résistance à la destinée.

M. Patin a parfaitement exposé cette phase de la tragédie antique : « Sans doute, dit-il, la volonté des dieux préside toujours aux événements que retrace le drame; mais cette merveilleuse influence n'est plus que le cadre, ou, si l'on veut, le fond du tableau. Au premier plan se montre l'homme avec ses passions, son caractère, sa volonté. Il n'est personne qui n'aperçoive les conséquences nécessaires du rôle agissant que l'homme commence à jouer dans le drame de Sophocle. De là devait sortir la tragédie complexe tout entière avec ses développements, ses oppositions de caractère, avec la variété et l'enchaînement de ses situations, de ses incidents, de ses péripéties, avec l'artifice plus difficile et plus habile de son ordonnance, avec l'attrait nouveau, quoique faible encore, qu'elle offrait à la curiosité, avec ces impressions de terreur, de pitié, d'admiration, que produisait la peinture ennoblie, mais toujours vraie, du malheur et de l'héroïsme humains.

» Alors s'ouvrit un spectacle nouveau, dont l'imagination peut à peine aujourd'hui se figurer les effets ravissants. Les yeux étaient occupés par une succession de tableaux ou touchants ou terribles, et qu'embellissaient constamment la grâce et la noblesse des attitudes et des mouvements. Une versification d'un rhythme varié, dont une déclamation variée comme elle et un accompagnement musical marquaient encore l'harmonie, enchantait les oreilles. L'âme était émue par des discours qui, s'élevant au sublime et descendant avec aisance au familier, se prêtaient à l'expression forte et naïve de toutes les affections. Enfin l'esprit était doucement attaché au développement vrai, simple et calme d'une fable construite avec art et dans laquelle chaque partie concourait à la perfection de l'ensemble. »

La tragédie grecque était alors à son apogée. Malheureusement l'esprit humain, une fois parvenu au plus haut degré de perfection qu'il semble lui être donné d'atteindre, ne sait pas s'y arrêter. On dirait que, comme le héros de Corneille, à peine monté sur le faîte, il aspire à descendre. Les victoires d'Athènes sur les Perses poursuivies par Cimon, sa suprématie sur les républiques de la Grèce, le pouvoir presque souverain où Périclès, chef du parti populaire, sut se maintenir pendant près de quarante années, tout exalta le principe démocratique et lui assura un ascendant fatal sous plusieurs rapports. Les fêtes, les spectacles, les discussions de la place publique, les fonctions de juges, gratuites jusqu'alors, et que Périclès fit rétribuer comme l'assistance au théâtre, devinrent l'occupation exclusive de tous les citoyens et la destination exclusive des tributs payés par les alliés. Dès lors pour ces esprits, oisifs dès qu'ils ne parlaient pas eux-mêmes ou n'écoutaient point quelques parleurs, pour ces plébéiens passionnés, énervés, enivrés de leur gloire passée et de leur puissance actuelle, il fallut des sophistes, des rhéteurs, des poëtes à effet, des flatteurs surtout; et ces pernicieuses exigences se firent sentir dans la tragédie comme dans tout le reste. Au lieu de continuer à exposer la lutte sublime et mystérieuse entre la fatalité et la volonté humaine, de dérouler dans le drame et de formuler dans le chœur la moralité qui en dérive, de songer d'abord à l'élévation idéale des héros, puis à leur caractère transmis par les traditions, enfin aux passions qui les agitent; au lieu de peindre, comme Eschyle, les hommes plus grands qu'ils ne peuvent être, ou, comme Sophocle, tels qu'ils devraient être, la tragédie, dans Euripide, montra les hommes tels qu'ils sont, et par là même annonça une décadence dans l'idée grecque; elle donna le pas à l'expression de la passion sur celle du caractère et de

la beauté idéale de l'âme; elle flatta les goûts populaires, en re-
cherchant l'effet théâtral, en multipliant les plaidoyers théori-
ques, les dogmes philosophiques, les moralités pratiques, les
peintures de famille et d'intérieur. Son langage plus clair, plus
simple, plus passionné même fut souvent aussi plus prosaïque,
plus négligé, et descendit presque à la comédie.

Il ne reste des contemporains et des successeurs d'Euripide
que des fragments insignifiants; mais tout ce qu'on sait d'eux
suffit à prouver qu'ils hâtèrent la décadence de l'art tragique.
On cite parmi les meilleurs Ion, Achæus, Agathon, le dernier
surtout, à qui ses innovations firent une renommée contre
laquelle s'inscrivirent Aristote et les hommes de goût. Non-seulement il ne sut pas conserver l'ancienne simplicité du style, et
le sien fut chargé d'ornements, de pointes et de jeux de mots,
mais il s'avisa le premier de mettre sur le théâtre des pièces de
pure imagination, idée tout à fait contraire au véritable esprit
de la tragédie grecque. Les grammairiens d'Alexandrie nous ont
conservé deux canons, comme ils les appellent, de poëtes tragiques : l'un comprend les maîtres antérieurs à Alexandre le
Grand; l'autre ceux qui ont vécu du temps des premiers Ptolé-
mées; ils ont formé, des sept meilleurs de ceux-ci, une pléiade
poétique que le temps a fait disparaître. Il paraît qu'il n'y a pas
de quoi s'en affliger beaucoup. Leurs pièces semblent faites pour
la lecture plutôt que pour la représentation : on y rencontre,
comme dans les âges d'épuisement intellectuel, des arrangeurs
des tragédies d'Eschyle et de Sophocle, et d'indéchiffrables monologues, dont un seul a survécu, la *Cassandre* de Lycophron.
C'est une espèce d'amphigouri mythologique, où l'on ne peut entrevoir quelque chose qu'à grand renfort de scoliastes et de
commentateurs, qui d'ailleurs ne lui ont pas manqué. Après
Lycophron, il n'y a plus rien.

La tragédie grecque se renferme donc dans Eschyle, Sophocle et Euripide. Entrons dans quelques détails sur chacun de ces
trois grands maîtres.

CHAPITRE IV.

D'ESCHYLE.

—

Eschyle, fils d'Euphorion, naquit à Éleusis, bourg de l'Attique, 525 ans avant l'ère chrétienne, la dernière année de la 63e olympiade. Il grandit au milieu des cris de liberté et de victoire; il fut acteur et témoin dans ce drame plus imposant encore qu'aucun de ceux qu'il a écrits, où une poignée de Grecs repoussa l'Asie tout entière arrachée à ses fondements et lancée contre eux pour les écraser. Lui-même combattit à Marathon, à Salamine et à Platée. L'on sent en effet dans les vers d'Eschyle je ne sais quelle ardeur martiale, quel orgueil du triomphe qui trahit de toutes parts le soldat vainqueur de Darius. Il suffit de lire, pour s'en convaincre, la tragédie des *Perses* et *les Sept devant Thèbes*. Tout le luxe de l'épopée homérique s'y retrouve avec plus de vie, plus de chaleur, et Tyrtée entraînant les Spartiates au combat avait un langage moins animé. Vers la fin de sa vie, Eschyle se retira à la cour d'Hiéron, roi de Syra-

cuse. On donne diverses causes à cet exil volontaire. Ce qui est
certain, c'est qu'il fut accueilli par Hiéron avec tous les égards
dus à son talent. Il mourut à Géla, en Sicile, à l'âge de soixante-
neuf ans (456 avant J. C.). Les critiques grecs, qui se croient
obligés d'entourer un grand homme de merveilles et de raconter
poétiquement la vie des poëtes, disent que dans sa première
jeunesse Bacchus lui était apparu et lui avait commandé de se
livrer aux compositions tragiques. Ils donnent aussi à sa mort
une cause assez extraordinaire. Un oracle lui avait annoncé
qu'il périrait d'un trait lancé du ciel, ou, selon d'autres, de la
chute d'une maison. Un jour, en se promenant dans la campagne,
il fut aperçu par un aigle qui portait une tortue dans ses serres
et cherchait à en briser l'écaille sur quelque rocher. L'aigle prit
la tête chauve du poëte pour une roche : il lança la tortue contre
elle et la lui cassa. Après sa mort, Athènes lui rendit de grands
honneurs.

Boileau expose bien les améliorations matérielles en quelque
sorte dont l'art tragique fut redevable à Eschyle :

> Eschyle dans le chœur jeta les personnages,
> D'un masque plus honnête habilla les visages,
> Sur les ais d'un théâtre en public exhaussé
> Fit paraître l'acteur d'un brodequin chaussé.

Mais il fit plus ; le premier il donna du développement au
dialogue ; le sien se distingue par l'éclat, la vigueur et la rapidité de la réplique ; il lia intimement les chœurs à l'action,
abrégea la longueur de leurs chants, les renferma dans de justes
bornes, et peut-être aurait-il pu les réduire encore. Ses caractères sont dessinés à grands traits ; il les choisit dans les temps
héroïques, les élève et les soutient à une hauteur plus qu'humaine ; il les peint vigoureux, francs, inaccessibles à la crainte,
livrés à toute la violence d'indomptables passions. Ses plans
sont d'une extrême simplicité ; il négligeait ou ignorait l'art de
nouer et de dénouer une action, d'en suspendre à propos ou
d'en presser la marche ; quelquefois cette action s'arrête pour
faire place à des descriptions ou à des chants qui appartiennent

plus à l'épopée ou au dithyrambe qu'à la tragédie. La terreur est son élément, et l'on a dit de lui ce que lui-même disait du héros Hippomédon dans *les Sept devant Thèbes* : « L'épouvante marche devant lui, la tête élevée jusqu'aux cieux. » Il se plaît à nous montrer les Furies, les Titans, les sombres et mystérieux pouvoirs de la nature. Il leur prête un langage qui n'appartient qu'à lui ; il semble qu'il ait peine à se soumettre aux langues humaines, et qu'il doive enfler ses expressions et leur donner une sublimité gigantesque qui puisse être en rapport avec la hauteur de ses héros. De là l'étrangeté de son style, ces épithètes audacieuses, ces combinaisons de mots extraordinaires, construits pour ainsi dire des débris d'autres mots ; de là aussi, en certains endroits, surtout dans les chœurs, l'obscurité laborieuse de ses phrases qui en rend l'intelligence difficile.

J'ai cherché à exposer le dogme de la fatalité, qui est la base à peu près unique de ce que les Grecs nomment la tragédie simple. C'est elle qui domine surtout dans les sept pièces qui nous restent d'Eschyle, *Prométhée lié*, *les Sept devant Thèbes*, *les Perses*, *Agamemnon*, *les Choéphores*, *les Euménides* et *les Suppliantes*.

Le *Prométhée* est un des mythes les plus profonds et les plus poétiquement philosophiques que nous ait laissés l'antiquité. C'est l'image d'une inébranlable constance dans le malheur et dans un malheur immortel, car celui qui souffre est un dieu. Le lieu de la scène est un rocher nu, sur le rivage de l'immense Océan. C'est là que la colère de Jupiter, personnification du despotisme usurpateur et égoïste, bien que soumis lui-même aux arrêts du destin, a enchaîné Prométhée, c'est-à-dire l'intelligence bienfaitrice de l'humanité qu'elle éclaire et console. Au commencement de la pièce, la Force et la Violence, aidées de Vulcain, l'industrie matérielle, sont occupées à river les fers de Prométhée. Le sexe timide et compatissant, les nymphes qui forment le chœur, cherche à adoucir ses maux. « Quel est donc ton crime ? » lui disent-elles. — « Mon crime, répond Prométhée, c'est d'avoir donné aux mortels, en dépit d'un dieu jaloux, le feu, père des arts, et l'espérance. J'ai offensé Jupiter, je le sais; j'ai voulu l'offenser, je ne le nie point. Mais je n'ai pas dû croire qu'après les services que j'ai rendus aux mortels, je serais condamné à me voir consumer sur ce roc, au sommet désert de ce mont inhabitable. » Ce sont précisément les vers que le docteur O'Méara appliquait à Napoléon, et qu'il a pris pour épigraphe de son livre intitulé : *Une voix de Sainte-Hélène*. Prométhée lui-même console à son tour une autre victime de la tyrannie, Io, l'amante aimée, mais abandonnée par l'indifférence du maître aux jalouses fureurs de la femme légitime. Il repousse ensuite les conseils honteux et intéressés de deux ministres de Jupiter, l'Océan et Mercure, et se refuse à leur révéler le secret de la destinée du despote que lui seul connaît. Enfin, Jupiter irrité lance la foudre, et le rocher, le héros et toute la scène disparaissent dans les entrailles de la terre.

Voilà le drame antique dans toute sa sombre grandeur. Il semble que les autres poëmes soient des tragédies particulières, et celle-ci l'image de l'humanité tout entière, douée d'une prévision, d'une soif de science, d'une ardeur d'immortalité qui fait son malheur et sa gloire, et enchaînée en même temps à une existence matérielle et finie, sans alliés, sans rien à opposer aux pouvoirs inexorables de la nature, qu'une volonté indomptée et la conscience de ses sublimes droits.

Ensuite, il faut bien avouer que le *Prométhée* n'est point un drame, dans le sens actuel de ce mot. L'action y est à peu près nulle. Elle n'est pas mieux prononcée, au reste, ni dans la tragédie des *Suppliantes,* qui offre l'épisode des cinquante Danaïdes échappant par la protection de Pélasgus, roi d'Argos, aux poursuites de leur oncle Ægyptus, ni dans la tragédie des *Perses*. Mais si l'on ne peut considérer celle-ci comme un drame, on doit la regarder comme le plus magnifique chant triomphal en l'honneur de la patrie et de la liberté. Il était impossible de peindre sous de plus vives couleurs la gloire des Grecs qu'en nous transportant à Suze, au milieu des Perses consternés, et en faisant retentir à nos oreilles leurs longues et lugubres lamentations. Ajoutez à cela la pompe et l'éclat du spectacle, et l'harmonieuse majesté de la poésie, et vous pourrez juger quel sentiment d'orgueil et de joie devait enivrer le cœur des Athéniens.

et en même temps quelle douce pitié à la vue d'ennemis si malheureux devait tempérer la fierté farouche du triomphe.

Malgré tout, on chercherait en vain dans ces deux pièces le peintre sublime du cœur humain qui avait dessiné le grand caractère de Prométhée. On le retrouve dans l'Étéocle des *Sept devant Thèbes*. Le sujet est connu. Étéocle et Polynice sont convenus d'occuper le trône de Thèbes chacun à leur tour pendant un an. Polynice, à l'expiration de la première année, a rendu le trône à son frère; mais celui-ci refuse, quand son tour est venu, de remettre l'autorité entre les mains de Polynice. Il est évident que le droit est ici du côté de ce dernier, et cependant, durant toute la pièce, et les Thébains et le poëte se rangent du côté d'Étéocle. La moralité qui résulte de cette conduite est à remarquer. C'est que les Athéniens étaient profondément pénétrés de cette vérité que l'émigration armée, qui attaque la patrie avec le secours des étrangers, est par là même coupable d'un crime plus grand que toutes les injustices possibles, du crime de lèse-nation au premier chef. Polynice, banni du trône par son frère, est dans son droit; il est dans son tort du moment où, appuyé par sept chefs étrangers, il paraît au pied des murs de Thèbes pour porter le fer et le feu dans sa patrie. L'action d'Étéocle n'était qu'une convention violée; celle de Polynice est l'oubli du plus saint des devoirs; c'est ici le cas de répéter le mot de M. Royer-Collard à la tribune de France : « Il n'est point de droit contre le droit. » La pièce, qui n'est d'ailleurs qu'une description admirable, mais tout à fait épique, des sept chefs et des sept Thébains qui leur sont opposés, finit par le double fratricide d'Étéocle et de Polynice. Les deux frères, percés par la main l'un de l'autre, sont transportés morts sur la scène. Antigone et Ismène, leurs sœurs, déplorent leur cruelle destinée. Un héraut vient annoncer, de la part du sénat de Thèbes, qu'Étéocle, qui mourut en défendant la patrie, sera honorablement enseveli, et que le corps de Polynice, qui l'attaqua à la tête d'une troupe étrangère, sera privé de sépulture. Antigone déclare alors que nulle loi ne l'empêchera de rendre à son frère les derniers honneurs, et prépare ainsi le sujet si admirablement traité plus tard par Sophocle. Mais ici s'offre un nouvel exemple à l'appui de ce que nous avons dit et de la moralité des pièces grecques, et du rôle qu'y jouait le chœur. Il est si vrai que le chœur représente la conscience des spectateurs et celle du genre humain, que lorsque deux devoirs également sacrés se partagent les hommes et semblent laisser ignorer au poëte de quel côté est le bon droit, le chœur se divise aussi en deux demi-chœurs. Ici, par exemple, qui oserait décider qu'il ne faut pas obéir à la nature? Qui oserait décider qu'il ne faut pas obéir à la patrie? A la fin de la pièce, le chœur se partage; une partie, obéissant à la patrie, suit la pompe funèbre d'Étéocle; l'autre, obéissant à la nature, accompagne Antigone et le cadavre de Polynice.

Il est probable que chacune des pièces dont nous venons de parler, à l'exception des *Perses*, n'était qu'une partie de ce que les anciens appelaient une *trilogie*. Les vieux tragiques, pour disputer le prix, devaient présenter, non pas une pièce, mais trois pièces, dépendant en général l'une de l'autre, quoique cette condition ne fût pas absolument indispensable. Dans les trilogies formant un sujet unique, la première tragédie était ce que les anciens appelaient *thèse ou sujet;* la seconde, ce qu'ils nommaient *antithèse* ou *opposition;* la troisième s'appelait *connexion* ou *conclusion.* Ainsi le *Prométhée lié,* car tel est le vrai titre de la pièce, était une antithèse. La thèse était *Prométhée dérobant le feu,* et la connexion, *Prométhée délié. Les Suppliantes* et *les Sept devant Thèbes* étaient aussi, sans doute, les secondes parties de deux trilogies, dont les premières s'appelaient *Ægyptus* et *OEdipe,* et les dernières, *les Danaïdes* et *Antigone.*

Il ne nous reste de l'antiquité qu'une trilogie complète, l'*Orestiade* d'Eschyle, composée d'*Agamemnon,* des *Choéphores* et des *Euménides.* C'est assurément un des plus magnifiques poëmes que la Grèce nous ait transmis. Eschyle devait avoir au moins soixante ans lorsqu'il présenta aux yeux des Athéniens ce sublime ouvrage, et son talent était alors parvenu au plus haut point de maturité. Jamais sujet plus fécond et plus intéressant n'avait agité les cœurs, jamais spectacle plus magnifique et plus varié n'avait charmé les yeux, jamais ensemble plus parfait, jamais plus haute vérité morale n'avait satisfait les esprits et éclairé les âmes.

Dans la première pièce, Agamemnon, vainqueur de Troie, est massacré à son retour par Clytemnestre, sa femme. Dans la seconde, Oreste, vertueux et coupable à la fois, venge son père par le meurtre de sa mère, *facto pius et sceleratus eodem*. Dans la troisième, comme si l'humanité était trop au-dessous de ces sombres et terribles mystères du cœur, ce sont les dieux eux-mêmes qui posent, attaquent, défendent et jugent la question. Les Furies poursuivent Oreste, Apollon est son protecteur, jusqu'à ce que la sagesse divine, sous la figure de Minerve, réconcilie ces sentiments ennemis et mette fin à cette longue succession de crimes et de châtiments qui désolait la royale famille d'Atrée.

L'intention d'Eschyle dans *Agamemnon* est de nous montrer l'incertitude du bonheur de l'homme et les révolutions de la vie humaine; il personnifie cette pensée en nous offrant l'exemple d'une chute soudaine, imprévue, du faîte le plus élevé de gloire et de puissance auquel un mortel puisse parvenir, dans l'abîme du plus épouvantable malheur. Le roi des rois, le chef de la Grèce, le vainqueur de Troie, après la ruine d'une ville reine de l'Asie, qui avait résisté pendant dix ans aux efforts de la Grèce conjurée, revient dans son palais au milieu des acclamations de son peuple, à travers des nuages d'encens et la fumée des sacrifices, et au seuil même de ce palais, sans avoir pu prévoir en aucune manière le malheur qui va l'accabler, il est assassiné par sa propre femme, assommé, dit Homère, comme un bœuf dans une étable. Un des personnages les plus remarquables de cette pièce est celui de Cassandre, surtout dans le moment de la mort d'Agamemnon, où elle entonne un chant prophétique d'un grandiose auquel je ne connais rien de comparable en aucune langue, si ce n'est la prophétie de Joad dans *Athalie*. Ce morceau a été imité d'une manière supérieure par M. Lemercier dans sa tragédie d'*Agamemnon*, une des pièces françaises qui respirent le plus l'esprit de l'antiquité. A la fin de ce chant, on entend derrière la scène les derniers soupirs d'Agamemnon. Bientôt le palais s'ouvre; Clytemnestre paraît, portant à la main le poignard ensanglanté, et prononce ces terribles paroles, toutes pleines de la fatalité antique et du génie d'Eschyle : « J'annonce avec courage, dit-elle au peuple, ce que j'ai fait sans effroi ; il m'est égal que vous l'approuviez ou le blâmiez. Voilà mon époux sans vie, c'est moi qui l'ai tué ; son sang a rejailli sur moi ; je l'ai reçu avec la même avidité qu'une terre brûlée par le soleil reçoit la rosée du ciel. Il avait immolé ma fille, je l'ai poignardé ; ou plutôt, ce n'est pas Clytemnestre, c'est le démon d'Atrée, le démon ordonnateur du sanglant festin de ce roi, c'est lui qui a pris mes traits pour venger avec plus d'éclat les enfants de Thyeste. »

Un long espace de temps se passe entre la première et la seconde partie de cette trilogie. Oreste, laissé enfant aux derniers vers d'*Agamemnon*, est devenu homme aux premiers des *Choéphores* ou *porte-vases*, jeunes filles qui forment le chœur. Cette seconde pièce raconte le meurtre de Clytemnestre par son fils. La troisième partie au contraire est la suite immédiate de la seconde. Oreste, saisi par les Furies à la fin des *Choéphores*, s'enfuit à Delphes, où nous le retrouvons entouré de ces divinités vengeresses au commencement des *Euménides*. Nous ne pouvons entrer dans tous les détails des beautés de ces deux drames, la magnifique exposition des Choéphores, le songe de Clytemnestre, le meurtre d'Égisthe et celui de sa complice qu'explique et justifie cette robe d'Agamemnon jetée près du cadavre de ses assassins, comme celle de César montrée au peuple par Antoine, enfin le sublime symbole qui est l'âme de toute la pièce des *Euménides*, et qu'ont habilement expliqué les critiques allemands.

Oreste, conseillé par Apollon, a tué sa mère ; poursuivi par les Furies, il est absous par l'Aréopage et par Minerve. Les Furies sont évidemment la conscience, force obscure, inexplicable, échappant au raisonnement. En vain Oreste veut se justifier à lui-même son action par ses motifs ; la voix du sang crie à son oreille. Apollon est le dieu de la jeunesse, la noble ardeur, l'indignation généreuse, la vigueur et l'audace. Pallas est la froide raison, la justice, la conciliation providentielle entre le passé et le présent. Les Furies s'endorment dans le temple ; n'est-ce pas, en effet, dans le sanctuaire seul, au sein de la religion, que le coupable peut fuir les remords de la conscience? A peine est-il rentré dans le monde, les remords se réveillent. Le discours de l'ombre de Clytemnestre, la haine d'Apollon pour elle, tout rentre dans cette interprétation symbolique. Les raisons pour et contre l'action d'Oreste se balancent également comme les suffrages des juges. Les Furies ont un temple dans Athènes; cela ne signifierait-il pas que, même dans l'intelligence la plus perfectionnée, il est certain instinct au-dessus du pouvoir de la raison, certaines limites que l'esprit humain ne peut passer, et auxquelles même il faut se garder de toucher si l'on veut conserver la paix intérieure.

Tel est *Eschyle*, un des écrivains dramatiques qui méritent le mieux d'être étudiés. Les critiques français du xviiie siècle appelaient ses pièces l'enfance de l'art. Oui, répond Schlegel, mais l'enfance d'Hercule qui étouffait des serpents dans son berceau.

CHAPITRE V.

DE SOPHOCLE.

En lisant l'*Électre* de Sophocle, dont le sujet est le même que celui des *Choéphores* d'Eschyle, et en rapprochant les deux pièces l'une de l'autre, on sent immédiatement que le point de vue de l'art est changé, et que le but n'est plus le même. A l'obscur pouvoir de la nécessité, va succéder la vigueur active de la volonté de l'homme. Déjà se dissipait de toutes parts, d'après les leçons de l'expérience et les préceptes de la philosophie, cette poétique ignorance qui avait personnifié toute la nature et donné un caractère divin à la force aveugle que Pythagore nommait la nécessité. Les victoires médiques, c'est-à-dire, la supériorité du courage et de la volonté sur une force matérielle qui semblait irrésistible, et plus tard les luttes des villes grecques entre elles, où l'on vit le génie pénétrant de Thémistocle et la politique profonde de Périclès dominer les événements euxmêmes, apprirent aux hommes que tout ce qui leur arrive n'est pas l'inévitable effet d'une cause brutale et déréglée, mais la conséquence de leurs actes et de leurs pensées. On se convainquit que si nous sommes souvent entraînés par la force des choses, par des rencontres fortuites et imprévues, plus souvent encore nous sommes par nos libres déterminations, les agents de ce qui se passe ici-bas, les ouvriers de notre destinée mortelle. Au lieu d'expliquer l'homme par les choses, on expliqua les choses par l'homme, et l'homme prit dans la poésie et dans l'histoire la place qui lui appartient, comme principal acteur du drame où il se trouve jeté. La liberté morale fut créée. Sans doute, la volonté des dieux préside toujours aux événements, mais l'homme sent qu'il est l'arbitre de ses déterminations et que ses actes lui appartiennent. Le sort peut le rendre malheureux, mais non le tourner malgré lui à la vertu ou au crime. On le voit dans l'*Électre* de Sophocle. L'Oreste d'Eschyle a obéi à Apollon, mais il n'a pas eu une conscience nette de son action, et les remords, sous la forme des Furies, l'agitent et le tourmentent. L'Oreste de Sophocle a obéi à Apollon, mais il s'est déterminé volontairement; et l'action consommée, il n'a point de remords. On voit de même OEdipe, conduit par une voie mystérieuse à d'exécrables forfaits, se sentir cependant pur des horreurs dont il s'est souillé, parce que sa volonté n'y entrait pour rien. Dans le premier moment d'effroi qui suit la révélation de son crime, il s'accable de noms odieux et s'inflige un cruel châtiment, mais bientôt il se rend plus de justice, il lève au ciel un front serein, des mains innocentes, et comme l'a remarqué M. Patin, cet incestueux, ce parricide s'assied sans effroi au seuil du temple des Furies.

En conséquence de cette nouvelle manière de considérer la tragédie, Sophocle mit dans ses drames plus d'art que n'avait fait son prédécesseur; la contexture de la fable, la distribution des diverses parties, la marche de l'action tout entière furent plus savantes; l'intrigue naquit, et tandis que ce qui tenait à la pompe extérieure, les décorations, les machines dans lesquelles Eschyle avait déployé tout le luxe de sa terrible imagination, était renfermé dans de justes bornes, les caractères et les passions acquéraient un développement jusqu'alors inconnu. Les

événements décisifs étaient présentés d'une manière plus frappante, plus dramatique, et offraient ce qu'on a nommé depuis
des coups de théâtre. A la trilogie ancienne, Sophocle substitua
une pièce unique, mais dont le plan et la conduite étaient beaucoup plus habilement tracés ; il augmenta le nombre des acteurs
présents à la fois sur la scène. Enfin, le rhythme tragique se
permettait dans Eschyle les écarts du dithyrambe, Sophocle le
fixa ; il fit tomber en même temps l'appareil gigantesque d'expression qui distinguait son prédécesseur, et sut allier une douceur
extrême à la noblesse et à la magnificence de l'ancienne épopée.

Il semble, au reste, que le drame de Sophocle est l'image de
sa vie ; on dirait qu'une providence bienveillante avait voulu
montrer aux hommes par son exemple à quel degré de dignité et
de bonheur peut parvenir la race humaine. Né au bourg de
Colone, dans l'Attique (495 avant J.-C.), comblé de tous les
dons de la nature et de toutes les qualités qui ornent et élèvent
l'esprit et le cœur, il jouit de toute la félicité que les mortels
peuvent désirer sur la terre. Sa famille était riche et honorée, il
naquit citoyen libre de la ville la plus puissante et la plus
policée de la Grèce ; il unit à la beauté de l'âme la beauté du
corps ; l'une et l'autre furent portées chez lui au plus haut point
de perfection, et il en jouit sans interruption pendant la plus
longue vie qui soit donnée à l'homme. Une jeunesse florissante
et une vieillesse vigoureuse, le don de la poésie et des arts,
l'exercice d'une douce sagesse, l'amour et le respect de ses concitoyens, un nom honoré chez les étrangers, voilà les avantages
que posséda ce pieux et vertueux poëte. Il n'avait que vingt ans
lorsqu'il triompha d'Eschyle dans la tragédie. Dans l'âge mûr il
fut nommé général des troupes d'Athènes avec Périclès et Thucydide. Retrouve-t-on dans l'histoire d'aucun peuple une armée
commandée à la fois par le premier poëte, le premier orateur
et le premier historien du siècle ? Dans sa vieillesse il fut honoré
du sacerdoce du temple de Thésée. Il mourut à l'âge de quatre-
vingt-dix ans, au milieu de la 95e olympiade. Après sa mort les
Athéniens l'honorèrent comme un héros sous le nom de Dexion,
et ordonnèrent par un décret qu'on lui offrirait tous les ans un
sacrifice.

Il nous reste de Sophocle, outre la tragédie d'*Électre*, *Ajax furieux*, les *Trachiniennes*, *Philoctète*, *Antigone* et les deux *Œdipe*, *Œdipe tyran*, ce qui en Grèce ne signifie rien autre chose qu'*Œdipe roi*, et *Œdipe à Colone*. Ne parlons pas des *Trachiniennes*, la pièce de Sophocle la moins digne de ce grand homme. Le sujet de cette tragédie est la mort d'Hercule, elle a pris son nom, comme plusieurs pièces grecques, du chœur, qui est composé de jeunes femmes de Trachine. Mais des six autres, il n'en est aucune qui ne mérite toute l'attention du littérateur.

De ce que Sophocle avait pris pour principe de substituer au dogme d'une fatalité aveugle celui de la volonté agissante avec la conscience d'elle-même, il suivait que la moralité de la fable devait être exprimée chez lui d'une manière beaucoup plus positive, et les caractères tracés et développés avec plus d'art et de force que dans Eschyle. C'est surtout cette moralité qui le distingue. J'ai parlé d'Électre. *Antigone* déploie dans toute sa pureté l'héroïsme de tendresse dont est capable l'âme d'une femme. *Ajax furieux* nous montre la merveilleuse puissance du sentiment de l'honneur dans le cœur d'un homme, et *Philoctète* la constance inébranlable avec laquelle ce même honneur, toutes les fois qu'il n'est pas compromis, nous ordonne de supporter les maux de la vie. La moralité d'*Ajax* se trouve clairement exprimée dans ces paroles d'Ulysse et de Minerve. Eh bien! dit Minerve,

Eh bien! des immortels vous voyez la puissance ;
Voilà ce grand Ajax, la terreur des guerriers!
L'oubli de sa raison a flétri ses lauriers ;
Les dieux l'ont égaré, sa gloire est éclipsée.

ULYSSE.

Je le vois et le plains : loin de moi la pensée
D'insulter au malheur même d'un ennemi!
Quel affreux changement! mon cœur en a frémi.
Je dois vous l'avouer : son infortune extrême,
Par un retour secret, m'a consterné moi-même.
Que sommes-nous, hélas! nous, fragiles humains!
Fantômes passagers, vains jouets des destins!

MINERVE.

Redoutez donc ces dieux dont vous êtes l'ouvrage ;
Ne prononcez jamais un mot qui les outrage.
Que l'éclat des grandeurs ne vous puisse éblouir.
Vous voyez qu'un moment peut les anéantir.

Antigone est un nouvel exemple à l'appui de la doctrine précédemment établie qu'il n'est point de droit contre le droit. Créon dit à Antigone :

Vous faisiez donc vertu de transgresser mes lois ?

Oui, répond Antigone,

Oui, pour servir les dieux qui sont plus que les rois.

Quoi ! ajoute Rotrou, dans son imitation d'*Antigone*, qui, bien que vieillie, n'est pas indigne de l'auteur de *Venceslas* :

Quoi ! vous osez aux morts nier la sépulture ?
Et cette loi naquit avecque la nature.
Votre règne commence, et détruit à la fois
Par sa première loi la première des lois ;
Ici la faute est juste et la loi criminelle ;
Le prince pèche ici bien plus que le rebelle.
J'offense justement un injuste pouvoir,
Et ne crains point la mort qui punit le devoir.

La moralité de *Philoctète* semble plus imposante encore : le poëte l'a placée dans la bouche d'Hercule. La pièce se termine par ces mots qu'il adresse à Philoctète :

Rends grâce aux immortels qui t'auront protégé.
Honore-les toujours : ta gloire est leur ouvrage.
D'un cœur religieux ils chérissent l'hommage,
Et la pure vertu, le plus beau don des cieux,
Ne meurt point avec l'homme et se rejoint aux dieux.

Ces nobles idées, répandues par intervalles et sans une profusion déplacée dans les tragédies de Sophocle, leur donnent cette élévation, cette dignité religieuse qui adoucit et agrandit à la fois le spectacle des malheurs et des infirmités humaines. Ce sont elles qui font le charme de *Philoctète*, d'*Ajax* et d'*Antigone*.

La tragédie de *Philoctète* est peut-être la plus simple, la mieux soutenue, et assurément l'une des plus intéressantes que nous ait laissées l'antiquité. Autant Ajax, accablé sous le poids d'une honte éternelle, se montre impatient de jeter loin de lui la vie comme un intolérable fardeau, autant Philoctète prouve sa constance et sa fermeté en la supportant. Pendant six longues années de misères, il souffre des douleurs terribles, seul dans une île déserte, trahi par les alliés avec lesquels il allait combattre, abandonné de l'univers entier, déchiré par l'incurable blessure que lui a faite la dent empoisonnée du serpent. Mais son âme n'est troublée d'aucun remords. Quand le sommeil est venu soulager ses douleurs, quand sa plaie lui laisse quelques jours de repos, il peut jouir encore du plaisir de se sentir vivre, il peut contempler la nature, elle lui fournit les herbes salutaires qui soulagent ses maux, il fait tomber sous ses flèches les animaux qui servent à sa nourriture, il étanche sa soif à la source prochaine. On éprouve, à la lecture de *Philoctète*, ce qu'affirment quelques philosophes, c'est qu'il est possible d'aimer la vie pour la vie, c'est qu'elle est vraiment un bienfait en soi ; ce qui nous la fait haïr, c'est nous-mêmes quand notre conscience murmure, ou ce sont les autres homme par leur méchanceté, leur fourberie et leur bassesse. Or, Philoctète est loin d'eux ; ils lui ont fait tout le mal imaginable, et cependant il ne les hait point. Avec quelle joie naïve il s'écrie, en apercevant Néoptolème : « Je reconnais l'habit grec, cet habit qui m'est encore si cher. Oh ! qu'il me tarde d'entendre votre voix et de retrouver sur vos lèvres une langue que je ne parle plus ! » Et dans les adieux qu'il adresse à son île, on sent que les maux de la vie ont, même dans leur amertume, je ne sais quelle douceur. « Adieu, s'écrie-t-il, adieu, chère grotte, doux asile de ma misère ! Adieu, nymphes de ces prés humides ! je n'entendrai plus le bruit sourd des vagues de cette mer. Adieu, rivage où j'ai tant de fois souffert les injures de l'air ! Adieu, promontoire, où Écho répéta

tant de fois mes gémissements ! Adieu, douces fontaines que
j'avais cru ne devoir jamais quitter ! Et toi, ô terre de Lemnos,
laisse-moi partir heureusement, puisque je vais où m'appellent
les destins. »

Mais le chef-d'œuvre de Sophocle, et par conséquent celui de
la tragédie grecque, ce sont les deux *Œdipe*. *Œdipe roi* est assez
connu par les imitations ou les traductions qu'en ont données
tous les théâtres. La morale indiquée par le poëte lui-même est
celle de toute l'antiquité :

> Le songe et le réveil : telle est la gloire humaine.
> Le voilà, ce héros, ce roi libérateur !
> Égaré sur un trône, il rêva la grandeur.
> Qu'en a-t-il conservé ? la mémoire importune.
> Près du bonheur extrême est l'extrême infortune;
> Et nul homme, à l'abri de ces retours affreux,
> Ne peut, avant sa mort, porter le nom d'heureux.

Mais ne peut-on pas, sans abuser de l'allégorie, trouver
encore dans cette pièce une idée plus profonde? Cet OEdipe si
pénétrant, qui perce l'obscurité des paroles du sphinx concer-
nant la vie humaine en général, ne peut avoir le mot de l'énigme
de sa propre vie, jusqu'à ce que tout s'éclaircisse pour lui de
la manière la plus épouvantable, lorsqu'il est trop tard et que
sa perte est irrévocable. Cette dernière énigme n'est expliquée
que par Tirésias, l'aveugle, à qui OEdipe reproche sa cécité, et
pour qui la nature entière ne semble devoir être qu'un sombre
désert. Est-ce une erreur de voir dans tout ceci une admirable
image de la sagesse humaine qui aspire à tout connaître, qui le
plus souvent s'ignore elle-même, et qui ne peut parvenir à
une science intime d'elle ni des autres qu'en s'isolant du monde
et en se recueillant profondément en soi?

C'est dans l'exil que nous retrouvons le roi de Thèbes au
commencement de l'*OEdipe à Colone*, ce dernier ouvrage de
la vieillesse de Sophocle, et qui couronne avec tant de gloire
une vie consacrée tout entière au culte des Muses et des dieux.
Sans doute, on peut reprocher à cette pièce quelque lenteur
dans le dialogue, une sorte de monotonie occasionnée par la

présence continuelle d'OEdipe sur la scène; mais au milieu de ces défauts qu'amène avec soi la vieillesse, quels éloges ne mérite pas le poëte grec! quel touchant intérêt règne d'un bout à l'autre de la pièce! quel heureux mélange de terreur et de pitié, et surtout quelle inaltérable et harmonieuse sérénité se répand dans toutes les parties et environne tout l'ensemble de cette composition! On peut s'en faire une idée par le bel opéra d'*OEdipe à Colone* de Sacchini, une des pièces modernes qui respirent le plus suave parfum d'antiquité.

C'est dans le bois consacré aux Furies qu'OEdipe retrouve enfin le repos, et termine en paix cette vie si tourmentée par la fatalité. Sans parler de la noble mélancolie des dernières scènes, il y a je ne sais quel charme à avoir paré le bosquet des Furies de toutes les richesses d'un printemps du midi, et l'idée de Schlegel me semble fort heureuse, lorsque, voulant trouver dans une des tragédies de Sophocle l'image de sa poésie, il la représente comme le bois sacré des noires déesses du destin, où le laurier, l'olivier, la vigne déploient tout le luxe de leur féconde végétation, et qui retentit sans cesse des chants du rossignol.

CHAPITRE VI.

—

Si la vie de Sophocle se reflète en quelque sorte dans les productions de son génie, nous retrouvons à peu près la même ressemblance entre les ouvrages d'Euripide et les circonstances où il se trouva placé. Euripide naquit à Salamine, quinze ans après Sophocle, 480 ans avant J. C., et, selon quelques auteurs, le jour même de la fameuse bataille. Sans croire aux plaisanteries d'Aristophane, qui fait de la mère d'Euripide une marchande d'herbes sauvages, il est probable qu'il était d'une condition vulgaire, et peut-être est-ce à cette origine obscure qu'il faut attribuer en partie le caractère tout plébéien de plusieurs de ses héros, leur amour pour la vie, pour les richesses, pour les plaisirs, sentiments naturels sans doute, mais aux âmes ordinaires et communes. Tour à tour athlète et couronné même en cette qualité aux jeux Théséens d'Athènes, peintre, dont quelques tableaux étaient conservés à Mégare, élève du sophiste Prodicus dans l'éloquence et d'Anaxagore dans la philosophie, il a laissé dans ses tragédies des traces de ces diverses occupations. Socrate n'allait au théâtre que lorsqu'on jouait les pièces d'Euripide ; Quintilien dit de lui que l'orateur y trouvera une matière d'étude plus féconde que partout ailleurs ; enfin Winckelmann prétend avoir saisi dans son style une foule d'expressions et d'images qui trahissent l'athlète et l'artiste. Malheureux dans son intérieur, rarement couronné malgré le mérite de ses pièces, en butte aux railleries incessantes d'Aristophane, il finit par quitter Athènes, et se retira à la cour d'Archélaüs, roi de Macédoine, où il mourut à l'âge de soixante et dix-sept ans, dévoré, dit-on, par des chiens.

Si l'on prend les compositions d'Euripide dans leur ensemble, et qu'on le compare à ses prédécesseurs, Eschyle et Sophocle, il occupera un rang inférieur dans tout ce qui tient à l'esprit intime du drame. Trois caractères distinguent, nous l'avons vu, les tragédies d'Eschyle et de Sophocle : la lutte entre la volonté de l'homme et la fatalité ; l'idéalisme de la composition ; enfin la moralité, résidant dans le chœur. Euripide ne soutient plus ces caractères, au moins au même degré. Rarement il relève par le contraste la liberté morale ; s'il conserve l'idée de la fatalité, que la pratique du théâtre grec ne lui permettait pas d'abandonner, il n'a pas soin de lui imprimer une marche inflexible vers un but déterminé, et montre plutôt les caprices du hasard que les décrets du destin. Au rebours de ses prédécesseurs, il fait passer la passion avant le caractère individuel, et celui-ci avant l'élévation idéale du héros. Il donne parfois à ses personnages une vulgarité de sentiments, une avidité, une lâcheté même tout à fait incompatibles avec les idées de grandeur tragique consacrées avant lui.

Loin de représenter les héros, comme le fait Eschyle, s'élevant semblables à des tours au-dessus des hommes de leur âge, il s'efforce de combler le vide qui existait entre ses contemporains et les Grecs des anciens jours et, selon l'expression de Schlegel, de surprendre les grands hommes en déshabillé. Euripide semble peindre avec amour les défauts et les faiblesses de ses héros, et quelquefois même il les présente confessant leurs vices avec une naïveté qui suppose l'absence du sens moral.

Ce rabaissement de l'art s'explique, s'il ne s'excuse, par la
nécessité où s'était mis Euripide de ménager et de flatter cette
susceptibilité démocratique qui avait créé l'ostracisme, et qui, à
mesure qu'augmentait la puissance populaire, semblait vouloir
ramener au niveau commun même les grandeurs passées. C'est
par le même motif qu'il se montre si curieux de spectacles, de
décorations et de toute cette pompe démocratique qui plaisait
aux Athéniens.

Le besoin d'effet, voilà le vice capital d'Euripide, comme il
fut celui de Voltaire, qui a tant de points de ressemblance avec
lui. Voltaire mérite au plus haut degré l'éloge qu'Aristote fait d'Euripide, en l'appelant *le plus tragique des poëtes*, c'est-à-dire, non
pas celui qui réunit le plus complétement toutes les qualités du
poëte tragique, mais celui qui sait le mieux remuer toutes les
passions qui sont du domaine de la tragédie, et surtout la pitié.
L'un et l'autre sont, parmi les poëtes de leur nation, ceux qui
ont créé le plus de sujets nouveaux, et qui, dans les sujets qu'ils
choisissent, se permettent de violer avec le plus de hardiesse
l'histoire et la tradition. L'un et l'autre sont également incrédules, philosophes, moralistes et déclamateurs à tout propos,
et hors de propos. Cette tendance dans Euripide, surtout, nuisit
au véritable esprit de la tragédie. Le disciple d'Anaxagore, forcé
d'un côté de prendre ses sujets dans les âges mythologiques et
fabuleux, tout plein d'autre part des opinions avancées de son
école, pensait faire chose utile en laissant percer un scepticisme
dédaigneux des idées religieuses du temps, et en l'introduisant
bon gré mal gré au milieu des prodiges, des oracles et de toutes
les superstitieuses croyances qui faisaient le fond de ses pièces.
Il suit de là qu'il nous montre des incrédules dans les âges
de superstition, et des moralistes raffinés dans des siècles de
barbarie; qu'il fait parler des esclaves en philosophes, comme il
avait quelquefois prêté à des héros les idées de l'esclave.

Mais ce n'est pas tout : quand on parle le plus de sagesse et
de philosophie, et du temps d'Euripide, tout le monde philoso-
phait, il n'en résulte pas nécessairement qu'on soit plus philosophe et plus sage ; au contraire, l'ambition, l'égoïsme, l'amour
du luxe, des richesses et des plaisirs commençaient alors à rem-

placer les antiques et grossières vertus républicaines ; de là vient qu'il arrive rarement que l'ensemble des pièces d'Euripide soit vraiment moral ; souvent même il lui échappe des pensées d'une immoralité frappante. Il est le premier qui ait présenté sur la scène l'amour avec tout le délire d'une passion effrénée, dans *Médée* et dans *Phèdre*. En toute occasion il cherche à montrer les charmes de la beauté physique ; en toute occasion il veut remuer le cœur, enivrer les sens, produire du moins un ébranlement nerveux, sans considérer assez si les caractères ou les situations le permettent. Les chœurs, où se concentrait chez ses prédécesseurs la moralité de la pièce, sont presque toujours chez lui indépendants de l'action. Ce sont des chants épisodiques, souvent admirables de poésie, mais trop souvent aussi étrangers au sujet auquel ils ne se rattachent que par quelque strophe finale.

On a encore adressé d'autres reproches à Euripide. Pour plaire aux habitudes de ses spectateurs, il a introduit autant que possible sur le théâtre l'apparence et les formes du barreau ; il a voulu que les Athéniens pussent poursuivre au spectacle cette occupation qui remplissait si souvent leur journée, juger et voir juger. A tous moments on rencontre, dans ses pièces, soit de longs discours qui représentent les plaidoiries du demandeur et du défendeur, soit une suite de questions et de réponses, de répliques et d'objections qui rappellent les interrogatoires.

Peut-être aussi est-ce au besoin de contenter, même au détriment de l'art, l'impatiente curiosité du public, ou au désir de s'épargner à lui-même un travail difficile, qu'il faut attribuer ces prologues, dont Eschyle et Sophocle ne s'avisèrent jamais. Euripide a fait précéder toutes ses pièces, à l'exception de *Rhésus* et d'*Iphigénie en Aulide,* d'une espèce d'argument prononcé par un des personnages et quelquefois par un dieu ou un mortel étranger à la pièce, et qui vient tout exprès, du ciel ou des enfers, d'un temple ou d'un palais, raconter ce qui s'est passé avant l'action, et souvent l'action même, telle qu'elle va se passer. Cette incurie, qui lui fit adopter le prologue, se remarque dans d'autres parties. Il est rare qu'Euripide réussisse dans ses plans, que la vraisemblance y soit toujours respectée, que les incidents n'y soient pas amenés par force, que les nœuds et les dénoûments n'y laissent rien à désirer, et qu'il n'y abuse pas de l'intervention des dieux de machine, comme les appelait Horace.

Il est difficile de prononcer d'une manière bien positive sur le style d'Euripide ; cependant, autant qu'on peut juger d'une langue morte par la comparaison d'un auteur avec ceux qui ont traité le même genre, on voit que le langage d'Euripide est plus facile, plus clair, plus simple que celui de ses prédécesseurs, souvent d'une douceur, d'une grâce, d'une élégance exquise, mais aussi plus prosaïque, plus lâche, plus verbeux, et qui ne retient presque aucune des expressions spécialement consacrées à la poésie.

Comment se fait-il cependant qu'avec tant de défauts, Euripide ait joui d'une si haute réputation? Comment se fait-il surtout qu'il la mérite? C'est que, malgré tout, Euripide est encore un Grec, et le contemporain des plus grands hommes que la Grèce ait produits dans la politique, la philosophie, l'histoire, les beaux-arts. Si, rapproché de ses deux prédécesseurs, il n'occupe que le troisième rang, seul et séparé de ses rivaux, il commande une haute admiration. Nul ne l'a égalé dans le tableau des tourments d'une âme malade qui porte au délire les passions qui la dominent; nul n'a plus profondément creusé dans notre cœur pour y chercher la compassion jusqu'aux sources les plus secrètes ; il est excellent dans certains rôles de femme, Polyxène, Andromaque, Iphigénie, Alceste, et en général toutes les fois qu'il peut réunir la beauté au pathétique. Il est peu de ses pièces où l'on ne trouve des passages d'une grande éloquence de cœur ; son style a souvent un charme et une mélodie extraordinaires. Aristote et Longin disent qu'il sut tellement choisir et employer les expressions du langage commun, que dans leur heureuse combinaison la faiblesse de la pensée semble disparaître et les mots les plus vulgaires s'ennoblir. Tel est, ajoute Denys d'Halicarnasse, la magie de ce style enchanteur qui, dans un juste tempérament entre la bassesse et l'élévation, est presque toujours élégant, clair, harmonieux, coulant, et si flexible qu'il paraît se prêter sans effort à tous les mouvements de l'âme !

4.

Grâce à ce charme souverain, il fut, de tous les tragiques grecs, le mieux connu et le mieux apprécié après sa mort. Un jour, selon Lucien, la représentation de l'*Andromède* transporta tellement les habitants d'Abdère, qu'ils en devinrent réellement fous. La fièvre les prit ; ils couraient les rues déclamant à haute voix un certain monologue de la pièce. Les Athéniens prisonniers en Sicile étaient rendus à la liberté dès qu'ils pouvaient réciter ou chanter devant leurs vainqueurs des vers d'Euripide. Enfin, ce fut à lui qu'Athènes dut sa conservation. Ce trait est l'un de ceux qui peignent le mieux les mœurs grecques, et il suffit, ce me semble, de le rapprocher des habitudes modernes, pour sentir la distance immense qui nous sépare des anciens dans tout ce qui tient aux beaux-arts. Lysandre et les généraux alliés de Sparte agitaient la question de l'entière destruction d'Athènes : il était tard, et la discussion traînait en longueur. Un Phocéen se lève, et récite le second chœur de l'*Électre* d'Euripide. Tous les généraux, les larmes aux yeux, s'écrient que ce serait un sacrilége de détruire une ville qui avait produit de si grands génies ! Je ne connais rien dans l'histoire moderne à rapprocher de ce trait-là.

Une estime si réelle et manifestée de cette manière nous donne une idée du mérite des vingt tragédies qui nous restent d'Euripide. Parmi toutes les pièces de l'antiquité, ce sont celles que les modernes ont le plus souvent imitées ; leur titre seul nous rappellera les reproductions faites dans les âges suivants. La première est *Médée;* vinrent ensuite *Hécube*, qui comporte malheureusement deux actions, dont l'une, la mort de Polyxène, est un chef-d'œuvre : *les Phéniciennes*, qui n'est autre chose que *la Thébaïde*, et qui a pour complément *les Suppliantes*, tragédie assez faible ; *Électre*, dont la suite est *Oreste*, le même sujet que *les Euménides* d'Eschyle ; *les Troades* et *Hercule furieux*, toutes deux pleines de pathétique ; *Rhésus* et *Hélène*, remarquables, la première, par l'entente de l'art, la seconde par la singularité de la tradition mythologique ; *Ion* et *les Bacchantes*, dans lesquelles Euripide a exposé plus que partout ailleurs ses opinions indépendantes sur les dieux et les fables païennes ; *Andromaque*, qui n'a de commun que le titre avec la pièce de Racine ; *Hippolyte,* que ce dernier a suivie de bien plus près dans sa *Phèdre,* et enfin les trois meilleures pièces d'Euripide, les deux *Iphigénie,* en Aulide et en Tauride, et l'admirable conception d'*Alceste.*

Les limites imposées à ce recueil me défendent une appréciation détaillée de ces diverses pièces. Qu'il me suffise d'avoir donné l'idée du caractère général d'Euripide. Un mot cependant encore sur un genre de drame tout particulier, et dont le seul monument qui nous soit parvenu appartient à notre poëte. Je veux parler de la *satyre* ou *drame satyrique.* Il était d'usage de terminer les trilogies par une quatrième pièce d'un genre badin ou bouffon, quelque chose comme cette comédie si folle des *Gaies commères de Windsor* que Shakspeare a rattachée aux trois parties d'Henri VI. C'est ce qu'on nommait *satyre,* non qu'il y eut là quelque chose dans le goût de l'espèce de poésie ainsi appelée par la suite, mais parce que le chœur était toujours formé des satyres ou silènes aux pieds de chèvre, au front cornu et à l'humeur lascive et pétulante.

La *satyre* qui terminait la trilogie de Prométhée exposait les incidents grotesques que faisait naître parmi ces habitants des bois, demi-dieux et demi-bêtes, la découverte du feu communiquée par le sage héros. On parle d'une gracieuse satyre de Sophocle intitulée *Nausicaa ou les Laveuses,* où lui-même jouait un rôle. Celle qui nous reste d'Euripide est, comme cette dernière, tirée de l'*Odyssée* d'Homère, mine féconde pour ces sortes de sujets. Elle s'appelle *le Cyclope,* et met en dialogue l'aventure d'Ulysse avec le terrible Polyphème. Silène et les siens gardent les chèvres de l'anthropophage. N'est-ce point dans la satyre grecque qu'il faut chercher l'origine de la pastorale si en vogue à la fin du xvie siècle en Espagne, en France et en Italie ?

CHAPITRE VII.

—

Les critiques français ont cru longtemps que la comédie, chez
les Grecs, n'avait été d'abord qu'une tentative informe, le grossier commencement d'un art qui devait aller se perfectionnant
à travers les siècles, jusqu'à Molière. Des études plus sérieuses
ont fait reconnaître cette erreur. On vit qu'il fallait avant tout
subdiviser la comédie grecque en trois classes bien distinctes,
qui se succédèrent l'une à l'autre : *l'ancienne comédie*, la
moyenne et la *nouvelle*. On reconnut encore que *l'ancienne comédie* n'est point un essai, un acheminement vers un art meilleur, mais un système absolu et complet en soi, qui, créé par
Susarion, agrandi par Épicharme et Phormis, atteignit sa perfection dans Eupolis, Cratinus et Aristophane, et mourut de
mort violente quand l'affaiblissement des mœurs républicaines
permit à l'autorité de le tuer d'un seul coup.

L'ancienne comédie naquit dans la populaire ivresse des fêtes

de Bacchus. L'objet qui frappa d'abord ses regards, ce fut la
tragédie, enfant comme elle sur le tombereau de Thespis, leur
berceau commun ; elle s'étonna bientôt de l'air grave et sombre
de sa sœur, et la première idée de la fantasque fut d'en rire ;
elle grandit ensuite dans une république où l'on était citoyen
avant tout, avant d'être poëte, presque avant d'être homme. De
là, trois caractères dominants : gaieté folle et enivrante, parodie continuelle du genre tragique, satire politique.

L'on a comparé l'épopée homérique, avec son inépuisable succession de combats, de héros, de voyages, d'aventures, à ces
antiques bas-reliefs qui représentent un sacrifice, un triomphe,
une procession, guirlandes infinies où chaque personnage ne se
rattache aux autres que par l'action générale qui les réunit ; la
tragédie a rappelé ces groupes où le sculpteur, comme dans le
Laocoon ou la Niobé, ajoute à la plus exquise beauté physique
l'expression des sublimes douleurs et des passions déchirantes ;
on retrouverait de même l'ancienne comédie dans ces vases
étrusques, qui offrent l'image des bacchanales, où l'on voit des
Bacchus, le masque en main, comme pour voiler les rayons
divins qui étincellent sur leur visage, des satyres formant dans
leur danse mille figures grotesques, des nymphes échevelées
frappant sur des cymbales, et à travers ce désordre, le génie
poétique de l'artiste qui éclate par la vigueur et la pureté des
formes. Voilà, en effet, la comédie ancienne. La gaieté qui y
domine n'est pas, comme presque toujours parmi nous, le résultat de l'observation ; elle est plutôt une gaieté de tempérament
et d'imagination. C'est la joie de l'enfant qui joue, qui se roule,
qui bondit presque machinalement ; c'est le rire fou qui nous
prend à la vue de la gourmandise brutale, de l'ivresse, de la
stupidité, de la couardise, d'une chute, d'un quiproquo. C'est
cela avec quelque chose de brillant, de délicat, de naïf, de poétique ; c'est la bambochade d'un artiste de génie ; c'est, parmi
les modernes, certaines parties de l'Arioste, de Cervantès, de
Rabelais, de Racine, dans *les Plaideurs*, de Shakspeare, dans
Falstaff et dans *le Songe d'une nuit d'été*.

Dans ce carnaval de l'antiquité qu'on appelait les bacchanales, la folie était de rigueur et comme un accompagnement

obligé du culte ; et telle était cette ivresse de joie , que la religion même devenait la première victime de la licence qu'elle faisait naître. On s'étonne que le peuple superstitieux, qui condamna Socrate, ait souffert les impiétés bouffonnes dont Aristophane est rempli. Mais cette inconséquence n'est qu'apparente. À l'origine de nos théâtres modernes, quand nos ancêtres jouaient Dieu, la Vierge et les saints, quand au milieu des plus sérieuses processions un fou, ridiculement travesti, gambadait autour des prêtres, croit-on que nos bons aïeux prétendissent tourner la religion en ridicule ? Loin de là. Seulement il semblait convenu que, deux ou trois fois l'an, on ferait un objet de risée de tout ce qu'on adorait le reste du temps : et plus l'objet bafoué méritait de vénération, plus on riait de bon cœur. Or, si de pareils contrastes ont pu exister dans une religion toute dogmatique et intellectuelle, leur admission doit nous paraître beaucoup moins étrange dans un culte sensuel, où les dieux, faits par l'homme et à son image, étaient presque aussi fous que leur créateur. Arnobe prétend que quand on croyait Jupiter courroucé, on représentait l'*Amphitryon* pour le remettre en belle humeur; et assurément le rôle qu'il joue dans cette pièce est peu honorable pour une divinité. Les hommes, disaient les tragiques, sont le jouet des dieux, *dii nos quasi pilas habent;* les dieux, répondait le comique, seront à leur tour le jouet des hommes. Le lendemain des bacchanales, et le vin cuvé, les dieux remontent dans l'Olympe, et les Grecs retombent aux pieds de leurs statues, le front dans la poussière. Aristophane et son parterre n'étaient pas des impies ; ils profitaient d'une licence autorisée par la religion elle-même. Les dévots d'Athènes le savaient et ne s'en offensaient pas ; de même l'on pardonna plus tard à Rabelais des attaques que l'on eût punies dans Charron. Aristophane adorait peut-être sincèrement ce même Bacchus dont il a fait un si dégoûtant poltron.

Et à ce propos, on désirerait au moins, en le lisant, que ses plaisanteries fussent décentes et que les idées et les expressions ne révoltassent point les esprits les moins délicats. Ce reproche est fondé; et, bien qu'Aristophane se flatte quelquefois d'avoir épuré la scène, il reste assurément beaucoup à réformer

dans un réformateur de cette espèce. On doit dire cependant
que cette licence en actes et en paroles n'était pas aux yeux des
Athéniens ce qu'elle serait aux nôtres. Dans les fêtes de Bacchus, originaires de l'Égypte et de l'Inde, des images et des
chants, également inconvenants, frappaient partout les yeux et
les oreilles ; mais l'habitude, qui familiarisait avec eux, en af-
faiblissait et la signification et le danger. Et puis, qu'on n'oublie
pas que les spectateurs de la comédie ancienne étaient le
peuple tout entier, depuis l'archonte et le pontife jusqu'au marchand de lupins et de poisson salé : c'étaient vingt ou trente
mille personnes de tout rang et de tout âge, des soldats, des
étrangers, des matelots surtout, la force et la gloire d'Athènes,
la source de son pouvoir et de sa richesse. Or de tout temps et
en tout pays la plèbe nautique (*nautica plebs*) est la plus rude
et la plus grossière ; le sel attique était trop fade pour de tels
palais ; il leur fallait au moins par intervalles un assaisonnement
plus piquant et plus relevé. Enfin, à l'époque où florissait l'ancienne comédie, la corruption, suite des conquêtes et du dévergondage démocratique, avait déjà fait de grands progrès dans
toutes les classes. Certains comiques la combattirent ; mais,
tout en luttant contre cette société corrompue, il fallait même,
pour en pouvoir triompher, savoir la peindre, lui plaire, et par
conséquent parler son langage.

La licence et la trivialité étaient donc un des éléments pour
ainsi dire constitutifs de l'ancienne comédie. Tandis que la tragédie s'attachait à la partie intellectuelle, morale, sérieuse de
notre nature, la comédie n'en saisissait que le côté matériel,
sensuel, ridicule. Elle prenait à tâche de présenter une parodie,
une caricature continuelle de la société ou plutôt de l'univers
entier, sans en excepter les chefs du pouvoir et de l'opinion, les
magistrats, les généraux, les philosophes, les prêtres et jusqu'aux dieux de l'Olympe habitants. Ainsi s'explique en même
temps la forme extérieure de l'ancienne comédie. Le poëte comique ayant pour but de parodier tout ce que la tragédie prenait au sérieux, il parodiait la tragédie elle-même, le sérieux
de la forme comme celui du fond ; il en suivait les règles, en
copiait l'exposition, le nœud, le dénoûment, les chœurs, la

mesure des vers, avec l'intention formelle de tourner tout cela
en ridicule. Souvent même, il donnait à sa poésie la pompe et
la magnificence tragiques, et le rire naissait de l'opposition continuelle entre la gravité majestueuse de l'expression et la trivialité bouffonne de la pensée.

Mais il y a plus : ce peuple jovial et caustique, auquel s'adressait le poëte comique, était en même temps le peuple souverain ;
et la liberté du théâtre ne connaissait ni limite ni contrôle.
Quand les événements et les lois appellent ainsi la plèbe au
maniement des affaires publiques, la politique ne peut manquer
de se faire jour dans la littérature populaire et ne tarde pas à
l'envahir. A Athènes, la comédie représentait toute la liberté
de la presse des États modernes ; le poëte comique montait au
rang d'orateur chargé du noble soin d'éclairer et de réformer
ses concitoyens, de dénoncer à leur sévérité les traîtres et les
lâches, et de gourmander les masses elles-mêmes lorsqu'elles
s'égaraient. Cette force était si bien comprise, que, d'après un
scoliaste, il fallait, pour être poëte comique, le même âge et
presque la même fortune que, dans certains États constitution-
nels, pour être électeur ou éligible ; il ne décide point si on pouvait l'être avant trente ans ou quarante. Une loi défendait aussi
aux membres de l'aréopage de faire des comédies, moins encore,
je pense, à cause de la gravité de leur caractère, que parce
qu'on eût réuni sur une même tête deux fonctions incompatibles, celle de juge et celle d'accusateur.

La comédie tenait donc la place de nos pamphlets, de nos
brochures, de nos journaux ; et qu'on songe combien devaient
être terribles et dangereux ces réquisitoires portés devant un
peuple, juge souverain du délit et animé par la licence des bacchanales dont le spectacle faisait partie ! Plusieurs comiques
usèrent dans toute sa rigueur de ce droit d'accusateur public,
Aristophane surtout. Et remarquez que cette magistrature volontaire n'était pas sans danger pour le poëte lui-même. Les
généraux, les orateurs, les magistrats ridiculisés, paraissaient
sous leur propre nom ou sous un nom allégorique qui laissait
percer l'allusion ; l'acteur, chargé de les représenter, portait
un masque qui offrait leur image toujours reconnaissable en dé-

pit de la caricature. Or, dans de telles circonstances, le succès
seul, et le succès éclatant, universel, incontesté, pouvait mettre le poëte à l'abri des vengeances qu'il soulevait. Ce n'étaient
pas seulement les sifflets, mais quelquefois les supplices qui attendaient l'auteur tombé ; ce n'était pas seulement son amour-
propre, c'était sa vie qu'il exposait. On connaît l'aventure d'Eupolis : il avait amèrement censuré les premiers personnages de
l'État dans sa comédie des *Noyés* ; il n'eut pas pour lui les
rieurs, et après la pièce, il fut, dit-on, pris et noyé plus sérieusement que ceux qu'il noyait sur le théâtre.

Fabricius cite quarante poëtes appartenant à l'ancienne comédie. A l'exception d'Aristophane, dont le temps a épargné onze
pièces sur plus de quatre-vingts qu'on lui attribue, nous ne connaissons des autres que leur nom et le titre de quelques ouvrages.
Les deux plus illustres, après Aristophane, sont Eupolis et Cratinus, ses contemporains. De ces trois poëtes, selon les anciens
critiques, Cratinus se faisait surtout remarquer dans la satire personnelle et les attaques directes, mais sa gaieté et sa
verve comique n'étaient ni aussi franches ni aussi vives que
celles de ses rivaux; il ne savait pas aussi bien qu'eux dévelop-
per son sujet et remplir sa pièce d'heureux détails. Eupolis, au
contraire, excellait dans la plaisanterie, était fécond en inventions ingénieuses; mais il manquait de vigueur et d'âpreté dans
la satire; enfin Aristophane réunissait le double mérite de l'un
et de l'autre.

Quand la liberté d'Athènes expira sous les coups des trente
tyrans, l'ancienne comédie, la conséquence et l'expression de
cette démocratie presque unique dans les annales du monde,
expira avec la liberté. Il fut défendu au poëte de représenter
des personnes publiques, de les désigner par leur nom, ou par
ces masques fidèles qui offraient l'image exacte de leur figure.
On souffrit cependant encore les attaques contre les dieux et les
superstitions populaires, les parodies de l'épopée et de la tragédie, la désignation, même nominative, de quelques personnages insignifiants, de quelques parasites, flatteurs ou sycophantes obscurs. C'est là ce qu'on appela la *comédie moyenne*.
Elle se distingua, dès l'abord, par l'absence du chœur et par la

suppression de ces allocutions connues sous le nom de *para-bases*, où le poëte s'adressait en personne aux spectateurs. Comme l'élément principal de l'ancienne comédie, l'idéalité et la liberté, avait disparu tout en laissant subsister quelques éléments secondaires, je ne considère la comédie moyenne, avec ses pièces allégoriques telles que l'*Ampihtryon*, le *Plutus*, etc., que comme une suite de tentatives graduées, un travail de transition, pour arriver à un genre plus neuf et plus tranché. Les poëtes les plus distingués de cette période sont Alexis, Antiphane, Hégésippe, Sophilus, etc. Aucun ouvrage de ces écrivains n'est arrivé jusqu'à nous.

La période de la comédie moyenne s'étend depuis la bataille d'Ægos Potamos jusqu'après la mort d'Alexandre le Grand. Ce fut sous les successeurs de ce prince que les poëtes comiques, après une foule d'essais plus ou moins heureux, quand l'allégorie fut devenue surannée, la fable insipide, la mythologie séditieuse, trouvèrent enfin la comédie d'intrigue et de caractère, qui, prenant pour sujet de ses tableaux l'intérieur des familles, la vie privée, les passions et les mœurs de l'humanité entière, constitua, sous le nom de *comédie nouvelle*, un genre spécial et complétement distinct de celui qu'Aristophane avait illustré. Le succès de cette nouvelle création fut immense. On compte, en moins d'un siècle, plus de cinquante écrivains qui s'y appliquèrent et qui ont dû produire près de cinq à six mille pièces. Les principaux sont : Antiphane, Diphile, Posidippe, Apollodore et surtout Philémon et Ménandre. Malheureusement, encore ici nous ne connaissons rien que des noms et des titres d'ouvrages, et il serait difficile de se faire une idée satisfaisante de la nouvelle comédie d'après les fragments qui ont échappé au temps, si nous n'avions, pour la juger, Plaute et Térence, qui ne sont, comme nous le verrons bientôt, que des traducteurs de Philémon, de Ménandre et des autres comiques grecs de la dernière période.

CHAPITRE VIII.

D'ARISTOPHANE ET DE MÉNANDRE.

D'après tout ce qui vient d'être dit, on comprend qu'il a été difficile d'apprécier dignement et l'ancienne comédie grecque et Aristophane, qui est resté seul pour nous la représenter tout entière. C'est surtout ici que le critique doit renoncer à toute idée préconçue, c'est ici qu'il doit se transporter en pleine antiquité ; se faire Athénien, pour ainsi dire, de la tête aux pieds. Voltaire a dit d'Aristophane : « Aristophane, poëte comique, qui n'est ni poëte ni comique, n'aurait pas été admis parmi nous à donner ses farces à la foire Saint-Laurent. » Cette façon cavalière de trancher les questions n'est plus de mise. Quand un peuple ingénieux, et qui a devancé tous les autres dans toutes les routes de l'intelligence humaine, n'a qu'une voix sur le prodigieux mérite d'un écrivain, quand la renommée de cet écrivain subsiste inattaquable aussi longtemps que l'ordre social dont ses ouvrages furent l'expression, on reconnaît aujourd'hui qu'un tel homme présente de fortes présomptions en faveur de sa supériorité ; et qu'il faut être singulièrement circonspect à s'inscrire contre cette sentence unanime d'un tribunal si compétent, surtout si l'on est venu en ce monde deux mille ans après lui, à mille lieues de distance, dans une société entièrement opposée à la sienne sous tous les rapports, religion, gouvernement, mœurs, habitudes, et qu'enfin on ignore sa langue. Platon, la plus haute et la plus brillante imagination de la Grèce, prête à Aristophane dans son *Banquet* un langage digne d'un des premiers poëtes du siècle. Il lui fit une épitaphe, et la voici : « Les Grâces, voulant avoir un temple sur la terre, choisirent le cœur d'Aristophane. »

On sait peu de chose sur ce poëte. Il florissait à la plus belle époque de la Grèce, 457 ans avant notre ère. Ce fut dans le cours de la guerre du Péloponèse qu'il parut avec le plus d'éclat. C'est de cette époque que datent presque toutes ses pièces. Parmi elles, *les Acharniens, la Paix* et *Lisistrata*, ces deux dernières d'une indécence extrême, ont pour objet de déterminer les Athéniens à se réconcilier avec Sparte, en opposant continuellement le tableau des bienfaits de la paix à celui des horreurs de la guerre. Aristophane semble avoir mieux compris qu'aucun autre de ses émules la mission politique de la comédie dans la démagogie d'Athènes. Il oppose sans cesse à la corruption de son temps la sévérité des anciennes mœurs ; il a pénétré parfaitement la marche du gouvernement athénien et le secret de l'ostracisme. Tarquin démocrate, il abattait avec l'arme du ridicule toutes les supériorités sociales, toujours déplacées dans un gouvernement qui prenait ou du moins voulait prendre pour base l'égalité absolue. Il ne les attaquait cependant que lorsqu'il pensait leur influence pernicieuse à l'État et aux anciennes coutumes. Son patriotisme plein de sens flétrit tour à tour la politique des gouvernements, la décadence du théâtre, école publique des mœurs d'Athènes, les dogmes des sophistes et leur pernicieuse influence sur l'éducation de la jeunesse. Il consacre surtout l'indomptable énergie de son talent à démasquer les intrigants et les sycophantes, à foudroyer les démagogues, à reproduire impitoyablement les vices et les ridicules de ce peuple même auquel il voulait plaire.

C'est ainsi que dans *les Chevaliers* il personnifie le peuple athénien sous la figure de *Démos*, vieillard capricieux, superstitieux, que l'âge a presque fait retomber en enfance, qui s'abandonne à ceux qui le flattent, et se laisse misérablement gouverner par quelques intrigants audacieux. Dans *les Acharniens*, il avait stigmatisé la politique de Périclès et les fanfaronnades militaires de Lamachus; dans *les Chevaliers*, il bafoue la faiblesse de Nicias et de Démosthènes; et sa raillerie amère s'élève jusqu'à l'éloquence dans une accusation en forme contre Cléon, ce favori du peuple, à la fois arrogant, incapable, et si puissant néanmoins qu'Aristophane dut lui-même jouer le rôle, le visage barbouillé de lie, nul sculpteur n'ayant osé faire le masque, nul comédien représenter le personnage de ce redouté démagogue. *Les Grenouilles* et *les Fêtes de Cérès* sont une vive et burlesque satire dirigée contre la tragédie de l'époque, et spécialement contre Euripide, qui l'avait fait descendre de la hauteur morale où Eschyle et Sophocle l'avaient placée.

Les Guêpes, imitées par Racine, dans *les Plaideurs*, attaquent cette manie de juger qui s'était emparée des Athéniens; et *les Nuées* combattent les dangereuses absurdités des sophistes, dominant alors l'esprit des jeunes gens. Aristophane eut grand tort sans doute de confondre Socrate avec les sophistes. Mais depuis Élien jusqu'à M. de la Harpe, les critiques n'ont pas été moins injustes en le confondant lui-même avec les Anitus et les Mélitus, et en l'accusant d'avoir contribué à la mort du philosophe. Cette accusation, à laquelle n'avaient nullement songé les contemporains et les disciples de Socrate qui ne parlent d'Aristophane qu'avec une haute admiration pour son talent et d'honorables égards pour sa personne, est d'autant moins fondée que la comédie des *Nuées*, qui eut d'ailleurs peu de succès et ne fut point couronnée, avait été jouée vingt-trois ans avant la mort de Socrate, et que pendant cet intervalle le gouvernement avait changé, les Trente avaient régné, une nouvelle génération avait succédé aux contemporains d'Aristophane et l'ancienne comédie elle-même avait disparu.

Dans *les Harangueuses*, dans *les Oiseaux* surtout, son chef-d'œuvre, et, à mon avis, la plus brillante comédie d'imagination

qui existe chez aucun peuple, Aristophane agrandit le champ de
la satire ; il combat, par les railleries comme par le raisonnement, tous les égarements de la démagogie athénienne ou plutôt de toutes les démagogies possibles, la chimère de l'égalité
absolue, les prétentions du sexe à partager avec l'homme toutes
les fonctions sociales, la communauté des biens, celle même
des femmes, toutes ces folies enfin que nous croyons nées
d'hier et qui, sous le nom de saint-simonisme, de fouriérisme,
de communisme, de socialisme, ne sont que la répétition de
celles que le comique d'Athènes avait déjà foulées sous son bro-
dequin ; et remarquez que, dans ses plus amères satires comme
dans ses conceptions les plus extravagantes, Aristophane n'oublie jamais l'élégance du style et de la versification. Sa supériorité sous ce rapport est universellement reconnue. Il semble
qu'il veuille par là maintenir en quelque sorte sa dignité, et
prouver, à travers tout ce dévergondage, qu'il n'est pas animé
d'une pétulance grossière, prosaïque et personnelle, mais inspiré
par cette audace naturelle, intrépide et presque divine qui fait
le caractère du poëte et du prophète.

Plutarque a comparé Aristophane et Ménandre. Plutarque
est l'homme aux parallèles, mais souvent ses rapprochements
sont plus spécieux que fondés en réalité, et l'on peut conclure
de celui-ci qu'on avait perdu sous les Empereurs romains l'intelligence du véritable esprit de l'ancienne comédie. Ménandre,
contemporain de Démétrius de Phalère, et qui mourut à cin-
quante-deux ans, environ deux siècles avant J.-C., pourrait
mieux se comparer à Térence ou même à Molière. Tous les
anciens s'accordent à dire que ses ouvrages, dont la perte est
d'ailleurs irréparable, étaient la peinture la plus vraie, la plus
spirituelle et la plus exacte des mœurs privées et des usages de
son siècle. « O nature ! ô Ménandre ! s'écriait un critique, qui
de vous deux a imité l'autre ? » Plutarque et Quintilien le recommandent comme un modèle dans l'art si difficile de faire parler
à chaque personnage, à chaque âge, à chaque condition humaine
la langue qui lui convient ; tout en conservant la force comique
et la plaisanterie qui fait naître le rire, il écrit en homme d'esprit et de bonne société, et il a passé pour l'individu de son

siècle qui s'exprimait avec le plus d'agrément, soit dans la conversation, soit au théâtre.

Son rival le plus estimé fut Philémon, né dans l'Asie Mineure,
un peu antérieur à Ménandre, et dont Apulée fait le plus grand
éloge. Mais, comme nous l'avons dit, leurs fragments ne suffisent
pas à nous donner une idée complète de la comédie nouvelle.
C'est dans le théâtre latin qu'il faut la chercher.

CHAPITRE IX.

DE LA TRAGÉDIE CHEZ LES ROMAINS; DE SÉNÈQUE.

La littérature latine est, en général, une littérature d'imitation. Il était difficile qu'il en fût autrement. Les Romains, qui
ne brillèrent sur la scène du monde qu'après les Grecs, avaient
à peu près la même religion, la même origine, le même climat,
le même gouvernement que la Grèce ; et, sinon la même langue,
du moins une syntaxe et une prosodie analogues. Les fables qui
animaient l'épopée homérique formaient la mythologie de Virgile ;
des intérêts presque semblables échauffaient l'éloquence de Démosthènes et celle de Cicéron ; le système politique que présentait
Salluste se rapprochait en bien des points de celui qu'avait offert
Thucydide ; enfin, il y avait peu de différence entre Athènes et
Rome dans les relations de la vie privée et la condition inférieure
des femmes. Vainqueurs des Grecs, mais moins heureusement

doués dans tout ce qui tient aux beaux-arts, conservant de leur mélange avec les Étrusques et les anciens peuples d'Italie une teinte de barbarie, et une langue rude et sauvage, surtout à son origine, les Romains s'instruisirent à l'école des vaincus; les chefs-d'œuvre littéraires de la Grèce se répandirent rapidement en Italie.

Plus tard, on ne manquait jamais d'envoyer à Athènes, pour y puiser le goût des idées nobles et délicates et du beau langage, tous ceux qui montraient quelques dispositions intellectuelles. Dans un tel état de choses, l'imitation était naturelle, ou plutôt forcée, et la littérature latine perdait de jour en jour le caractère national qu'elle pouvait avoir eu dans le principe.

Le théâtre ne fit point exception à cette règle; et s'il eut quelque originalité, ce ne fut guère qu'à sa naissance, en supposant que nous puissions, à Rome comme en Grèce, chercher son berceau dans certaines cérémonies religieuses et dans ces vers informes dont parle Virgile, *versus incompositi*, que l'on récitait en dansant autour des images de Bacchus suspendues aux arbres, ou des statues de bois de Cérès. Échappés, en effet, à des esprits échauffés par le vin et la joie, ces vers, faits pour la multitude, ne se bornèrent pas longtemps à célébrer le dieu des vendanges. Bientôt on y mêla des railleries grossières comme ceux auxquels elles s'adressaient. Ces railleries dégénérèrent peu à peu en attaques contre les choses et les personnes, et se portèrent à un tel excès, qu'il ne fallut rien moins pour les arrêter qu'une loi comminant la peine de mort contre ceux qui abuseraient de ces chants, nommés *Fescennins*, pour blesser la réputation des particuliers ou des magistrats. Cette loi fut promulguée l'an 592 de Rome, et l'on peut conclure de là que les essais poétiques dont elle réprimait la licence doivent remonter à une haute antiquité.

Un événement inattendu vint modifier ces premières tentatives de spectacle populaire. Tite-Live raconte qu'à l'occasion d'une peste qui désolait la ville, l'an 365 avant J.-C., on appela d'Étrurie des baladins dont les danses, au son de la flûte, devaient, dans l'opinion du vulgaire, apaiser la colère des dieux. Ces danseurs, formés en troupes réglées, prirent le nom d'*histrions*, du toscan *hister*, qui passa alors de la langue étrusque dans la langue latine pour désiguer un comédien. La jeunesse de Rome fut charmée de ces sortes de jeux, et les associa sans doute aux anciennes fêtes pastorales et peut-être aussi à une autre espèce de divertissement déjà connu et que l'on appelait *fables atellanes*. Les fables atellanes étaient originaires du pays des Osques, *Osci,* un des peuples indigènes de l'Italie, et en conservaient en partie le dialecte qui ressemblait beaucoup au latin. Les acteurs des atellanes jouissaient de priviléges particuliers ; ils n'encouraient pas l'ignominie attachée à Rome aux autres artistes dramatiques, n'étaient pas exempts comme eux du service militaire et pouvaient faire partie des diverses corporations. Ce n'était pourtant pas à la moralité de leurs pièces qu'ils devaient cette considération s'il est vrai que le mot *oscus* soit l'origine de *oscenus,* obscène.

Cependant tout cela n'était pas encore le drame proprement dit. Celui-ci n'arriva qu'avec l'imitation des tragédies grecques, que Livius Andronicus essaya le premier, environ un siècle après l'apparition des histrions étrusques. Dix-neuf pièces de Livius nous sont connues par leurs titres. Vers le même temps, Nævius imita la comédie, comme Livius la tragédie. Mais les trois poëtes qui s'acquirent le plus de renom par la reproduction plus ou moins fidèle de Sophocle et d'Euripide, ce furent Ennius, Pacuvius, son neveu, et Lucius Attius, un peu plus jeune que lui. Tous ces écrivains brillèrent avant l'an 600 de Rome ; de toutes leurs œuvres il ne reste, il est vrai, que les titres et quelques rares fragments. Mais ces titres seuls suffisent à prouver que l'immense majorité des sujets était tirée de l'histoire ou de la mythologie grecque. On cite cependant un *Caton* et un *Domitius* d'un certain Curiatius Maternus, un *Scipion* d'Ennius, un *Brutus* et un *Decius* du poëte Attius. Il est à regretter que ces essais, tout informes qu'ils pouvaient être, aient été perdus. Nous aurions pu peut-être nous former d'après eux une idée un peu plus correcte des sentiments réels de ces vieux contemporains des guerres puniques, et mieux saisir ce caractère romain si souvent défiguré par l'emphase déclamatoire et l'exagération du grand, non-seulement dans les modernes, mais dans Sénèque et Lucain.

On peut donc placer au siècle des guerres puniques et des Scipions la première époque de la tragédie romaine. La seconde serait l'âge d'Auguste. On sait que les écrivains de cette brillante période mirent toute leur ambition à lutter avec les Grecs d'une manière plus originale que n'avaient fait leurs prédécesseurs. Mais leurs efforts ne furent pas également heureux dans tous les genres; et l'on peut dire avec Boileau, que jamais la *faiblesse latine* n'atteignit cette divine hauteur, à laquelle le génie des Grecs avait élevé la tragédie. Il paraît, cependant, qu'une foule de poëtes prétendirent briller en ce genre. On cite parmi eux l'empereur Auguste lui-même, Asinius Pollion, Servius Sulpicius, d'autres encore, et surtout Varius, auteur d'un *Thyeste*, et Ovide, qui écrivit une *Médée* fort estimée de l'antiquité. Quintilien nous apprend qu'Ovide prouva dans cette pièce à quelle grandeur il aurait pu s'élever, s'il eût su vaincre toujours son penchant à la diffusion et à une inutile surabondance de style.

Toutes ces pièces sont perdues. Devons-nous les regretter beaucoup? Je ne le crois pas, même sans en juger par Sénèque, le seul des Latins dont les tragédies soient arrivées jusqu'à nous. Tous les sujets, avons-nous dit, étaient tirés des annales fabuleuses de la Grèce, et bien que la religion romaine eût de grands rapports avec celle des Grecs, cependant elle n'avait point comme celle-ci de racines profondes dans les traditions nationales et dans les souvenirs de la patrie. La religion grecque était une religion flexible en quelque sorte, une religion d'artiste; la religion romaine était plus morale, plus sérieuse, mais aussi plus prosaïque, plus politique, plus sacerdotale.

Ajoutez que, quel que fût le désir des Romains de se gréciser, pour ainsi dire, ils n'ont jamais eu ces sentiments d'humanité, d'harmonie, de modération, non plus que ce goût littéraire que l'on remarque dans les Grecs des âges même les plus anciens. Le règne d'Auguste, qui tenta de les adoucir, passa comme un éclair, et ne fit que les corrompre en mêlant à leur rudesse première un esprit d'épicuréisme et de servilité poussé à l'excès. Des austères vertus de Fabricius et de Caton, ils se précipitèrent dans une corruption d'avarice et de débauche aussi extrême que leur première grandeur avait été enthousiaste et exaltée. On a dit avec raison que leur caractère est tout entier dans l'histoire de leur premier fondateur, qui suça le lait, non d'une femme, mais d'une louve ; aussi ont-il su exciter bien rarement l'émotion par ces accents mitigés et gradués des souffrances de l'âme que nous admirons dans le théâtre d'Athènes. Que trouve-t-on dans les seules tragédies qui nous restent d'eux? Dans les victimes, l'héroïsme le plus stoïque, et en quelque sorte le plus emphatique; dans les bourreaux, la passion la plus délirante ; rien entre ces deux extrêmes.

C'est leur histoire sous les empereurs : ou des héroïnes qui avalent des charbons ardents et se brisent la tête contre les murs ; ou des brutes féroces, comme Néron et Caligula, cruels avec orgueil et avec volupté.

Le sujet des tragédies latines offre généralement des situations fortes et terribles; un prologue à la manière d'Euripide expose brusquement l'action. La pièce se divise en cinq actes, d'après le précepte d'Horace, chaque acte composé de deux ou trois scènes formant chacune un tableau, tenant, il est vrai, à l'action principale, mais dont les effets sont amenés sans art et rarement préparés par des gradations ingénieuses. A la fin de l'acte est un chœur d'une mesure particulière, et dont fort souvent les idées n'ont pas le moindre rapport au sujet. Tel est le caractère des tragédies de Sénèque, le seul écrivain qui nous reste de la troisième époque de la tragédie romaine, celle des empereurs.

Les tragédies de Sénèque sont froides et emphatiques. La fable et les mœurs y sont également blâmables, et les convenances théâtrales violées d'une manière tellement révoltante, que plusieurs critiques pensent qu'elles ne quittèrent jamais les bancs de l'école, et ne parurent point sur la scène. Je ne partage pas, il est vrai, cette opinion : je crois qu'au moins quelques-unes d'entre elles furent représentées; elles me paraissent même composées dans l'intention formelle de surpasser la tragédie grecque, bien qu'elles n'aient de commun avec elle que le nom, la forme extérieure et la fable mythologique, et qu'elles en diffèrent d'ailleurs autant que l'hyperbole creuse et gonflée est au-

dessous de la pleine et solide vérité. Tous les lieux communs
tragiques et les remarques même les plus triviales y sont expri-
més en langage recherché. Le discours est exactement le même
pour tous les personnages; héros, brigands, femmes, filles,
nourrices, esclaves, tous emploient un style parfaitement semblable. L'auteur a trouvé le secret d'être diffus jusqu'à l'ennui,
et en même temps laconique et concis jusqu'à l'obscur et l'inintelligible. Les personnages ne sont ni réels, ni idéals; ce sont,
comme dit Schlegel, des marionnettes gigantesques, mises en
mouvement par deux fils : l'un est un héroïsme contre nature,
l'autre une atrocité de passion également contre nature.

Malgré tous ces défauts, il faut rendre justice aux qualités
qui, par intervalles, s'y trouvent unies. On rencontre quelquefois dans ces pièces de l'imagination à défaut de sentiment, une
forme ingénieuse et piquante de présenter la pensée; parfois,
la versification est brillante, les maximes nobles sans trop d'enflure, et les récits poétiques, quoique longs et déplacés. Il y a
dans les dialogues coupés une grande facilité de répliques, souvent éclatantes et vigoureuses, et des raisonnements clairs et
poignants; mais ce feu roulant, ce cliquetis d'étincelles poétiques, est si prodigué et se poursuit si longtemps que le lecteur
finit par en être étourdi, ébloui et fatigué.

Tels sont les mérites, et les défauts beaucoup plus grands
que je trouve dans les dix pièces qui nous sont parvenues sous
le nom de Sénèque: *Hercule furieux* et *Hercule au mont Œta*,
*les Phéniciennes, les Troyennes, Thyeste, Hippolyte, Œdipe,
Médée, Agamemnon* et *Octavie*.

Les philologues ont beaucoup agité deux questions : Toutes
ces pièces sont-elles du même auteur? Cet auteur est-il le grand
philosophe que Juste-Lipse préférait à Cicéron? Sans entrer dans
les discussions infinies soulevées à ce propos, il n'y a pas lieu de
douter que *Médée* appartienne au précepteur de Néron, puisque
Quintilien la lui attribue positivement. Mais comme le style de
Médée est exactement celui de toutes les autres tragédies; comme,
lorsqu'une fois on a lu une de ces pièces, on les a lues toutes
sous le rapport de la diction; comme on retrouve partout la
même emphase de pensées et de mots, et, pour employer l'ex-

pression du P. Brumoy, la même hydropisie poétique; j'en conclus qu'elles ont toutes le même auteur. Il n'en est qu'une que je retrancherai de ce catalogue, c'est *Octavie*. Le rôle qu'y joue Sénèque lui-même, le style plus pâle et d'une latinité moins pure que dans les tragédies précédentes, les détails de la mort de Néron, prédite par Agrippine avec des circonstances tellement précises qu'elles n'ont pu être trouvées qu'après coup, tout cela fait croire à la plupart des critiques que cette pièce n'appartient pas à Sénèque, et je partage entièrement leur avis.

CHAPITRE X.

—

Quintilien accusait la littérature latine d'être boiteuse dans la comédie, c'est son expression ; et César appelait Térence un demi-Ménandre. Cependant pour nous, et d'après ce qui nous reste de l'antiquité, la comédie à Rome fut bien supérieure à la tragédie. Nous avons déjà parlé des *fables atellanes*, dont quelques érudits ont fait descendre ce que les Italiens nomment *la commedia dell' arte*, les arlequins, les pierrots, les polichinelles, qu'on retrouve, jusqu'à un certain point, dans les peintures d'Herculanum ; nous dirons tout à l'heure un mot des mimes et pantomimes. Enfin, Afranius et d'autres se distinguaient, dit-on, dans la *comœdia togata*, la comédie en toge ou en habit romain, par opposition à la *comœdia palliata*, en manteau ou habit grec.

L'idée de la scène comique était donc déjà dans le génie et les habitudes du peuple romain, et par là même l'imitation de la *nouvelle* comédie d'Athènes, telle que Plaute et Térence l'introduisirent, devait être d'une part plus facile aux auteurs, et de l'autre plus intelligible et plus familière aux spectateurs.

Malheureusement nous avons perdu toutes les productions de la comédie indigène dans la vieille Italie ; et ce qui nous reste de cette partie importante de l'art dramatique chez les Latins sert plutôt à nous faire connaître Ménandre, Diphilus, Épicharme et les autres écrivains grecs, qu'à nous permettre d'apprécier l'originalité romaine sous ce rapport. Voici, d'après Plaute et Térence, l'idée qu'on peut se faire de la comédie nouvelle en Grèce.

La comédie nouvelle formait généralement une suite de scènes, précédées d'un prologue, divisées en cinq actes, mais sans le chœur de la tragédie ou de la comédie ancienne. Le sujet est une intrigue d'amour, à laquelle est souvent jointe une critique de mœurs, le tout terminé par un mariage, une reconnaissance, ou une conversion complète dans le caractère du personnage principal. Car ces trois circonstances, donnant à la vie un tour sérieux, n'y laissent plus guère de place au comique. Les acteurs qu'on retrouve continuellement et presque exclusivement dans ces pièces sont, d'après l'énumération de ceux qui ont traité cette matière :

Un père ou frugal et sévère, ou indulgent et quelquefois alors tyrannisé par sa femme et faisant cause commune avec son fils ; une mère ou belle-mère, quelquefois douce et raisonnable, plus souvent orgueilleuse et obstinée ; un jeune homme étourdi et extravagant, mais franc et aimable, dominé par une passion, tantôt sensuelle, tantôt sincère et délicate ; une jeune fille, habituellement une courtisane, parfois dépravée, rusée et égoïste, parfois réellement tendre et susceptible de sentiments estimables ; un valet stupide, ou plus souvent rusé, et qui aide le jeune homme à tromper ou à voler son père ; un parasite prêt à tout faire pour un dîner ; un sycophante occupé à mettre le trouble dans la famille ; un soldat fanfaron ; un usurier avare ; une vieille femme ou un marchand d'esclaves attentifs à corrompre la jeune fille ou la courtisane, et à profiter de sa corruption. Voilà les éléments, également employés par les modernes, parce qu'ils appartiennent à l'humanité tout entière, que Ménandre, et, après lui, Plaute et Térence, ont combinés de mille manières.

Plaute était né en Ombrie, l'an 224 avant J.-C. La plupart pensent qu'il naquit et resta esclave toute sa vie. D'autres prétendent que, né dans l'aisance, il avait reçu une brillante éducation, et joui d'une certaine fortune que des malheurs lui firent perdre. Ce qui paraît certain, c'est qu'il passa les dernières années de sa vie dans l'esclavage ou dans un état de domesticité, et réduit à tourner la meule d'un moulin à bras. Il mourut âgé de près de soixante ans, la même année qu'Annibal et Scipion l'Africain.

La réputation de Plaute était grande parmi les Latins. Cicéron, Quintilien, Macrobe, en font beaucoup d'éloges. « Si les Muses, disait Varron, voulaient parler le langage des hommes, elles parleraient celui de Plaute. » Horace n'est pas de cet avis : « Nos ancêtres, dit-il, ont loué et admiré un peu trop bonnement, pour ne pas dire sottement, les vers et les saillies de Plaute ; nous n'en jugerons pas ainsi, si nous savons distinguer la raillerie délicate du plat et du bouffon, et si nous avons l'oreille assez fine pour bien juger du son et de la cadence. »

On conçoit les répugnances d'Horace : Plaute écrivait peu après les guerres puniques, à une époque où l'on transportait dans les écrits la langue parlée, comme la seule connue. Son style devait donc avoir, pour les Romains plus polis du siècle d'Auguste, cette rouille que plusieurs recherchent avec empressement comme une naïveté de bon goût qui vient rompre le vernis toujours uniforme des contemporains, tandis que d'autres la blâment comme une grossièreté qui fait rétrograder la langue et la ramène aux premiers temps de barbarie. Cette rusticité nous frappe sans doute beaucoup moins qu'elle ne devait blesser Horace ; cependant quand on compare les pièces de Plaute aux fragments des comiques grecs qui nous sont parvenus, on sent que ces derniers ont en effet une urbanité et une délicatesse singulièrement altérées en arrivant jusqu'à nous, à travers les imitations du poëte latin. Mais admettons que Plaute ait cherché les suffrages de la plèbe plutôt que ceux des spectateurs qui, comme parle Horace, ont un cheval, des ancêtres et des terres ; admettons qu'il ait porté dans ses pièces quelques-unes de ses habitudes d'esclave, il est certain pourtant qu'il eut de brillantes qualités, et que, sans le mettre au rang d'Aristophane et de Molière, on peut le croire au moins l'égal de Térence. Il possède d'abord à un haut degré la première vertu du poëte : il sait inventer, si ce n'est dans l'ensemble, au moins dans les détails ; et la première vertu du comique : il fait rire. Il y a de l'action, du mouvement et du feu dans la plupart de ses pièces. Son génie est aisé et fécond ; il ne laisse point languir le théâtre ; ses intrigues sont bien nouées, ses incidents variés, il a le talent de faire plus agir que parler. Énumérons les pièces où il a plus ou moins déployé ces diverses qualités ; et l'on conclura que celui qui les possédait est loin de mériter la défaveur qu'Horace et, après lui, plusieurs critiques modernes, et entre autres M. de la Harpe, ont voulu jeter sur Plaute.

Peu de poëtes de l'antiquité ont été plus souvent imités par les modernes. En France, Rotrou, Molière, Duryer, la Fontaine, Regnard, Destouches, Lemercier, Corneille ; en Angleterre, Dryden, Shakspeare, Addison ; en Italie, Piareta, Dolce, Machiavel ; en Espagne, don Villalobos ; en Allemagne, Joachim Greff ; Holberg en Danemark, et une foule d'autres, chez toutes les nations littéraires, ont emprunté ou l'intrigue ou les caractères, ou au moins quelques plaisanteries aux pièces dont nous allons parler.

Amphitryon, qui appartient à la comédie moyenne des Grecs, nous est assez connu par l'imitation de Molière. Molière n'a ajouté à Plaute que le personnage de Cléanthis, femme de Sosie, la scène où Mercure empêche Sosie de prendre part au repas d'Amphitryon, et le mot proverbial par lequel il dénoue si heureusement son drame :

> Le véritable Amphitryon
> Est l'Amphitryon où l'on dîne !

Tous les autres traits d'ailleurs, même les plus comiques, appartiennent à Plaute ; mais Molière, en les présentant d'une manière plus spirituelle et plus piquante, semble avoir surpassé son modèle. Je n'en dirai pas autant de *l'Avare*, qui s'appelle en latin *l'Aululaire*. Le plan de Plaute est très-simple ; dès les premières scènes, il a admirablement tracé le caractère de l'avare, son inquiétude sans cesse renaissante, sa méfiance de tout ce qui l'entoure, sa persuasion que toutes les politesses les plus ordinaires qu'on lui fait, et surtout la proposition d'épouser sa fille, ne peuvent naître que de l'idée qu'il possède un trésor. L'intrigue de Molière semble moins facile que celle de Plaute : trop souvent on y perd de vue l'avare, que Plaute ne laisse jamais oublier. Enfin, Harpagon est riche et amoureux, et, bien que de ce contraste entre l'amour et l'avarice, naissent une foule de situations comiques, peut-être y a-t-il plus de naturel dans l'Euclion de Plaute dont la fortune est médiocre, et qui est uniquement et exclusivement avare.

Les Captifs sont moins une comédie qu'un drame, égayé seulement par un rôle de parasite. « Je conseille, dit M. Lemercier, aux disciples de l'art, d'étudier la comédie des *Captifs*, pour apprendre comment le plus enjoué, le plus bouffon des auteurs latins maniait délicatement et tempérait avec justesse le pathétique de l'intrigue la plus noble et la plus intéressante. » La comédie du *Trésor*, *Trinummus*, et celle du *Rudens*, *le Câble*, sont aussi des espèces de drames dans le genre des *Captifs*. Les personnages sont presque tous vertueux et n'en sont pas moins intéressants.

Le parasite, qui n'est qu'un accessoire dans *les Captifs*, devient le personnage principal du *Curculion*, mot latin qui signifie charançon. Curculion ne se distingue pas seulement par la gourmandise qui doit faire le fond de son caractère, il est adroit, intrigant, enjoué, satirique, et laisse même entrevoir quelque chose de la philosophie de Figaro. L'exposition de cette pièce est une des meilleures de Plaute.

Un autre modèle des Mascarille et des Frontin, si fréquents sur notre théâtre au xviie et au xviiie siècle, c'est l'*Epidicus*. Cette pièce a toute la souplesse et la fécondité d'invention qui distingue l'*Étourdi* de Molière, et le ridicule des personnages secondaires n'est pas moins bien tracé que l'habileté du héros. L'intrigue est vive et amusante. La coquetterie des femmes y est assez vertement lancée, et l'on voit que le génie des modistes et des couturières de Rome était tout aussi inventif que celui des artistes en ce genre dans les temps modernes.

Avec l'*Épidicus* les meilleures comédies de Plaute sont *les Ménechmes, le Soldat fanfaron,* et *le Revenant, Mostellaria.* La pièce des *Ménechmes* est fondée, comme celles de tous les imitateurs de Plaute, sur la supposition presque extravagante d'une ressemblance tellement parfaite entre deux individus qu'il soit physiquement impossible de distinguer l'un de l'autre ni par la taille, ni par les traits, ni par la voix; mais l'hypothèse une fois admise amène des situations comiques et des plaisanteries fort gaies; on sait que Regnard, et Shakspeare dans *les Méprises,* ont reproduit *les Ménechmes.* Le poëte français n'est au-dessus de son modèle que par l'opposition qu'il a su mettre entre le caractère des deux frères, en faisant de l'un un chevalier galant, rusé et tout à fait citadin, et de l'autre un brusque et grossier campagnard.

Le Soldat fanfaron est une bouffonnerie, moins exagérée que dans les écrivains espagnols et français qui ont présenté depuis le même personnage.

Mais de toutes les pièces de Plaute, celle que je préférerais, c'est *le Revenant,* une des comédies de l'antiquité qui a la physionomie, pour ainsi dire, la plus moderne. Notre vieux poëte Larivey y a puisé son chef-d'œuvre, la comédie des *Esprits,* et Regnard le sujet du *Retour imprévu.* L'intérêt y est parfaitement soutenu, et tous les caractères opposés et variés avec beaucoup d'art. C'est dans de telles pièces qu'on se plaît à trouver les unités classiques, parce qu'elles s'y montrent sans le moindre effort; l'action commence, se développe et finit dans l'espace de temps strictement nécessaire à la représentation; mais ce qu'on doit surtout y remarquer, c'est la vivacité du dialogue, une peinture animée des mœurs, un comique qui n'a rien d'outré et qui est toujours de bon goût.

Nous n'en dirons pas autant des autres pièces de Plaute. *La Cistellaire,* le *Stichus, les Bacchides,* le *Pœnulus,* qui a tant occupé les savants par la fameuse scène en carthaginois, le seul fragment un peu long qui nous reste de la langue punique, sont des pièces faibles. D'une autre part, il y a une grossièreté de langage comme de mœurs qui nous révolte dans *l'Asinaire, la Casina, le Perse,* le *Pseudolus* et le *Truculentus,* quoique Plaute semble faire un cas tout particulier de ces deux dernières comédies, peut-être parce qu'il ne les avait point, à ce qu'il paraît, imitées du grec, et que les mœurs y sont tout à fait romaines et l'invention exclusivement à lui.

CHAPITRE XI.

DE TÉRENCE.

—

Cette rusticité de fond et de forme qui nous choque dans
Plaute, comme elle choquait Horace, devait disparaître dans
Térence, quoique les deux poëtes ne soient séparés l'un de
l'autre que par un espace de vingt-cinq à trente ans. Mais de
grands événements avaient eu lieu. La victoire de Zama et la
soumission de Carthage avaient terminé les guerres puniques;
les armes de la république s'étaient portées en Macédoine, en
Grèce, en Sicile; les rapports entre les Romains et les habitants de ces antiques séjours de la civilisation s'étaient multipliés; un commerce et une navigation plus étendus avaient donné
à Rome un goût de luxe et d'élégance entièrement ignoré des
siècles précédents. Les mœurs étaient devenues plus nobles et
plus polies, et les habitudes de délicatesse attique, ayant pénétré
du sein de quelques familles sur la scène, avaient modéré la
rusticité bouffonne des Plaute et des Nævius. Les grandes

familles, et surtout les Sempronius, les Lélius, les Scipions, favo-
risèrent cette révolution intellectuelle. En l'an 558 de Rome, à
peu près au temps de la naissance de Térence, les sénateurs eurent
une place particulière au théâtre. Ce décret, qui fit murmurer le
peuple, et perdre à Scipion même une partie de sa faveur, eut
une favorable influence sur l'art théâtral, influence qui devint plus
évidente lorsque, environ un siècle après, les chevaliers obtinrent
la même faveur. Une fois que les gens de goût et d'une éducation
plus cultivée ne se trouvèrent plus confondus dans la foule igno-
rante, et purent donner leur suffrage à part en quelque sorte, ils
exercèrent un certain empire sur la littérature dramatique, et en
dépit des volontés et des clameurs du peuple leurs arrêts furent
respectés par les auteurs et les acteurs. Ainsi, perfectionnement
de la civilisation romaine par des rapports plus habituels avec
des nations plus anciennement civilisées, prépondérance de
l'esprit aristocratique dans la société et dans les jeux de la scène :
voilà, sans parler du génie spécial des deux écrivains, les causes
de la différence qui existe entre Plaute et Térence, quoique tous
deux aient cultivé le même genre et traité les mêmes sujets
d'après les mêmes modèles.

D'abord esclave, ensuite affranchi et ami du sénateur romain
Terentius Lucanus, protégé plus tard par Lélius et Scipion, Térence devait naturellement s'attacher au parti aristocratique,
pour ainsi dire, de la littérature théâtrale et en recevoir l'impression. Il était né à Carthage environ deux cents ans avant
Jésus-Christ. Son talent le fit bientôt distinguer à Rome. Il est
indubitable que Scipion, et surtout Lélius, travaillèrent à ses
pièces. Après avoir donné au théâtre les six comédies qui nous
restent de lui, il voulut aller en Grèce pour se perfectionner dans
la langue de Ménandre et puiser de nouvelles inspirations sur
cette terre classique. Mais au retour de ce voyage, il mourut à
Stymphale, à peine âgé de quarante ans.

« Térence, dit M. de la Harpe, n'a pas un seul des défauts de
Plaute. » L'observation est juste, mais il devait ajouter qu'il
n'en a pas non plus toutes les qualités. « Et toi aussi, disait
César en s'adressant à Térence, et toi aussi, demi-Ménandre,
tu es placé parmi nos plus grands écrivains, et tu le mérites par

la pureté de ton style; mais plût au ciel qu'au charme de tes écrits se joignît cette force comique qui te serait si nécessaire pour égaler les Grecs. Voilà ce qui te manque, Térence, et j'en ai bien du regret. » Poëte des chevaliers, Térence ne présente jamais sur la scène ces personnages bas et trivials qui s'offrent si souvent dans Plaute; il évite ces bouffonneries, ces calembours, ces caricatures, ces grossièretés, ces allusions indécentes que l'on a reprochés au poëte de Sarsine. Sa morale est en général saine et instructive, sa plaisanterie de bon goût; son dialogue réunit la clarté, le naturel, la précision, l'élégance. Toutes les bienséances théâtrales sont observées dans le plan et la conduite de ses pièces. Malheureusement il arrive souvent au lecteur d'y rester froid; quelquefois il est touché, mais il est bien rare qu'il rie franchement et de bon cœur. Térence atteint rarement la force et l'invention dans l'intrigue, l'intérêt dans les sujets, le comique dans les caractères. Son grand mérite, c'est le style : il est impossible d'être plus gracieux, plus pur, plus naïf, plus délicat. Plaute, à l'exception de deux ou trois pièces, exposait ordinairement son sujet dans le prologue, et quelquefois aussi son dénoûment était simplement raconté dans une sorte d'épilogue. Térence ne tombe jamais dans ce double défaut; l'exposition et le dénoûment font partie des scènes et du corps de la pièce comme dans nos comédies modernes, et ses prologues ne sont que des espèces de préfaces où il ne donne point l'argument de sa fable.

La comédie intitulée l'*Heautontimorymenos* ou *le Bourreau de lui-même*, et l'*Hecyra* sont deux espèces de drames que je regarde comme inférieurs aux autres pièces, quoiqu'il s'y trouve des passages touchants et naturels. *L'Eunuque* est plus remarquable; mais, par une exception aux habitudes de Térence, les mœurs y sont basses et inconvenantes. Les trois meilleures comédies de notre poëte sont *le Phormion*, *l'Andrienne* et *les Adelphes*, son chef-d'œuvre, à mon avis.

Les caractères de *l'Andrienne*, l'amant, le valet fourbe, et surtout les deux vieillards qui parlent toujours avec tant de bonhomie et de raison, sont habilement tracés. Térence excelle dans ces conversations entre gens sensés, qui se rapprochent de la nature du drame; qu'on lise surtout la scène III du dernier acte, à laquelle sans doute pensait Boileau, lorsqu'il dit dans *l'Art poétique :*

Regardez de quel air un père dans Térence
Vient d'un fils amoureux gourmander l'imprudence.

L'Andrienne est une de ces pièces qui devaient être applaudies par le banc des sénateurs et des chevaliers. *Le Phormion* et *les Adelphes* ont été une source abondante d'imitations pour les modernes, et surtout pour Molière, qui en a tiré non-seulement l'idée principale des *Fourberies de Scapin* et de *l'École des maris*, mais encore un grand nombre d'intentions comiques et de plaisanteries répandues dans plusieurs de ses ouvrages. Tous les personnages des *Adelphes* sont dessinés de main de maître, et souvent, comme dans *le Phormion*, un mot suffit à les faire reconnaître. J'excepterai le personnage de Déméa, qui, au cinquième acte, passe d'un rigorisme outré à une libéralité, à une prodigalité même qui va jusqu'à l'excès. Au reste, je voudrais retrancher ce cinquième acte tout entier, qui me paraît tout à fait inutile. Mais les quatre premiers, par le comique des situations, la vérité des caractères et la perfection du style, me semblent, avec *le Revenant* de Plaute, ce que la comédie latine a produit de plus parfait.

Lors même que la comédie latine ne présenterait aucun intérêt littéraire, elle mériterait encore toute notre attention comme le plus fidèle miroir des mœurs domestiques de l'antiquité. Les comiques sont plus féconds en instructions sous ce rapport que les historiens, les orateurs et tous les autres écrivains. C'est là que remontent presque toutes nos connaissances sur les liens de famille, sur le mariage, la paternité, la condition des femmes, l'esclavage surtout et les questions sans fin qui s'y rattachent. Là se rencontrent non-seulement, comme parmi nous, les fils débauchés, les oncles grondeurs, les usuriers, les valets fripons, mais encore ces existences inconnues aux âges modernes, les parasites, les sycophantes, les lénons, les courtisanes esclaves. On remarque qu'en général l'autorité paternelle est respec-

tée, et cependant les pères sont souvent tournés en ridicule, représentés comme dupes de leurs fils et de leurs esclaves, tantôt
d’une sévérité, tantôt d’une indulgence outrée, dominés le plus
souvent par leurs femmes, donnant même parfois à leurs fils
l’exemple du désordre, ou se rendant les complices de leurs folies. Il n’en est pas de même des femmes, ou du moins de ce
qu’on nomme *la matrone romaine*. Les intrigues avec une
femme mariée, l’adultère ou du moins la galanterie criminelle,
présentées si souvent sur nos théâtres, et nos innombrables facéties sur les maris trompés, sont presque entièrement ignorées
dans la comédie latine. La matrone est orgueilleuse, souvent
acariâtre, mauvaise mère même, mais jamais galante ou violant
la foi conjugale. Une des causes de cette particularité, sans parler de l’éducation et de la vie en général assez retirée des dames
romaines, était sans doute les rapports plus fréquents des
hommes de tout âge et de toute condition avec la classe des
courtisanes esclaves, qui n’existe pas dans notre civilisation.
L’influence de l’esclavage sur les mœurs de l’antiquité est immense. Sans parler de ceux qui étaient nés esclaves, chaque
guerre, chaque prise de ville renouvelait la population servile et
jetait souvent dans cette condition infime des hommes et des
femmes que leur naissance et leur éducation préparaient à un
tout autre avenir. Pendant la paix, il y avait des pirates et vo-
leurs d’esclaves, des assureurs d’esclaves, des marchands d’esclaves ou lénons. Le lénon, comme nos négriers d’aujourd’hui,
était d’ordinaire un misérable, sans pudeur et sans foi. Il spécu-
lait surtout sur les femmes que leur malheur avait jetées en sa
puissance. Lorsque leur beauté ou leurs talents naturels ou acquis lui faisaient espérer un bénéfice considérable, il employait,
à l’aide de valets fripons ou de vieilles corrompues, tous les
moyens pour les faire aimer de quelque jeune homme noble et
riche qui les rachetait ou pourvoyait à leur entretien en satisfai-
sant à toutes les exactions de leur maître.

On voit par là comment les courtisanes de l’antiquité exerçaient une influence toute différente du rôle qu’elles jouent chez
les peuples modernes; souvent elles étaient nées libres, souvent
elles avaient reçu une éducation soignée, soit au sein de leur

famille, soit chez le lénon, dont l'intérêt positif était de cultiver leurs talents et de répondre de leur fidélité. Leur amour présentait donc, avec moins de culpabilité et de danger, les mêmes attraits que celui des citoyennes mariées.

Mais non-seulement on trouve dans les comédies de ces grands traits de mœurs qui séparent la civilisation antique de la nôtre, on est encore tout étonné d'y rencontrer une foule de notions spéciales qui rapprochent nos habitudes et nos usages de ceux des anciens. Nous ne pouvons entrer dans tous les détails ; prenons un seul exemple, celui des rapports des particuliers avec le gouvernement et même la police : droits de douane et d'accises, passe-port pour les étrangers, visa du passe-port, obligation pour les étrangers et les pauvres de se présenter à certains jours devant une espèce de commissaire, amendes pour fumier ou ordures laissées devant les portes après une certaine heure, ouverture même des lettres aux bureaux des postes : de tout cela et de bien d'autres particularités encore, vous trouverez des traces dans les comédies latines.

Il est très-fâcheux qu'il ne nous soit resté, pour éclaircir toutes ces questions dans ce qu'elles avaient de spécialement latin, aucun monument des *fables atellanes* et de la *comœdia togata*, dont nous avons déjà parlé, et des *mimes*, dont il nous reste à traiter.

CHAPITRE XII.

DES MIMES ET PANTOMIMES CHEZ LES ROMAINS.

Quoique les Grecs eussent aussi des *mimes*, nous savons que chez les Romains ces petites pièces en vers, souvent improvisées, n'étaient pas l'imitation des mimes grecs et avaient un caractère tout à fait local. Horace ne paraît pas en faire grand cas, peut-être pour la même raison qui lui faisait tenir Plaute en si médiocre estime. Les deux plus fameux auteurs de mimes sont le chevalier Q. Laberius et l'affranchi P. Syrus. Ils ne nous sont connus que par des fragments. Nous avons du premier une espèce de prologue qu'il prononça devant le peuple pour se justifier de la nécessité que lui avait imposée le dictateur César de jouer lui-même un de ses mimes. C'était le déshonorer, car les acteurs étaient privés, chez les Romains, de toute espèce de droits civils. Laberius déplore avec une dignité touchante son honneur outragé. On ne peut juger de P. Syrus que par les maximes et sentences, détachées de ses ouvrages, qui nous ont été conservées. Le style en est élégant, la forme concise et ingénieuse, et la morale souvent pure, élevée, et comparable aux meilleurs fragments de Ménandre. On ne sait même trop comment supposer que plusieurs de ces maximes aient pu trouver place dans les mimes, si ces pièces n'eussent été, comme plusieurs le prétendent, que des farces bouffonnes et populaires.

Les mimes ont subsisté plus longtemps que la comédie. Celle-ci, paraît-il, ne survécut guère à Plaute et à Térence. Déjà ces deux poëtes se plaignent continuellement dans leurs prologues du tumulte et des cris des spectateurs, et surtout de l'abandon de leur théâtre que l'on quittait pour les combats de gladiateurs et les pantomimes. Sans doute, les directeurs qui achetaient les pièces aux poëtes cessèrent de les payer une fois que le public leur manqua. Ce n'était pas la scène tragique ou comique que demandait la populace romaine, c'était le cirque, *panem et circenses*. Là, on offrait à sa cruauté les combats de gladiateurs et de bêtes féroces, et les naumachies, et les petites guerres ; on satisfaisait son orgueil et son amour pour la pompe et l'extraordinaire en étalant à ses yeux les dépouilles de l'univers, les robes de pourpre et d'or, les éléphants blancs, le merveilleux des machines et des décorations de toute espèce. Le théâtre romain était à peu près dessiné sur le même plan que le théâtre grec dont nous avons donné la description, seulement l'orchestre n'y était plus occupé par le chœur ; celui-ci restait sur la scène ; l'orchestre était réservé aux sénateurs, auxquels se joignirent plus tard les chevaliers. Ensuite, on élevait souvent des théâtres temporaires. Imaginez-vous ces prodigieux édifices qui, construits pour quatre ou cinq jours et destinés à disparaître ensuite, n'en étaient pas moins bâtis aussi solidement que s'ils devaient durer des siècles ! Un Romain, pour célébrer les funérailles de son père, fit construire, dit-on, dos à dos deux théâtres immenses pouvant recevoir chacun plusieurs milliers de spectateurs. On représenta d'un côté une tragédie et de l'autre une comédie. A la fin des deux pièces on ôta la scène de chaque côté, et tous les spectateurs restant assis, les deux théâtres tournèrent, par le moyen d'un simple pivot, et se trouvèrent en face l'un de l'autre au lieu d'être dos à dos. Cette évolution

7.

laissa dans le milieu un espace vide où l'on représenta un combat de gladiateurs.

C'est ainsi que peu à peu les jeux du cirque et la pantomime devinrent les seuls spectacles des Romains. On prétend que cette dernière dut son origine à Livius Andronicus. Ce poëte, qui était en même temps un excellent acteur, ayant perdu la voix par accident, cessa, dit-on, de réciter ses pièces où il jouait seul tous les rôles ; mais il continua d'exprimer par ses gestes les idées qu'il animait auparavant de sa diction, en supprimant les paroles, selon les uns, et en les laissant prononcer, selon les autres, par un ou plusieurs acteurs, invisibles au public. Quoi qu'il en soit, l'essai plut au peuple ; on fit de la pantomime un art très-étendu ; on parvint à noter et le geste et l'espèce de danse appelée *saltation*, celle qui consistait à représenter la démarche, les attitudes, en un mot, tous les mouvements dont on accompagne le discours ; et cet art, dont nous ne pouvons parler que par conjecture, fut porté à un si haut degré, qu'on crut pouvoir se passer entièrement des paroles et jouer toutes sortes de pièces de théâtre sans ouvrir la bouche. La mort d'Ésope et de Roscius, les Garrick et les Talma du siècle d'Auguste, ayant laissé dans la déclamation théâtrale un vide qui ne put jamais être comblé, Pilade de Cilicie et Bathylle d'Alexandrie, deux hommes non moins extraordinaires, attirèrent toute l'attention sur la pantomime. Les trois genres de la danse grecque, l'*emméléia*, noble et tragique, la *sicinnis*, bachique et guerrière, la *cordace*, populaire et bouffonne, modifiées et transportées à Rome, prirent le nom de *danse italique*, et, après avoir subi de nouveaux changements, finirent par occuper exclusivement le théâtre romain. Bathylle, doué de mœurs douces et d'un génie souple, excellait à peindre les grâces et la volupté ; Pilade brillait plutôt dans le genre sérieux et tragique. Fier d'ailleurs, arrogant, tout entier à l'étude de son art dont il avait développé la théorie dans ses écrits, fort de la conscience de son talent, il dédaignait également la faveur du prince et les suffrages du peuple. Deux fois banni de Rome, il fut toujours rappelé, et Auguste le décora enfin du titre de décurion qu'on n'accordait qu'aux sénateurs.

Des honneurs plus grands attendaient ceux qui lui succédèrent dans son art : un d'eux fut élevé au sacerdoce d'Apollon,
brigué par les premières familles ; Pilade et Bathylle avaient
fondé des écoles ; après eux, elles furent dirigées par leurs élèves. On ajouta aux représentations toute la pompe dont elles
étaient susceptibles. D'abord, un seul pantomime représentait
plusieurs personnages dans une même pièce : bientôt on eut des
troupes complètes ; tragédie, comédie, mimes, tout fut traité
par elles. Les acteurs principaux étaient accompagnés de chœurs
magnifiquement vêtus et d'un nombreux orchestre qui les se-
condait. L'enthousiasme qu'ils excitèrent parmi les Romains
égala presque le fanatisme des guerres civiles. Les factions du
théâtre, distinguées par des livrées diverses, ensanglantèrent
Rome. Tibère, Caligula, Néron, Domitien, Trajan chassèrent
et rappelèrent tour à tour les pantomimes. M.-J. Chénier, dans
son poëme sur les *Principes des arts*, a raconté en beaux vers
ces dernières phases de l'art dramatique chez les Romains :

> La pantomime est due à l'antique Italie.
> Où même elle éclipsa Melpomène et Thalie.
> Élégant traducteur, Térence avait en vain
> De Ménandre avec goût chaussé le brodequin :
> Varius par *Thyeste*, Ovide par *Médée*,
> Du cothurne des Grecs en vain donnaient l'idée.
> Rome-entière, et, comme elle, Auguste et Mécénas
> D'émules plus chéris épousaient les débats :
> Pilade balançait Varius et Virgile,
> Et l'oppresseur d'Ovide a protégé Bathylle.
> D'abord le nouvel art, au théâtre exercé,
> Par des maîtres nombreux fut bientôt professé.
> Au sénateur oisif et lourdement frivole
> Il fallut qu'un décret interdît leur école.
> La scène en factions divisa les Romains,
> Arma des *bleus*, des *verts* les imprudentes mains.
> Deux fois la Macédoine, en désastres féconde,
> Avait vu leurs aïeux risquer le sort du monde ;
> Les enfants des consuls et des triomphateurs
> Combattaient maintenant pour le choix des acteurs.
> Au ridicule aspect de ces partis aux prises,
> Soit que Néron craignît de nobles entreprises,
> Et le soudain réveil des peuples enhardis,
> Soit qu'il voulût punir ses rivaux applaudis,

On vit les histrions, chers à Rome en délire,
Bannis par l'histrion qui gouvernait l'empire ;
Mais sous d'autres tyrans ils furent rappelés,
Enivrés de faveurs, de richesse accablés,
Et Rome, au sein des jeux se consolant des crimes,
Veuve de ses héros, chanta ses pantomimes.

Sous les successeurs de Trajan, les danseurs ne furent pas seulement encouragés, ils furent déifiés et adorés. Loin de les bannir, Constance, ayant chassé les philosophes de Constantinople, sous prétexte d'une famine, y conserva trois mille danseurs. Il est vrai de dire que tant qu'on se contenta de les encourager, ils furent excellents; quand ils entrèrent dans les temples comme prêtres, ils devinrent médiocres; quand ils y restèrent comme dieux, ils furent détestables. L'art dramatique romain finit comme l'empire; ce beau fleuve se perdit parmi les sables.

CHAPITRE XIII.

DU THÉATRE INDIEN.

Tandis que le drame antique, destiné à renaître sous d'autres formes dans l'Europe moderne, s'éteignait dans une longue décadence, l'Orient voyait briller, plusieurs siècles avant notre ère, un théâtre tout à fait original, complétement étranger aux sources homériques comme aux doctrines d'Aristote, et qui suppose cependant, dans le pays où il florissait, une civilisation très-avancée. Je veux parler du théâtre indien.

Il est peu de nations qui attirent plus vivement que le peuple indien l'attention du poëte et du philosophe. Son antique et mystérieuse origine; sa langue primitive, à la fois si logique et si poétique, si riche et si savante; sa gigantesque architecture, avec ses allées de monuments sans fin et ses souterrains qui sont des villes entières; ses dogmes philosophiques où se retrouvent les opinions de toutes les écoles vieilles et récentes, matérialistes et spiritualistes, éclectiques et sceptiques; sa prodigieuse mythologie où se déploie une fantaisie absurde, sans doute, mais incomparablement plus féconde que celle de la Grèce ; ses poëmes épiques qui se déroulent dans des centaines de milliers de vers, et qui sont à l'*Iliade* et à l'*Énéide*, ce que sont à l'Apollon et au Bacchus grec les monstrueuses figures de Vishnou et de Siva ; tout, dans l'étude de ce peuple exceptionnel, captive l'intérêt.

Dans ces brûlants climats où les passions se maintiennent, pour ainsi dire, à la température de l'atmosphère, tandis que le corps énervé semble n'éprouver d'autre besoin que celui du calme et du repos absolu ; sur cette terre prodigieuse qui donne plus que le travail ne lui demande, l'homme ne semble vivre que par l'imagination ; il tend sans cesse à sortir du réel et à se transporter dans un monde idéal ; et cette prédominance de l'imagination lui fait allier partout les extrêmes, réunir tous les délires de la volupté aux plus effrayantes pénitences, le respect pour la vie d'un insecte aux bûchers destinés à la veuve du héros, la liberté la plus aventureuse aux plus lourdes chaînes de l'esclavage et aux plus rigoureuses distinctions de caste, l'ivresse la plus excentrique du génie à la poétique la plus minutieusement restrictive. Et de la combinaison de ce climat, de cette nature, de ces doctrines, il résulte qu'aujourd'hui, sur un espace de cinq cents lieues, près de quatre-vingts millions de ces spiritualistes, qui ne manquent pourtant pas de courage individuel, baissent la tête devant le froid positivisme de quelques marchands anglais.

Le théâtre indien, comme on peut se l'imaginer, est l'image du peuple indien. La religion poussée aux extrêmes limites de l'ascétisme et du merveilleux, l'amour avec tous les raffinements de volupté délicate et de spirituelle coquetterie, une singulière douceur de mœurs, toutes les fois que la superstition n'est pas en jeu, la peinture uniformément gracieuse d'une nature invariablement belle : tels sont les éléments du drame de l'Hindoustan.

L'origine du *roupa* ou *roupaka*, nom général du drame, et que l'on définit *poëme fait pour être vu*, se perd dans la nuit mythologique. C'est le dieu Brahmâ lui-même qui tire des Védas

les préceptes de cet art, et les communique à un *mouni* ou sage
inspiré, nommé Bharata ; c'est Siva ou la déesse Pàrvatì, qui
ajoute deux subdivisions nouvelles aux trois genres primitifs,
créés par Brahmâ, où la danse, la pantomime et la musique se
mêlaient toujours aux paroles. Dans une pièce qui date environ
d'un demi-siècle avant J.-C., le drame mythologique de *Vicrama
et Ourvasi*, le poëte Calidasà nous apprend non-seulement qu'il
avait été précédé d'un grand nombre d'auteurs dont plusieurs
étaient déjà fort anciens, mais que la représentation des drames
était un des plaisirs les plus recherchés dans le séjour des dieux.
Les acteurs et actrices n'étaient rien moins que les Gandharbas
et les Apsaras, génies et nymphes du ciel d'Indra.

Quoi qu'il en soit de ces merveilleuses traditions, les drames
qui nous sont connus, et ceux même que citent les poétiques indiennes, ne remontent guère à plus de cinquante ou soixante ans
avant l'ère chrétienne. C'est à la cour de Vicramaditya, contemporain d'Auguste, que brillait Calidasà dont je viens de faire
mention, le plus ancien pour nous et assurément le plus renommé
des poëtes dramatiques de l'Inde. Ses pièces suffiraient seules à
nous faire apprécier le haut degré de civilisation où l'Inde était
alors parvenue, et l'éclat de cette cour qui rivalise avec celle
des Louis XIV et des Léon X, où la poésie, la musique, la
danse, la peinture, la gravure sur pierre et sur métaux, tout le
cortége des arts se trouvent réunis à la plus exquise délicatesse
de mœurs et entourés de tout le luxe oriental.

Nous connaissons trois pièces de Calidasâ. L'une d'elles, de
beaucoup inférieure aux deux autres, lui a été contestée et paraît
appartenir en effet à une époque plus récente, mais il est sans
aucun doute l'auteur de *Vicrama et Ourvasi*, ou le héros et
la nymphe, et surtout de *la Reconnaissance de Sacountala*, le
chef-d'œuvre du théâtre indien. Cette dernière pièce, traduite
en anglais par W. Jones, en allemand par Schlegel, en français par M. Chezy qui a donné en même temps le texte original,
est assurément un des drames les plus remarquables qui existent
dans la littérature d'aucun peuple. Sans parler des beautés de
détail dans la pensée et dans l'expression qui y abondent, elle
possède un caractère universel, encyclopédique, en quelque

sorte, qui la distingue éminemment. Grâce au sujet choisi, le poëte a pu nous offrir le tableau des actes, des devoirs et des sentiments de l'humanité entière, dans toutes les conditions de la famille et de la société. On y trouve la fille, l'amante, l'épouse, la mère, la sœur, le père, l'aïeul; on y rencontre le temple, le palais, la maison bourgeoise, l'ermitage, la cabane; les dieux, les rois, les grands, les prêtres, les moines, le soldat, le chasseur, le pêcheur, le solitaire; on y admire la naïveté, l'innocence, l'amour, la gaieté, la vérité populaire, et sinon la terreur et les passions haineuses, que défend en général la poétique indienne, du moins la pitié, le pathétique et les passions tendres portées au plus haut degré. Aussi ne s'étonne-t-on pas que ce chef-d'œuvre ait été traduit dans la plupart des langues européennes, et que Gœthe, le philosophe-poëte, s'écriât dans son enthousiasme : Veux-tu trouver réunis en un seul mot les fleurs des temps modernes et les fruits des âges anciens, la naïveté et la science, la sagesse et la passion, le ciel et la terre? Je te nommerai *Sacountala*, et tout sera dit.

Comme les tragiques grecs qui puisaient d'ordinaire dans l'*Iliade* et dans les autres cycles épiques le sujet de leurs pièces, Calidasâ a emprunté la sienne à la grande épopée sanscrite, le *Mahabharata*, qui raconte cette histoire arrivée, selon les mythologues indiens, environ 1500 ans avant notre ère. Douchmanta, roi des Indes, s'égare à la chasse, arrive à l'ermitage de Canoua, père adoptif de Sacountala, fille de la nymphe Menaca, s'éprend d'amour pour Sacountala, et l'épouse en l'absence de Canoua. Puis il retourne dans sa capitale, en promettant de revenir sous peu reprendre son épouse. Cependant, les mois, les années s'écoulent, et Douchmanta ne reparaît point. Sacountala, devenue mère, avait eu un fils, dont la merveilleuse enfance ressemble à celle de l'Hercule grec. Quand ce fils eut atteint sa dixième année, Sacountala se rend avec lui à la cour, et se présente au roi, qui refuse d'abord de la reconnaître, et la traite fort durement, jusqu'à ce qu'une voix céleste se fasse entendre au milieu de toute la cour, qui déclare que Sacountala dit la vérité et que son enfant est réellement le fils de Douchmanta. Le roi, qui n'attendait que ce témoignage surnaturel, avoue alors qu'il a en effet épousé Sacountala, qu'elle est réellement reine, et son fils, légitime héritier de l'empire.

Telle est la fable extrêmement simple dont Câlidasâ a fait un drame, sans presque en altérer la simplicité. Toute la beauté consiste dans les développements de la passion, dans les détails descriptifs, et dans une manière souvent fort ingénieuse de préparer et d'amener les événements. Ce drame, comme tous ceux qui le suivirent, est partie en prose, partie en vers, selon la nature plus ou moins poétique des idées à exprimer. Toutes les réflexions, toutes les descriptions sont en vers dont les syllabes varient en nombre de huit à vingt-sept. A l'époque de la décadence, on fit des vers ayant jusqu'à cent quatre-vingt-quatorze syllabes. Comme les autres drames indiens, il est écrit en trois langues : le héros, l'héroïne, les brames parlent le *sanscrit*, ou langue sacrée ; les personnages de condition moyenne emploient le *pracrit*, qui se rapproche du sanscrit, mais est moins savant, et ne se parle pas plus d'ailleurs que le sanscrit ; enfin les acteurs tout à fait subalternes usent des divers dialectes du *pali*, la langue usuelle. Cette triplicité d'idiomes dans la même pièce ne se rencontre que dans l'Inde. Et assurément l'emploi dans les représentations théâtrales d'une langue tout à fait inintelligible pour une portion considérable de l'auditoire, ne pouvait convenir qu'à une société où les plus hautes branches de la littérature, comme les plus hautes fonctions de l'État, étaient le partage exclusif de certaines classes privilégiées, des Kchatriyas et des Brahmanes, mais en même temps il devait singulièrement altérer, même pour les habiles, ce plaisir instantané, universel, irrésistible, que semble devoir procurer le théâtre.

Les pièces indiennes se divisent en scènes et en actes comme les nôtres ; la scène finit quand un des personnages s'éloigne ; l'acte, quand ils se retirent tous. Un drame peut se composer d'un nombre d'actes plus ou moins considérable, depuis un jusqu'à dix. La représentation de certaines pièces occupe cinq ou six heures, et même une nuit tout entière. *Sacountala* se partage en sept actes précédés d'un prologue : ce prologue, qui se retrouve invariablement dans toutes les

8

pièces, a quelque analogie avec ceux d'Euripide et de Plaute, ou plutôt avec les introductions de la vieille comédie anglaise, du *Faust* de Gœthe, et aussi de ces pièces où Molière, mettant les coulisses sur la scène, cause devant le public avec l'acteur la Thorillière ou mademoiselle Béjart. Le prologue indien est toujours une invocation à une divinité suivie d'un dialogue entre le directeur et une personne de la troupe, lequel conduit immédiatement à l'action du drame. Souvent on y nomme l'auteur de la pièce avec plus ou moins d'éloges. Un des plus curieux qu'on puisse lire est celui de *Malatî et Madhavâ* ou *le Mariage par surprise*, représenté vers l'an 720 de notre ère.

« Il y a vers le midi, dit le directeur, et dans la province de Vidarbha, une cité appelée Padmanagara, séjour de certains brahmanes de la famille de Casyapa... Ils ont la préséance dans les festins, entretiennent les cinq feux, observent les pratiques religieuses, boivent le jus du *soma* (espèce de liqueur fermentée), portent des noms distingués et sont instruits dans les Védas. Ces brahmanes ont constamment estimé l'étude des saintes écritures, pour la connaissance de la vérité ; la richesse, pour la célébration des rites pieux ; le mariage, pour la propagation de leur famille ; et la vie, pour la pratique de la dévotion. De cette famille est sorti un poëte distingué, dont l'heureux nom est Bhavabhoûtî, et le surnom Sricantha ; il était petit-fils de l'illustre Bhatta Gopâla, et fils du vertueux Nilacantha et de Djâtoucarnî. Uni d'amitié avec les acteurs, il nous a donné un drame de sa composition, qui est parfait sous tous les rapports. C'est à ce drame qu'on peut appliquer ce mot : «Ceux qui nous « critiquent ne savent pas grand'chose, cet ouvrage n'est pas fait « pour eux. Après cela, il est possible qu'il existe ou qu'il doive « exister des gens d'aussi bon goût que moi, car le temps est « infini, et le monde est vaste. » Et puis, que sert de connaître tous les livres philosophiques et religieux, l'Yoga, le Sânkhya et les Védas ? Tout cela n'est d'aucun secours pour une composition dramatique : fertilité d'imagination, harmonie de style, richesse d'invention, voilà ce qui indique en ce genre la science et le génie. Tel est le drame écrit par notre vénérable ami Bhavabhoûtî. Il est intitulé *Malatî et Madhavâ*. C'est un dépôt qu'il nous a confié. Que chaque acteur se dispose à le représenter avec tout le talent dont il est capable. »

On voit que la réclame et l'affiche de spectacle ne sont pas nées d'hier. Le prologue de *Sacountala* est plus simple, plus gracieux, et amène fort bien le premier acte, une des plus délicieuses pastorales que l'on peut imaginer, comparable à *l'Aminte* du Tasse et aux idylles de Théocrite. Et cependant il peut se résumer en une ligne : le roi Douchmanta, égaré à la chasse, aperçoit Sacountala jouant avec ses compagnes dans le jardin de son père adoptif, et en devient épris. Mais que de détails charmants! Je ne citerai que deux strophes du roi qui, caché dans un bosquet, voit sa maîtresse occupée à chasser une abeille qui la tourmente. C'est ce que Ronsard appellerait une *odelette*, et qu'Anacréon, qui les tournait si bien, n'eût pas mieux tournée : « Oh! qu'elle est ravissante! Sur tous les points où voltige cet insecte léger, plus légère que lui, avec quelle grâce elle le chasse sans relâche! Trop heureux insecte, tu peux donc dans ton vol effleurer l'angle de cet œil à demi fermé, où la crainte excite un tremblement enchanteur, faire entendre à cette oreille charmante un murmure semblable aux petits mots furtifs d'un amant favorisé, puiser un torrent de délices sur ces lèvres divines dont une main délicate cherche en vain à t'éloigner. Hélas! nous mourons dans le doute de pouvoir jamais la posséder, et toi, petite abeille, tu t'enivres de volupté! »

Au second acte, Douchmanta s'entretient de son amour avec son favori Madavya, espèce de bouffon, que l'on retrouve dans presque toutes les pièces indiennes, et qui ressemble au *gracioso* des drames espagnols, compagnon forcé, tout brahmane qu'il est, des fatigues et des plaisirs du roi, douillet, gourmand, poltron, facétieux, et cependant jamais trivial, tenant un peu de la famille des Panurge, des Falstaff et des Figaro. Le roi, qui a saisi le premier prétexte pour rester à l'hermitage, avoue, au troisième acte, son amour à Sacountala qui y répond, et reçoit de lui un anneau qui doit la lui faire reconnaître toujours, s'il venait à l'oublier.

On doit bien penser que les unités de temps et de lieu sont

chose complétement ignorées sur le théâtre indien ; il est des
pièces dont les événements ne peuvent s'être passés en moins
de douze ou quinze ans. L'unité d'action, sans être toujours
observée, l'est davantage en général, surtout dans les drames
les plus anciens et les plus renommés. On peut évaluer à deux
ou trois jours la durée des trois premiers actes de *Sacountala*.
Le quatrième se passe encore à l'ermitage, mais Douchmanta
est parti. Sacountala, absorbée dans son amour, ne prête pas
toute l'attention requise à la demande d'hospitalité que lui
adresse un certain Dourvasas, moine vindicatif, dont les menaces, dans les idées indiennes, étaient formidables et toujours
réalisées. Celui-ci la maudit et lui annonce que son amant l'oubliera. Cette fatale imprécation est tout le nœud de la pièce.
En effet Canoua, instruit par une vision céleste, permet à sa
fille d'aller retrouver le roi son époux. Les adieux de Sacountala
à son père, à ses sœurs, aux animaux familiers qu'elle a nourris,
aux plantes même qu'elle a tant aimées, occupent la fin du quatrième acte, et l'on ne peut dire combien de traits naïfs, délicats,
poétiques, animent ces dernières scènes. Écoutez cette strophe
des nymphes dont les vœux accompagnent Sacountala. « Que
son voyage soit heureux ; que l'ombre épaisse des grands arbres
lui offre dans tout son trajet un abri impénétrable aux rayons
ardents du soleil ; qu'un doux zéphyr, rasant la surface limpide
des lacs tout couverts des larges feuilles du lotus azuré, leur
dérobe pour elle une rosée rafraîchissante, et qu'il endorme ses
fatigues à son souffle caressant ; puissent ses pieds délicats ne
fouler dans sa marche paisible que la poussière veloutée des
fleurs ! » Casimir Delavigne s'était imprégné en quelque sorte
des parfums de cette poésie orientale, quand il composa *le Paria*,
mais s'il lutte parfois d'éclat et d'élégance avec Calidasâ, il en
atteint rarement la grâce naïve. « Bon père, dit Sacountala en
s'éloignant, lorsque cette charmante gazelle qui n'ose se hasarder loin de l'ermitage, ralentie qu'elle est dans sa marche par
le poids du petit qu'elle porte dans ses flancs, sera devenue
mère, n'oubliez pas, je vous en prie, de m'en donner des nouvelles. » Ainsi au septième acte, lorsque Douchmanta, ignorant
encore qu'il est père, aperçoit son fils qu'il ne reconnait pas :

« Pourquoi donc, dit-il, mon cœur se sent-il entraîné vers
ce bel enfant comme s'il était mon fils? » Puis il ajoute cette
strophe charmante : « Hélas! je n'ai point de fils! pensée
cruelle qui ajoute à mon attendrissement. Oh! mille fois heureux les pères, lorsque, en soulevant dans leurs bras un enfant
chéri qui cherche à se réfugier dans leur sein, et tout couverts
de la poussière de ses petits pieds, ils contemplent, à travers
ce gracieux sourire qui lui naît au hasard, la blancheur éblouissante de ses dents pures comme les fleurs, et prêtent une oreille
complaisante à son petit babil composé de mots à demi formés! »
Outre la grâce de l'idée et de l'image, substituez à notre prose
française l'harmonie de la poésie sanscrite que l'on dit extrême,
et vous pourrez vous imaginer le charme de ces vers. Je sais
bien que tout cela appartient plutôt au style lyrique qu'à ce que
nous pouvons réellement appeler le style tragique ou dramatique.
Mais il faut songer que la véritable tragédie, telle que l'ont con-
çue les anciens et les modernes, n'était point admise sur le
théâtre indien, puisque leur poétique défend non-seulement
d'ensanglanter la scène, mais même d'annoncer la mort du héros
et de l'héroïne, et que les pièces ont presque toujours un dénoûment heureux. Beaucoup d'autres interdictions particulières
au système indien éloignent la possibilité d'une tragédie réelle.
Il n'est pas permis, par exemple, de présenter sur la scène un
défi hostile, des imprécations solennelles, l'exil, la dégradation,
une calamité nationale. Il y a bien d'autres prohibitions, mais
d'une nature moins grave : ainsi défense de mordre, de cracher,
d'embrasser, de manger, de dormir, de se baigner, de se par-
fumer, de faire les cérémonies. Toutes ces prescriptions n'ont
pas toujours été rigoureusement observées, surtout dans les âges
modernes; en général cependant les écrivains dramatiques, les
classiques principalement, y sont fidèles.

Le caractère dominant du drame indien est celui qui distingue également le théâtre espagnol, l'anglais, et celui que
l'école dite romantique a voulu introduire en France; c'est le
mélange invariable de tristesse et de gaieté, de sérieux et de
folie. Toute pièce est inévitablement tragi-comique.

Ainsi, au cinquième acte de *Sacountala*, nous sommes dans

8.

la capitale des Indes et au palais de Douchmanta. La fille de
Canoua se présente; mais soumis à l'influence de la malédiction
de Dourvasas, le prince ne la reconnaît pas. Elle a d'ailleurs
perdu son anneau. Un pêcheur le trouve, veut le vendre, est
arrêté, conduit au prince, et le mélange des moines subalternes
qui ont accompagné la jeune épouse, des pêcheurs, des ouvriers,
de la police, des soldats, des officiers, des courtisans, nous fait
passer de la pastorale des premiers actes à une vraie comédie
populaire.

Cependant Sacountala, méconnue par son mari, a été enlevée
par une nymphe, et d'une autre part la découverte de l'anneau
a dissipé l'aveuglement de Douchmanta. Il cherche celle qui lui
est toujours chère, et nous voilà transportés, au sixième et au
septième acte, au milieu des merveilleuses magnificences de la
mythologie indienne. Nous parcourons avec le héros non-seulement les cimes neigeuses de l'Himalaya, mais toutes les sphères
célestes, nous assistons à la lutte des bons et des mauvais
génies; jusqu'à ce que les deux amants soient unis pour jamais
à la cour du dieu Casyapa et de la déesse Adyti, assis sur leur
trône dans toute la splendeur de leur divinité. La pièce se termine avec une prière prononcée par Douchmanta.

Cette sorte d'épilogue se retrouve à la fin de tous les drames.
C'est en quelque sorte la moralité de la pièce, accompagnée de
vœux ou de bénédictions pour l'assemblée. Plusieurs de ces morceaux sont fort remarquables. Un des plus beaux, à mon avis, est
celui qui couronne le drame intitulé le *Mritchtchakati* ou *le Chariot
d'enfant*, qu'on devrait plutôt appeler *la Courtisane amoureuse*.
L'auteur, le roi Soudraca, vivait au deuxième siècle de notre ère,
et en 1849, MM. Méry et Gérard de Nerval en firent représenter
à l'Odéon une traduction en vers. Voici donc cet épilogue, que
prononce le héros de la pièce, le sage Tcharoudatta, aimé de la
courtisane Vasantasenâ : « Je n'ai plus qu'un mot à dire. Puisque Aryaca est investi du pouvoir souverain, et me regarde
comme son ami; puisque tous nos ennemis sont détruits, excepté un pauvre misérable qui a reçu la liberté pour apprendre
à se repentir de ses fautes passées; puisque mon honneur est
rétabli, que ma chère Vasantasenâ, et ma femme, et tout ce qui

m'est le plus précieux m'est aujourd'hui rendu, je n'ai plus rien
à demander au ciel. Le destin se joue de notre vie et fait tourner le monde comme une roue mobile. Les uns sont élevés à la
fortune, les autres abaissés dans l'indigence. Ceux-ci, pour
un temps, sont portés aux honneurs; ceux-là précipités dans la
douleur et la misère. Sachons donc tous modérer nos désirs.
Que les mamelles des vaches nourricières soient toujours pleines,
que le sol soit fertile, que des pluies abondantes descendent sur
la terre; que le souffle embaumé des vents répande la santé;
que tous les êtres vivants soient exempts de peine; que le respect accompagne le brahmane; que la justice et la piété assurent
partout le bonheur; et puissent tous les monarques vigilants,
équitables, humilier leurs ennemis et conserver la paix au
monde ! »

Tous les sujets des pièces indiennes ne sont pas, comme on
doit s'y attendre, aussi riches que *Sacountala*. Les plus importantes sont tirées des traditions mythologiques ou historiques.
D'autres traitent de la politique, de la guerre, de l'amour, des
intrigues et des mœurs bourgeoises; quelques-unes sont de véritables comédies, ou même des bouffonneries et des farces.
Presque toutes sont mêlées de chants et de danses. Il en est
dont le fond est purement métaphysique, comme celle qu'a traduite le docteur Taylor de Bombay, intitulée *Prabodha tchan-
drodaya* ou *le lever de la lune de l'intelligence*. Elle rappelle
nos moralités du moyen âge. On y voit la Raison argumenter du
haut de sa chaire contre l'Ignorance, et se charger d'élever l'âme
que l'Éternel vient de lui confier. Au reste, le théâtre indien,
dans son existence plus ou moins suivie pendant dix-huit siècles, ne semble pas avoir été très-fécond. Nous ne connaissons et
les critiques ne citent guère plus d'une soixantaine de pièces;
il est vrai que ce sont les meilleures et que l'on ne compte pas,
bien entendu, cette foule de petits drames qui s'improvisent le
plus souvent sur les places publiques. Les deux plus grands maîtres, Calidasâ et Bhavabhoûtî, ne figurent dans ce catalogue
chacun que pour trois pièces. Il faut dire aussi que les représentations n'avaient lieu que dans quelques grandes et solennelles circonstances, aux fêtes de certaines divinités, au couron-

nement d'un roi, à la prise de possession d'une ville ou d'une maison, aux mariages et aux naissances illustres. Les acteurs et les actrices forment des troupes ambulantes, toujours conduites par un directeur ; elles jouent dans les salles des palais de rois et de nababs, connues sous le nom de *sangita sala*, salles de chant, deux mots qui sont passés du sanscrit dans les langues du nord, *singen*, *to sing*, chanter, et *saal*, *hall*, salle. Il n'est fait mention nulle part d'édifices séparés, construits pour les représentations scéniques et ouverts au public moyennant une rétribution individuelle. Aussi, quoique le texte de plusieurs pièces semble supposer un système fort compliqué de décorations, il paraît certain que l'appareil mécanique de nos entreprises théâtrales et le mobilier de la scène ont toujours été inconnus dans les Indes. Les costumes étaient beaucoup plus soignés, et l'on a des preuves que les personnages étaient habillés suivant leurs rôles, et parfois avec une grande richesse.

William Jones et le docteur Taylor avaient révélé à l'Europe, depuis un assez grand nombre d'années, l'existence du drame sanscrit dans *Sacountala* et le *Prabodha*, lorsque M. Horace Wilson donna la traduction de six nouvelles pièces et l'analyse de vingt-trois autres, qui appartiennent à toutes les époques, depuis le iie siècle de l'ère chrétienne jusqu'à nos jours. Cet ouvrage, traduit en français en 1828, par M. Langlois, et dont une seconde édition en deux volumes parut à Londres en 1835, donne une idée suffisante de cette branche importante de la littérature indienne, surtout parce qu'il y a joint une préface où il traite amplement de la poétique du théâtre.

Cette poétique est une des théories les plus compliquées que l'esprit humain ait jamais inventées. Quand l'art dramatique indien commença à tomber en décadence vers le xie siècle, une nuée de critiques vinrent fondre sur lui et se mirent à classifier les pièces, les personnages, les passions, les moyens scéniques ; à diviser, à subdiviser à l'infini, le tout sans poésie réelle, sans philosophie, sans goût, et pour le seul plaisir, en quelque sorte, d'accumuler des observations techniques et d'établir des préceptes dogmatiques d'après les exemples des auteurs renommés. Ces espèces de rhétoriques, qui sont innombrables et dont Wilson ne cite pas moins de seize, divisent le *roupaka*, nom générique du drame, en deux genres, le *roupaka* proprement dit et l'*ouparoupaka* ou roupaka inférieur, et en vingt-huit espèces, dix pour le premier genre et dix-huit pour le second, d'après la nature du sujet ou des personnages, le nombre des actes, le mélange plus ou moins grand de la danse et du chant aux paroles, etc. Vient ensuite la division de la pièce elle-même en scènes et en actes, avec le prologue et l'épilogue ; puis les règles pour la conduite de l'ouvrage. Toute action dramatique comprend cinq éléments. Il y a, par exemple, le but de l'action, qui admet aussi cinq conditions, et les incidents qui mènent à ce but, également au nombre de cinq ; mais comme évidemment les incidents d'une action théâtrale sont infinis, il a fallu subdiviser ces cinq incidents eux-mêmes en soixante-quatre membres que l'on nomme *angas*, car toutes ces divisions et subdivisions ont chacune leur nom bien distinct et bien arrêté. Que dire des personnages ou des mœurs? Vous supposez dans tout drame de quelque valeur un héros, une héroïne, un confident, une amie, un bouffon, etc. Eh bien! les critiques vous établissent quarante-huit manières d'être un héros qui peuvent, dans les subdivisions, aller jusqu'à cent quarante-quatre, et ainsi des autres caractères. Il en est de même des passions. Les Grecs reconnaissaient deux grandes passions tragiques, la terreur et la pitié. Les poétiques indiennes en comptent neuf qu'elles nomment *rasa*, saveur ou goût : l'amour, le plaisir, la tendresse, la fureur, l'héroïsme, la terreur, le dégoût, l'étonnement, enfin le calme complet qui est la perfection. Mais les *rasas* sont considérés comme effet et non comme cause, la cause est le *bhâva* ou disposition de l'âme ou du corps. On en compte neuf permanents et trente-trois transitoires. Mais ce n'est pas tout : il faut observer dans chaque *bhâva* ce qui l'a amené, qu'on nomme *vibhâva* ; son expression extérieure volontaire, *anoubhâva*, et son expression involontaire, *sâtwika bhâva*. Par exemple, si je veux peindre le *rasa*, dégoût, j'aurai pour *bhâva* la faiblesse d'âme, l'incapacité d'endurer ; pour *vibhâva*, un long chagrin, je suppose, ou un excès d'exercice ou de plaisir ; pour *anoubhâva*, l'inactivité complète des membres ; pour *sâtwika bhâva*, la pâleur, le bâillement, etc.

On conçoit que toutes ces combinaisons des passions, de leurs
modifications, de leurs signes volontaires et involontaires aient
fourni aux critiques une ample matière pour pousser leurs minuties à l'infini. Mais toutes ces abstractions puériles, dont l'excès
d'ailleurs était inconnu aux plus anciens rhéteurs de l'Inde et
surtout à ses auteurs classiques, n'ont point fait faire à l'art un
seul pas vers la perfection. Les vrais modèles sont toujours les
écrivains de la cour de Vicramadityia, qui ignoraient toutes ces
subtilités et dont les œuvres puissantes et originales méritent
réellement, comme on a pu le voir par le peu que nous en avons
cité, l'estime et les éloges des littérateurs de tous les temps.

CHAPITRE XIV.

DU THÉATRE CHINOIS.

—

La Chine est, après l'Inde, le pays où se rencontrent les plus anciennes traditions sur l'origine de la musique vocale et instrumentale, du ballet et de la pantomime. Plus de 2700 ans avant notre ère, *Lyng-lun*, par les ordres de l'empereur *Hoang-ti*, *réglait* la musique. C'est l'expression chinoise, et ce règlement ne s'exécutait pas sans une foule de circonstances merveilleuses. On prétend que, cinq cents ans plus tard, sous l'empereur Chun, il existait déjà une surintendance de la musique. Mais sans vouloir garantir les exagérations des livres sacrés et leurs impossibilités chronologiques, ce qui paraît certain, c'est que la poésie, la musique, l'art des gestes et de la danse apparurent dès le berceau de la société chinoise. Comme dans la Grèce et dans tout l'Orient, ils font partie de la politique. « La connaissance des tons et des sons, dit la tradition, a des rapports intimes avec la science du gouvernement, et celui-là seul qui comprend

la musique est capable de gouverner. » Platon ne parle pas autrement, ce qui signifie sans doute que, pour gouverner les autres, il faut d'abord savoir se gouverner soi-même, modérer ses
désirs et ses appétits, et que celui-là se gouverne mal qui préfère une musique passionnée à un chant grave, et des danses
échevelées à des mouvements décents et bien réglés. Aussi les
créateurs et les réformateurs de la musique, les introducteurs
d'instruments nouveaux, les Roland de Lattre, les Guy d'Arezzo
et les Sax du céleste empire ne sont-ils que les empereurs eux-
mêmes.

Le drame cependant est beaucoup plus moderne en Chine que
la musique. Les plus raisonnables ne veulent pas même en attribuer l'invention à l'empereur *Wen-ti*, chef de la dynastie des
Souï, l'an 581 de notre ère. Selon eux, c'est à l'an 720 de
Jésus-Christ, à *Hiouen-Tsong*, de la dynastie des *Thang*, fondateur lui-même et directeur d'une académie impériale de musique, qu'il faut descendre pour trouver la première pièce de
théâtre vraiment digne de ce nom, la première œuvre d'art qui
réunit la poésie lyrique à l'action dramatique.

Quoi qu'il en soit, il paraît que le théâtre, une fois créé, devint pour les Chinois l'objet d'une passion profonde et durable,
comme toutes les passions et les habitudes chinoises. Dans leur
langage emphatique et figuré, ils ne savent quel nom flatteur
donner à ces poétiques délassements. On les appelle tour à tour
*amusements des rues paisibles, musique du jardin des poi-
riers, amusements des forêts en fleur, joies de la paix et de la
prospérité*, que sais-je encore? La fécondité, sinon le génie des
poètes, répondit à cet enthousiasme du public. Sans parler de la
première époque théâtrale sous la dynastie des *Thang*, de 720
à 905, et de la seconde, sous celle des *Song*, de 960 à 1119, la
moitié seulement de la troisième époque, celle de la dynastie
des *Youen*, de 1279 à 1378, ne renferme pas moins de cinq
cents volumes chinois, ou de cinq cent soixante-quatre pièces,
d'après le catalogue qu'en a donné M. Basin aîné, aux travaux
duquel je dois beaucoup ici. Cent cinq de ces pièces sont anonymes, et les autres sont l'œuvre de quatre-vingt-cinq auteurs,
dont l'un, *Kouan-han-King*, en a composé soixante pour sa

part. Un écrivain chinois de 1704 ne compte pas moins de cent quatre-vingt-sept auteurs dramatiques dans cet espace de cent années.

L'Europe ignorait même l'existence de ces richesses dramatiques lorsque, vers le milieu du xviie siècle, parut la première traduction d'une pièce chinoise, *le jeune Orphelin de la famille de Tchao,* par le jésuite Prémare, publiée en 1755 par le père Duhalde. C'est de cette pièce que Voltaire a fait, vingt ans après, *l'Orphelin de la Chine,* en l'adaptant à l'esprit et aux règles de la scène française. Il avoue que dans cette tragédie, dont l'action dure vingt-cinq ans et qu'il appelle un entassement d'événements incroyables, il règne cependant de l'intérêt, malgré l'incroyable, et la clarté la plus lumineuse, malgré la foule des événements. S'il n'y trouve d'ailleurs ni développements de sentiments, ni peinture de mœurs, ni éloquence, ni raison, ni passion, la faute en est en partie au traducteur qui, rebuté par ces prodigieuses difficultés de la poésie chinoise, que reconnaissent d'ailleurs tous les sinologues, a omis tous les vers du texte original et négligé par là même de traduire les endroits les plus brillants et les plus pathétiques.

Dans toute pièce chinoise, en effet, il y a deux parties distinctes, le dialogue parlé et le chant. Tous les personnages secondaires se contentent de parler ; mais le héros, l'héroïne, l'un ou l'autre quelquefois des rôles principaux chantent et parlent alternativement, comme dans nos opéras-comiques ou dans nos vaudevilles. Seulement, ici, la prose est encore plus fréquemment interrompue par le vers, et le vers atteint presque toujours à un lyrisme que M. Abel Rémusat jugeait intraduisible, et souvent même inintelligible. Dans les dernières années, cependant, quelques sinologues intrépides semblent être parvenus à vaincre ces difficultés.

Un siècle après la publication de l'ouvrage de Duhalde, l'Anglais Davis, alors attaché à la factorerie anglaise de Canton, donna à son tour une traduction, au moins de la partie *parlée,* de deux pièces chinoises, *Lao-seng-eul* ou *le Vieillard qui obtient un fils* et *les Chagrins de Han.* Il en retrancha tout ce qui était en vers.

Enfin, M. Stanislas Julien, professeur de chinois au collége de France, eut le premier une connaissance assez approfondie de cette langue pour pouvoir présenter à l'Europe une pièce chinoise, tout entière et sans aucune omission. Il choisit l'*Histoire du cercle de craie*, qu'il publia en 1832 ; et deux ans après, il reproduisit d'une manière complète *l'Orphelin de Tchao*. M. Basin aîné suivit ses traces. Il traduisit littéralement quatre pièces : *les Intrigues d'une soubrette*, comédie ; et trois drames, *la Tunique confrontée*, *la Chanteuse* et *le Ressentiment de Teou-ngo*. Elles parurent en 1838 ; il y ajouta, en 1841, la traduction du drame le plus estimé par les critiques chinois, et qu'ils regardent comme le chef-d'œuvre de la scène, le *Pi-pa-ki* ou *Histoire du luth*, par Kao-tong-kia.

Ces huit pièces nous donneraient déjà une idée suffisante du drame chinois ; mais nous aurions encore à désirer une foule de détails sur la poétique du théâtre, sur les règles de l'art, sur la mise en scène, si les critiques et les commentateurs, qui ne manquent pas plus au céleste empire qu'ailleurs, ne s'étaient chargés de nous fournir à cet égard des renseignements que les sinologues n'ont pas laissés échapper.

Les doctrines et les lois du théâtre, le genre et la forme des pièces n'ont pas toujours été uniformes chez les Chinois, et en dépit de leur immobilité proverbiale, on voit, à la seule lecture de leurs écrits, qu'ils n'ont pas été, dans les arts, ennemis obstinés de tout progrès et de toute innovation bonne ou mauvaise. Sans entrer dans le détail de ces révolutions théâtrales, ne parlons que des règles qui régnaient à l'époque la plus brillante de la scène, sous la dynastie des Youen, et dont l'esprit au moins s'est toujours conservé.

La poétique chinoise veut que toute œuvre de théâtre ait un but et un sens moral. Et ce n'est pas elle seulement qui demande au drame sérieux de présenter *les plus nobles enseignements de l'histoire aux ignorants qui ne savent pas lire*, le code pénal sanctionne encore les injonctions de la critique en décrétant que *le but des représentations théâtrales sera d'offrir sur la scène des peintures vraies ou supposées d'hommes justes ou bons, de femmes chastes et d'enfants affectueux et obéissants*

qui puissent porter les spectateurs à la pratique de la vertu.
La loi ne montrait sans doute cette sévérité qu'à l'égard des drames sérieux ; car on trouve dans les comédies des plaisanteries
souvent ignobles, des satires burlesques contre les prêtres et
les moines, et même des traits de mœurs assez libres, sans jamais aller pourtant jusqu'à l'indécence.

Deux principes fondamentaux de la société chinoise contri-
buent d'ailleurs à maintenir la moralité dans les œuvres dramatiques qui, pour réussir, ne doivent être en définitive, comme
le reste de la littérature, que le miroir où vient se refléter toute
la physionomie d'un peuple. Le premier, c'est que la religion
et la morale ne font qu'un, ou plutôt que toute la religion est
dans la morale. Le second, c'est que, à l'exception de la dignité
impériale et d'un bien petit nombre de charges héréditaires, le
gouvernement tout entier est le résultat de l'élection, et l'élection elle-même celui de la capacité constatée par des examens.
Et voici ce qui suit de là.

Au milieu du syncrétisme parfois bizarre qui confond les
doctrines philosophiques de Confucius et de Lao-tseu avec les
momeries de Fô et le bouddhisme indien, malgré les ridicules
minuties des pratiques amenées par ces cultes divers, une loi
morale subsiste éternelle, universelle, inébranlable ; c'est l'immense pouvoir des liens de famille, le respect presque idolâtre
des fils pour les pères, des femmes pour les époux, de tous
pour les maximes des ancêtres et la personne de l'empereur,
comme représentant de la Divinité.

D'autre part, en dépit des critiques aussi fines que justes des
jurys et examens de lettrés qui abondent dans les pièces chinoises, il n'en est pas moins établi que le seul moyen de parvenir,
la seule voie ouverte à l'ambition, est le travail, le talent, et
les preuves officielles de ce talent et de ce travail, sans aucun
privilége de caste, de famille, d'hérédité. C'est ce qui distingue
essentiellement le théâtre chinois du théâtre indien.

En prêchant donc le respect pour les ancêtres, c'est-à-dire
pour la patrie ; pour le talent, c'est-à-dire pour le fruit du travail ; pour le souverain, c'est-à-dire pour l'image temporelle de
Dieu ; en prêchant l'amour de la famille, de l'ordre, de l'éga-

lité, le poëte se constitue l'écho des sentiments qui de temps immémorial dominent toutes les institutions et forment l'essence de la pensée populaire : attaquer ces principes, ce serait révolter les habitudes autant que la conscience nationale; la pièce tomberait, non-seulement comme immorale, mais comme incompréhensible ou incroyable.

Universellement répandue dans le drame et confirmée par le dénoûment, où, comme dans nos pièces des boulevards, le crime est toujours puni et la vertu récompensée, cette moralité n'empêche pourtant pas les méchants d'étaler naïvement leur scélératesse, et les fous de débiter leurs facéties. On conçoit qu'un théâtre exclusivement composé de personnages vertueux serait plus que monotone; il serait impossible. La morale s'explique plus spécialement par la bouche de ce personnage chantant dont j'ai parlé. C'est lui qui débite les maximes des ancêtres, les textes des livres sacrés, qui, en un mot, joue à peu près le rôle du chœur dans les tragédies grecques. Et puis, il faut reconnaître que la morale chinoise n'est pas toujours la nôtre. Nous admettrions malaisément sur nos théâtres ce qu'ils appellent les *courtisanes savantes* ou *femmes libres,* qui doivent, elles aussi, avant d'être reçues, subir un examen dont le programme, à notre grande surprise, renferme l'histoire et la philosophie; nous ne comprenons pas davantage les entremetteuses officielles de mariage ou d'intrigues; la femme légitime acceptant comme sœur sous le toit conjugal une concubine qui va partager le cœur de son époux; les ventes légales d'enfants, même par d'autres que leurs parents; les coups violents assenés par les pères aux enfants, par les maîtres aux esclaves, et reçus comme chose naturelle et normale, et une foule d'autres singularités pareilles.

Les acteurs sont désignés par des noms à peu près semblables aux nôtres ou à ceux de l'antiquité païenne, les dieux et les démons, les héros, les jeunes premiers, les pères nobles, les comiques, les matrones, les soubrettes, les bouffons, les rôles grimés, les fantômes.

Les Chinois accordent fort peu de considération aux comédiens, moins, dit-on, à cause de la profession qu'ils exercent que parce que la plupart sont nés dans l'esclavage, au moins dans les provinces méridionales. Là, ils vont par troupes d'histrions ambulants. Chaque troupe se compose de huit ou dix individus qui sont littéralement les esclaves du directeur. On les admet dans les hôtels, dans les tavernes, dans les palais des grands et des riches, où l'on dispose pour leurs représentations une salle en forme de théâtre. Parfois, on leur permet d'élever eux-mêmes une scène dans les rues. La libéralité des mandarins ou les souscriptions des habitants en font les frais. C'est quelque chose de semblable à nos spectacles de la foire. « Quelques bambous, dit l'Anglais Davis, supportent un toit de nattes ; quelques planches posées sur des tréteaux s'élèvent de six à sept pieds au-dessus du sol ; quelques pièces de coton peint forment trois des côtés de la scène, en laissant entièrement ouverte la partie qui fait face aux spectateurs. »

C'est sur un théâtre de cette espèce, érigé à Canton, que des chanteurs italiens exécutèrent en 1855, avec un grand succès, la plupart des opéras de Rossini. Si cette admiration pour Rossini est réelle, ce que contestent d'autres voyageurs, il semble qu'il y aurait eu progrès à la Chine sous ce rapport ; car ce qui est certain, c'est que, d'après tous les anciens missionnaires, non-seulement les Chinois n'aimaient pas la musique européenne, mais elle était absolument inintelligible pour eux.

Dans les provinces septentrionales, il existe quelques théâtres permanents où les décorations et les costumes répondent mieux à l'idée que nous nous faisons d'une représentation scénique. Depuis longtemps les femmes ne peuvent plus paraître sur le théâtre. Leurs rôles sont remplis, comme dans l'ancienne Grèce, par de jeunes garçons, quelquefois par des eunuques.

Les sujets de composition dramatique semblent assez nombreux. Un éditeur chinois range sous douze catégories ceux de la troisième époque. Il distingue les sujets sacrés et fantastiques, où apparaissent les génies, les dieux et les démons ; les sujets champêtres, politiques, militaires ; les sujets héroïques et moraux où sont représentés les traits de fidélité au devoir, de dévouement à la patrie, de piété filiale, de justice, de désintéressement, de modération, et où sont flétris les traîtres et les calomniateurs, ceux-ci paraissent les plus nombreux ; les plaintes sur les malheurs de la veuve, de l'orphelin, de l'exilé ; enfin les intrigues amoureuses et les mœurs des courtisanes. Notre auteur appelle les premières *le vent et les fleurs, la neige et la lune;* les secondes, *la fumée, les fleurs et le fard.*

Les auteurs sont presque tous des *lettrés.* Les plus illustres prennent place parmi les *tsaï-tseu,* hommes de génie. Quelques dramatistes ont gardé l'anonyme. Enfin, plusieurs pièces sont l'œuvre de ces *femmes libres* dont il a été question plus haut. Une d'elles, traduite par M. Basin, est une des plus intéressantes de son recueil.

Sous le rapport des parties dont elles se composent, les pièces chinoises, au moins les anciennes, ressemblent assez aux nôtres, à en juger par les traductions. Elles n'excèdent pas la durée de nos tragédies; elles se divisent en quatre *coupures* qui correspondent à nos actes, presque toujours précédées d'un prologue. Les scènes ne sont pas distinguées; seulement on indique l'entrée et la sortie de chaque acteur par ces mots : « Tel personnage monte, tel personnage descend. »

Presque partout, au reste, les interlocuteurs semblent se rappeler le vers de Boileau :

> J'aimerais mieux encor qu'il déclinât son nom,
> Et dit : Je suis Oreste ou bien Agamemnon.

Non-seulement à leur première entrée, mais toutes les fois qu'ils paraissent en scène, ils ont grand soin de dire : « Je suis un tel, mon surnom est tel. » Ils font mieux, ils répètent également une partie de ce qui a déjà été dit pour l'intelligence de l'intrigue; et cette répétition, outre sa monotonie fastidieuse, semblerait prouver que le parterre chinois était fort peu attentif, puisqu'il fallait si souvent revenir sur ce qu'il avait entendu précédemment.

On dirait que vers la fin du xive siècle une sorte de romantisme s'introduisit à la Chine, car le *Pi-pa-ki,* représenté pour la première fois en 1404, n'est plus divisé en coupures, mais en tableaux, au nombre de vingt-quatre. Les pièces sont aussi beaucoup plus longues, la scène plus animée et plus variée. Il semble que l'imitation des formes théâtrales de l'Inde commença à se répandre au moment où le bouddhisme indien altérait déjà et allait dominer dans beaucoup de provinces les vieilles doctrines de Confucius.

Le style des pièces chinoises se diversifie en raison du sujet, de l'idée, des personnages, et c'est ce qui augmente encore les difficultés de l'interprétation. Les parties de prose présentent tour à tour le style antique, le style littéraire et le langage commun, qui est lui-même ou familier ou vulgaire, selon l'âge, le rang et la condition des personnes. La versification n'est pas moins variée. Il y a des vers de trois, de quatre, de cinq et de sept mots; ici toutes les entraves de la césure et de l'allitération; là toute la liberté des vers irréguliers.

En comparant les productions du théâtre indien et celles du théâtre chinois, d'après le peu de monuments qu'il nous est donné d'étudier, je trouve dans le premier beaucoup plus d'imagination, de richesse, d'éclat, de passion. Le chinois est plus moral, mais lent, monotone, compassé, poétique seulement par rares échappées. Et, chose singulière! l'un et l'autre offrent des exemples de recherche subtile et de prétentieuse afféterie qui sembleraient ne devoir appartenir qu'aux salons des Rambouillet et des Pompadour.

A entendre cependant l'éditeur chinois du *Pi-pa-ki*, il est difficile de porter plus loin que dans cette pièce le talent dramatique. Après avoir reproché à toutes les anciennes compositions un langage bouffon, un amas de scènes dans lesquelles on croit entendre le tintamarre des rues et l'ignoble langage des carrefours, les extravagances des démons et des esprits, enfin des intrigues d'amour qui répugnent à la délicatesse des mœurs, notre éditeur, faisant un sujet de blâme de ce qui serait pour nous un sujet d'éloges, oppose à ces écrivains, dont l'unique objet a été d'amuser la multitude par le spectacle de la joie ou de l'émouvoir par le spectacle de la tristesse, un auteur qui a voulu perfectionner l'éducation des hommes au moyen des préceptes et des exemples, un, s'écrie-t-il, sur dix mille! Entrant ensuite dans l'analyse du *Pi-pa-ki* : « Un ministre, dit-il, qui sert son prince, un fils qui voudrait servir son père et sa mère, deux époux accomplis, une femme légitime et une concubine qui s'aiment, des amis qui se secourent : voilà les principaux personnages que Kao-tong-kia a introduits dans son drame. Aussi, dès qu'on ouvre un marché quelque part, dans le plus petit des hameaux, si une troupe de comédiens arrive et que les acteurs montent sur la scène pour jouer le *Pi-pa-ki*, c'est à qui viendra les entendre. Et quand ils se mettent à réciter les scènes de la famine et de la séparation, la scène si pathétique et si attendrissante où Tsaï-yong implore la miséricorde du fils du ciel dans le palais impérial ; puis celle où Tchao-ou-niang vend sa chevelure pour acheter un cercueil et ramasse de la terre pour élever un tombeau : alors, parmi tous les spectateurs, propriétaires, matrones du lieu, jeunes pâtres, bûcherons, vieillards vénérables, on n'en voit pas un seul qui n'ait les joues rouges et les oreilles brûlantes. Les larmes coulent des yeux, tous les visages sont consternés, on n'entend plus que des soupirs, des gémissements, des sanglots, des cris, et cela dure jusqu'à la fin de la représentation. »

Qu'est-ce donc que ce *Pi-pa-ki* qui produit sur les Chinois des effets aussi violents qu'en produisit l'*Andromède* d'Euripide, au dire de Lucien, sur les habitants d'Abdère ?

L'auteur en donne lui-même l'argument dans une espèce de prologue que nous ne pouvons mieux faire que de transcrire. C'est le directeur de la troupe qui, après un court dialogue avec ses comédiens, à la manière indienne, finit par s'adresser au public :

« Messieurs, dit-il, les élèves du jardin des Poiriers (comme qui dirait : les comédiens ordinaires de l'Empereur) vont représenter devant vous le drame intitulé *Pi-pa-ki,* ou l'histoire du luth. Écoutez l'argument :

« Tchao est une jeune femme d'une beauté remarquable ; Tsaï-yong, un bachelier accompli. Il y avait à peine deux mois qu'ils s'étaient unis par des nœuds légitimes, quand l'empereur convoqua les lettrés de toutes les provinces de l'empire et annonça l'ouverture du concours. Tsaï-yong, cédant aux instances de son père, part pour la capitale, obtient la palme académique et se place tout d'un coup au premier rang des docteurs.

Il contracte alors un nouveau mariage, il épouse Nieou-chi ; mais, élevé par ses succès au comble de la gloire, des grandeurs et de la fortune, il ne peut plus renoncer à la magistrature. Pendant ce temps, la famine exerce ses ravages dans son pays natal ; son père et sa mère meurent l'un après l'autre. Quel sujet d'affliction pour ce jeune homme ! Tchao, la jeune femme, abreuvée de chagrins, s'acquitte de tous les devoirs imposés par les rites. Elle coupe sa chevelure et la vend pour faire des funérailles aux parents de son époux ; elle ramasse de la terre dans le pan de sa tunique de chanvre et leur élève un tombeau. Puis, prenant son luth, elle dirige ses pas vers la capitale. On la voit, sur les routes, qui exalte et chante les vertus domestiques.—La reconnaissance de Tchao et de Tsaï-yong a lieu dans une bibliothèque. Cette reconnaissance est suivie de pleurs, de gémissements et de regrets amers. Le jeune homme au fond avait de la piété filiale ; Nieou-chi, de la sagesse et de la modestie. Enfin Tsaï-yong, accompagné de ses deux femmes, retourne en son pays natal et accomplit les cérémonies funèbres. »

(Le directeur se retournant vers les acteurs) : « Messieurs, je ne veux pas que cette représentation dure trop longtemps ; tâchez de finir aujourd'hui ; mais surtout ne retranchez rien. »

On voit par cette dernière phrase que les pièces étaient alors beaucoup plus longues que dans les temps antérieurs, et qu'il arrivait même qu'on ne pouvait souvent les achever en une seule fois, à moins de certains retranchements. Plusieurs prétendent qu'il y a des drames dont la représentation n'exige pas moins de dix jours. On n'en a traduit aucun de cette espèce.

Le *Pi-pa-ki* est évidemment bien au-dessus de tout ce que nous connaissions du théâtre chinois. Le changement de scène à chaque tableau y jette une extrême variété. Le comique, le familier, la satire piquante y sont assez habilement mêlés au merveilleux, au gracieux, au pathétique. Le caractère du vieux Tchang, celui des deux femmes, de Tchao surtout, sont pleins d'intérêt. Il y a bien, selon notre goût, des longueurs et des inutilités, mais nulle recherche, nulle affectation. Pour donner une idée du *Pi-pa-ki*, je terminerai ce chapitre en citant une partie du dix-huitième tableau. Ce n'est pas celui que les critiques chinois préfèrent. Ils font plus de cas du vingt-troisième et du dix-neuvième, où selon eux chaque mot est une larme, et chaque larme une perle ; mais il m'a paru faire mieux connaître et le style de Kao-tong-kia dans les scènes attendrissantes, et l'espèce de merveilleux qui se rencontre parfois dans les drames chinois.

La scène représente le cimetière de Tchin-lieou ; Tchao est seule, occupée à rendre les derniers devoirs à son beau-père, mort de faim et de misère :

(Elle chante.) « Quand j'inonderais la terre de mes larmes, quand j'exhalerais ma douleur par des cris et des gémissements, Tsaï, mon beau-père, pourrait-il m'entendre ?

(Elle parle.) On a célébré tant bien que mal les funérailles des parents de mon époux ; mais aussi à quoi ne suis-je pas réduite dans la maison ! — Quel dénûment ! Hier, le seigneur Tchang a conduit la dépouille mortelle de mon beau-père sur la montagne où l'on a fait l'inhumation. Si tout finissait là ! Mais ne faut-il pas qu'on élève un tertre sur sa tombe ? — Et le moyen de payer un ouvrier ? — O malheur ! je veux enlever moi-même de la terre glaise à côté des sépultures, et la reporter sur les tombes de mes parents, pour construire ensuite deux petites pyramides.

(Elle chante.) Me voilà donc seule à ramasser de la terre humide dans cette demeure funèbre ! Il en tient si peu dans le pan de ma tunique de chanvre que j'aurai de la peine à former une pyramide. Au milieu de ces sépultures silencieuses, je n'aperçois pas une créature vivante, — pas un homme qui pleure sur la tombe de son père. Si je me livre à ces réflexions, ce n'est pas que je craigne la peine, la fatigue ; mais, hélas ! a-t-on jamais vu un fils manquer aux funérailles de ses parents ? — Dira-t-on qu'on a fait trois fois le tour du cimetière ? Où est le devin qui a tiré les sorts, et marqué la place où l'on devait creuser la fosse ?... Ah ! mon beau-père, quand vous avez souhaité que votre fils cueillît la branche d'olivier, et prît place dans le palais impérial au festin des docteurs, vous ne songiez guère que vous hâtiez vous-même votre propre destruction. Aujourd'hui votre servante vient seule, au milieu de ces peupliers qui s'élèvent dans les nues et de ces plantes funéraires dont les belles fleurs blanches répandent une odeur aromatique, inonder votre tombe de ses larmes ! (Elle soupire.) A peine ai-je amassé dix poignées de terre glaise, comment pourrai-je construire un mausolée de quelques pieds de hauteur?—Une sueur abondante qui a pénétré mes vêtements tombe de mon corps goutte à goutte... (Elle pleure.) Ciel ! je me sens défaillir ; le courage m'abandonne ; mon corps, affaibli par les privations, est maintenant exténué de fatigue. Hélas ! je le crains bien, quand j'aurai achevé ce tertre funèbre, je ne survivrai pas longtemps à mon ouvrage.

(Elle parle). Dans l'état d'épuisement où je me trouve, j'ai besoin de prendre un peu de repos.

(Elle chante.) Mon tertre n'avance pas, et déjà mes forces sont épuisées.

(Elle s'endort ; le génie de la montagne apparaît sur la scène.)

LE GÉNIE.— Que sa piété filiale est grande ! que sa piété filiale est grande ! J'ai reçu du souverain du ciel, qui a été touché de la vertu et du dévouement de Tchao, l'ordre d'assembler la milice du sombre empire, afin qu'elle aide cette pauvre femme à construire un mausolée sur la tombe de ses parents. Il faut que j'appelle d'abord mon intendant, le singe blanc de la montagne du sud, et mon général, le tigre noir de la prison du nord. (Il appelle.) A moi ! à moi ! (Le singe et le tigre apparaissent sur la scène.) Le maître du ciel veut qu'on élève un mausolée sur la tombe des parents de Tchao. C'est pour obéir à cet ordre que je vous convoque tous les deux. Assemblez sur-le-champ la milice des sombres demeures. — Revêtez une forme humaine. — Soyez diligents et attentifs. Il faut que vous acheviez votre ouvrage en un clin d'œil. Gardez-vous surtout d'effrayer cette femme vertueuse et d'interrompre son sommeil par vos cris.

LE SINGE ET LE TIGRE. — Nous exécuterons vos ordres. (Ils assemblent leurs satellites et construisent le mausolée.)

(Au génie.) Grand saint, nous vous annonçons que le monument funèbre est entièrement achevé.

LE GÉNIE. — Très-bien ; attendez maintenant que j'appelle Tchao pour lui adresser quelques recommandations.

(Il chante.) Tchao-ou-Niang, écoutez mes paroles. J'ai reçu tout à l'heure du souverain des cieux, qui a été touché de votre piété filiale, l'ordre d'assembler la milice des sombres demeures, et de construire un monument funèbre sur la tombe de vos parents.

LE GÉNIE, LE SINGE ET LE TIGRE chantent ensemble. —Maintenant que le tertre funéraire est achevé, faites vos adieux à vos deux parents, et allez chercher votre époux ; changez de vêtements, mettez-vous en route pour le territoire où réside l'empereur.

LE GÉNIE seul. — Tchao-ou-Niang, souvenez-vous bien de mes conseils, je vais me retirer. O ciel ! faites luire votre lumière, et les hommes cesseront de marcher dans les ténèbres. (Le génie, le singe et le tigre disparaissent.)

TCHAO, s'éveillant. (Elle chante.) — Il y a ici des esprits, il y a ici des esprits. Oui, j'ai vu des génies pendant mon sommeil. Oh ! c'est le ciel qui a daigné compatir à mes maux.

(Elle parle.) Voilà qui est bien extraordinaire. Tout à l'heure mon sommeil a été troublé par des apparitions. — Il me semble que j'ai fait un songe. — Oh ! non, ce n'est point un songe. J'ai vu un immortel qui m'a recommandé d'aller à la capitale chercher mon époux. — Mais je suis seule ; quand aurai-je achevé ce tertre funèbre ?

(Elle se lève et aperçoit le monument achevé par les esprits.) Oh ! miracle ! miracle ! quoi ! le monument est achevé ! Grâces en soient rendues au ciel ; grâces en soient rendues à la terre ! A coup sûr, c'est l'œuvre des esprits, c'est une métamorphose. Mon beau-père, ma belle-mère, le ciel est heureusement venu au secours de votre servante, et maintenant un tertre funèbre s'élève sur vos tombes. Vos âmes vont donc reposer en paix. »

Depuis deux siècles, le théâtre chinois a dégénéré, ou ne s'est occupé qu'à reproduire les pièces des temps antérieurs. On dit même que, dans les dernières années, on s'est avisé d'imiter sur la scène de Canton des pièces occidentales, et que l'on s'occupe aujourd'hui à adapter aux mœurs du céleste empire des vaudevilles anglais, qui ne sont eux-mêmes qu'une traduction plus ou moins libre des pièces de M. Scribe. Une fois que l'Asie elle-même en est à ce point, il ne nous reste plus qu'à parler du théâtre français.

HISTOIRE

DE

L'ART DRAMATIQUE.

(C.)

TYP. D'ALEX. JAMAR.

JEAN RACINE

HISTOIRE

DE

L'ART DRAMATIQUE

PAR

A. BARON,

PROFESSEUR A L'UNIVERSITÉ DE LIÉGE, MEMBRE DE L'ACADÉMIE
ROYALE DE BELGIQUE, ETC.

II

BRUXELLES,

Société pour l'émancipation intellectuelle,

A. JAMAR, ÉDITEUR.

CHAPITRE XV.

COMPOSITIONS DRAMATIQUES DES BYZANTINS.

—

Longtemps avant que la conversion publique de Constantin eût attesté officiellement le triomphe du christianisme, le génie du vieux monde était en pleine décadence; mais de toutes les formes anciennes de l'art, celle du drame avait été frappée la première.

Déjà depuis plus de trois siècles la tragédie grecque s'éteignait dans une triste agonie, lorsque commença l'ère chrétienne. Vers ce temps, quelques écrivains s'imaginèrent de recueillir et de transformer, dans l'intérêt des idées nouvelles, l'héritage des Eschyle, des Sophocle et des Euripide; ce furent d'abord des juifs hellénistes. Un peu plus tard, des chrétiens essayèrent aussi en Orient de faire servir le dialogue et le chœur tragiques à l'expression de leurs croyances. Mais ni les uns ni les autres ne devaient retrouver le génie et les succès de leurs sublimes prédécesseurs.

Le plus ancien auteur que l'histoire littéraire mentionne comme ayant écrit des tragédies tirées de l'Écriture sainte est

10

un des familiers d'Hérode, Nicolas de Damas. Lui-même nous apprend qu'il avait pris, entre autres sujets, *l'histoire de Suzanne*.

Après Nicolas de Damas, on rencontre le juif Ézéchiel. Des fragments considérables de son drame intitulé *la Sortie d'Égypte* nous ont été conservés par Eusèbe. Ézéchiel s'inspire de l'historien sacré; il le suit en quelque sorte pas à pas. Seulement, il introduit un petit nombre de descriptions, qui seraient d'ailleurs assez heureuses si le texte divin comportait de nouveaux ornements.

Ézéchiel paraît avoir vécu à la fin du premier siècle de notre ère, et, quelque faible que soit son œuvre, assurément elle mérite l'attention. D'abord son apparition à cette époque est assez extraordinaire par elle-même; ensuite, un drame sur un sujet biblique, composé en grec par un poëte juif et pour un auditoire juif, est un démenti assez positif donné à tout ce qu'on rapporte de la répugnance invincible du peuple hébreu pour les théâtres et même pour toute espèce de représentations figurées. Enfin, il semble singulier que ce drame, dont la versification est fidèle encore à l'ïambe des tragédies anciennes, s'éloigne absolument du système de concentration recommandé par Aristote : l'action s'y déroule sans autre unité que celle du sujet en général. Ainsi, le premier ouvrage que nous puissions juger comme l'œuvre d'une école monothéiste a précisément la liberté de mouvement que nous rencontrerons plus tard dans les *Mystères* et les *Autos*.

Nous remarquons cette même infraction aux règles de l'unité classique dans un autre monument chrétien de l'art grec que nous trouvons peu après l'œuvre du juif Ezéchiel; c'est un drame érudit, un centon perpétuel dont les mots, les phrases, les pensées même sont empruntés de six tragédies d'Euripide. La *Passion du Christ* (tel est son titre) n'est probablement pas, comme on l'a cru, de saint Grégoire de Nazianze; peut-être même appartient-elle dans sa rédaction actuelle à une époque postérieure au IVe siècle. Cependant, elle est toujours assez ancienne, et sa composition, intéressante à divers points de vue, l'est surtout parce qu'elle montre un compromis, en quelque sorte, entre les idées païennes et le christianisme. On voit avec surprise des

chrétiens s'appliquer ainsi à des œuvres précédemment condam-
nées par l'Église d'une manière absolue. Les premiers Pères,
encore effrayés des dangers et des scandales du théâtre païen,
l'avaient poursuivi des invectives les plus véhémentes : ils
l'avaient appelé « le véritable sanctuaire de Vénus, la caverne
du démon, une fabrique publique de libertinage, une école d'infamie et d'adultère. » Mais déjà au v⁰ siècle il semble que tout
cela est oublié. On lui emprunte son langage et ses procédés,
pour servir à l'édification commune et charmer les âmes pieuses
d'Antioche et de Constantinople.

La *Passion du Christ* est tout entière une immense marque-
terie dont les œuvres tragiques des poëtes athéniens ont fourni
les deux mille cinq cents vers ; mais la valeur ancienne des mots
y est souvent dénaturée d'une étrange façon. Euripide ne se
comprendrait assurément pas lui-même, s'il retrouvait ses philosophiques maximes dans le canevas du moderne metteur en
œuvre. A tout prendre, la conception de l'ensemble, malgré
des traces évidentes et trop nombreuses de froideur et de mauvais goût, n'est nullement méprisable, et pour l'honneur des
Byzantins on peut regretter qu'ils aient bientôt renoncé au
genre nouveau qu'avaient cultivé parmi eux les lettrés du iv⁰ et
du v⁰ siècle. Le théâtre nous eût dédommagés peut-être jusqu'à
un certain point de la stérilité des autres genres ; mais il était
dans la destinée du Bas-Empire que toute sa littérature se per-
dît dans le travail des compilations historiques, des subtilités
théologiques, des minuties grammaticales et des acrostiches. La
veine poétique d'où fut tirée la *Passion du Christ* se referma
promptement, et dans les siècles postérieurs on ne cite plus
que comme de rares et incomplètes réminiscences de la forme
dramatique, de petites pièces dialoguées telles que : *l'Ocypus*,
dont les acteurs sont *la Goutte, un médecin ridicule, la Douleur, un chœur de Goutteux*, etc.; le Χρυσάρη υρες δημόσιος, composé
par Timothée de Gaza à la louange de l'empereur Anastase
(viii⁰ siècle); *Adam*, par Ignace (ix⁰ siècle); *l'Amitié exilée*,
de Théodore Prodrome (xi⁰ siècle); le *Dramation* de Plochire
Michel; *l'Éthopée dramatique*, en l'honneur de Jean Cantacu-
zène, et un autre ouvrage de la même espèce sur Jean Paléologue,

par Manuel Philé (xiiie siècle). Quant aux fragments d'une *Clytemnestre* retrouvés et imprimés vers 1806, ils ne sont pas généralement regardés comme appartenant aux Byzantins; on croit plutôt que c'est un pastiche de l'ancienne tragédie classique composé en Occident par un helléniste du ve ou du vi^e siècle. En tout cas, ces fragments donnent une idée fort médiocre du style et du génie de l'auteur.

Si l'on veut juger de la faiblesse de ces œuvres de décadence, il suffira d'esquisser le plan du petit poëme de Théodore Prodrome. *L'Amitié* bannie du toit conjugal par son époux *le Monde* est charitablement recueillie dans la maison d'un honnête homme à qui elle conte ses chagrins de famille : *le Monde* l'a quittée pour prendre une concubine, *la Sottise*. Après ce récit, qui dure l'espace de deux cent trente vers, *l'Amitié* se décide à prendre pour second époux (le premier n'est pourtant pas mort) l'hôte qui lui a ouvert sa porte.

Telles sont les misères dans lesquelles disparut peu à peu en Grèce l'art des anciens maîtres. Ce qui le remplace, ce qui est animé, vivant, ce qui excite l'enthousiasme du peuple, ce sont les courses des cochers verts et bleus dans l'hippodrome, les chiens savants, les mascarades politiques et même anti-religieuses. On peut juger de ces dernières surtout par les reproches qu'adresse l'historien Cédrénus au patriarche Théophilacte qui vivait à la fin du xe siècle. « Les spectacles introduits, dit-il, par Théophilacte sont des injures à la Divinité et à la mémoire des saints. Théophilacte a ramassé une compagnie de gens du plus bas étage, il a mis à la tête un certain Euthynicus surnommé Casnes, auquel il a donné aussi la surintendance de son église; ils ont admis jusqu'au milieu du service divin des danses diaboliques, des farces de ribauds, et des chansons empruntées aux tavernes et aux mauvais lieux. » Voilà ce qu'étaient les plaisirs du peuple, tandis que les grands faisaient répéter froidement au milieu de leurs banquets mélancoliques les niaises inventions de Théodore Prodrome ou de Manuel Philé. Quittons cet Orient autrefois si poétique et si fécond. Un monde nouveau va sortir en Occident des ruines de la société païenne, et de son mélange avec les barbares.

CHAPITRE XVI.

Le christianisme d'Occident fut plus longtemps hostile que
celui d'Orient à la littérature classique ; d'abord, il avait moins
d'adhérents qui fussent à la fois lettrés et orthodoxes, et d'une
autre part, le paganisme en Occident opposait aux doctrines
nouvelles des résistances plus tenaces. Enfin le théâtre y conservait une grande influence, non par le mérite des pièces littéraires qui s'y seraient produites, mais par la licence des mimes
et des farces les plus grossières. Aussi, lorsque le christianisme
prévalut, il s'efforça de détruire les théâtres, et bientôt les Barbares vinrent l'y aider. Au vi^e siècle, le drame et même les pantomimes scéniques n'existent plus. Sans doute l'art dramatique
devait bientôt essayer de se reformer par le peuple et pour le
peuple ; mais il y eut une époque où le souvenir de la scène antique ne subsista plus que dans la pensée de quelques savants
opiniâtres. Cependant les efforts de ces érudits pour conserver,
pour imiter même, en silence et secrètement, les beautés de

l'ancienne littérature dramatique, n'ont pas été des efforts perdus. Au contraire, il est sorti de là toute une famille d'ouvrages qu'il convient de signaler avant d'aborder le théâtre vulgaire du moyen âge, auquel ils touchent d'ailleurs par plus d'un endroit.

C'est dans quelques monastères, seuls refuges des lettres méprisées ou méconnues, qu'il faut chercher du viie au xie siècle un petit nombre d'hommes restés fidèles à l'étude de l'ancienne latinité. Assurément leur science était quelque chose de bien imparfait et de bien confus. Ils prenaient à peu près au hasard les objets de leur affection, et sans dessein arrêté ils tentaient de copier ce qui se présentait à eux, épopée, poésie lyrique, élégie, satire, récit ou dialogue. Toutefois deux genres d'écrits semblent avoir excité particulièrement leur émulation : ce sont les idylles et les comédies.

Les églogues de Virgile et celles d'Ausone inspirèrent par exemple le *débat des Vices et des Vertus,* qu'on trouve dans les œuvres d'Isidore de Séville au viie siècle; le *débat du Printemps et de l'Hiver,* que les uns attribuent à Bède le vénérable (viiie siècle), les autres à Milo, moine flamand d'Elnon, au ixe; le *dialogue* pour les funérailles d'Hathumolda, abbesse de Gandersheim, et le *dialogue* entre Corbie de France et Corbie de Saxe (composé également pour des funérailles, celles d'Adalard, abbé de Corbie), l'un et l'autre au ixe siècle; l'*églogue* de Théodule, au xe; le *débat du Lin et de la Brebis* au xie. A ce filon se rattachent plus tard, au xive et au xve siècle, un grand nombre d'idylles latines; mais ce ne sont là que des œuvres à demi dramatiques. Quelques autres compositions où les intentions scéniques sont mieux marquées réclament préférablement l'attention.

A la fin du ive siècle, il y eut comme une passagère renaissance de l'art dramatique. C'est de là que date, paraît-il, une pièce de caractère imitée de Plaute, dont l'auteur est inconnu et que Vitalis de Blois a refaite en vers élégiaques, au xiie siècle, sous le titre ancien de *l'Aululaire.* Dans l'auteur anonyme, elle est intitulée *le Grondeur* ou mieux *le Mécontent (Querolus).* Ce titre est assez mal justifié, car la misanthropie du personnage

principal ne se manifeste que par bien peu de traits ; l'intrigue,
en outre, n'est guère vraisemblable ; mais l'action a de la vivacité et quelques passages sont réellement gais ; d'autres vont
jusqu'à la licence.

Vers la même époque ou peut-être un peu plus tard, mais non
pas après le viie siècle, on place encore le *dialogue entre Térence et un plaisant,* qui doit avoir servi de prologue à quelque
comédie latine imitée de Térence, et *le Jugement de Vulcain,*
églogue comique, où un cuisinier et un boulanger disputent
assez spirituellement sur la prééminence de leur art respectif.

Dans les compositions de ce genre, il n'y avait absolument
rien pour le peuple : elles durent être par conséquent accueillies par lui avec indifférence, en supposant même qu'il les
connût. Bientôt, le petit nombre d'amis du théâtre classique qui
restaient encore réduisirent leur ambition à copier les manuscrits des tragiques ou des comiques anciens, particulièrement
de Térence. Ajoutez à ce travail de transcription celui de quelques commentaires, et vous avez jusqu'au xe siècle l'œuvre bien
humble, mais non pas inutile, du peu d'hommes studieux qui
possédaient bien ou mal l'intelligence et qui conservaient le
goût des belles créations de la scène. Dieu sait s'il fallait que
leur passion érudite fût vive et forte ; car, sans parler des
autres causes qui auraient dû les détourner de cette étude, ils
sentaient eux-mêmes de grands scrupules de conscience. N'était-ce pas une faute de se laisser séduire à l'élégante politesse des
livres des gentils, et gagner par les charmes de cette diction qui
embellissait tant de pensées fort peu édifiantes ?

Telle est la crainte qu'éprouvait dans son couvent de Gandersheim une religieuse, Hroswitha. Retirée du monde vers
la fin du xe siècle, elle lit, non sans trouble, Virgile et Térence,
et pour se rassurer contre la peur de les aimer trop, voici ce
qu'elle imagine. Elle imitera l'un dans des vers héroïques,
l'autre dans une série de drames ; mais en les imitant, elle les
corrigera. Les formes du langage et les procédés habiles qu'ils
ont fait servir à des fins criminelles, elle les empruntera pour
représenter chrétiennement de pieuses légendes ; elle sanctifiera les agréments du génie païen.

L'entreprise tentée par Hroswitha est assurément curieuse et intéressante pour l'histoire de l'art dramatique, bien qu'on ait pu douter que les six légendes mises par elle en dialogue comportassent réellement la représentation. Le manuscrit, qui est contemporain et fut probablement écrit par une autre religieuse du même couvent, ne contient aucune instruction scénique; les personnages sont quelquefois désignés vaguement; les actes et même les scènes ne sont point marqués; la scène reste souvent vide; le lieu où elle se passe est à peine indiqué; la mise en scène aurait offert de graves difficultés matérielles et des situations d'une insoutenable vérité. On n'est pas forcé d'adopter ou d'affaiblir les raisons qui portent à croire que les drames de *Gallicanus*, de *Dulcitius*, de *Callimaque*, d'*Abraham*, de *Paphnuce* et de *Sapience*, n'ont pu être ni joués ni écrits pour un théâtre, mais ils doivent, en tout état de cause et d'après leur contexture générale, obtenir ici une mention. On doit ensuite reconnaître que les scènes s'y suivent sans confusion, que l'action marche, que le dialogue procède avec un certain art.

Ces caractères ne sont pas communs au x⁰ siècle. En effet, jusqu'au xiv⁰, qui vit reproduire avec une sorte de méthode les procédés dramatiques de l'antiquité, les pièces analogues à celles de l'abbesse de Gandersheim n'offrent guère d'action et de progression : elles s'appelleraient plutôt des dialogues tragiques ou comiques mêlés de récit. Ces œuvres informes revendiquent néanmoins le titre de tragédies et de comédies, leurs auteurs ne comprenant pas encore avec netteté la distinction établie par les anciens entre les différents genres et les conditions propres à chacun d'eux. Pour les savants, et cela même jusqu'au commencement du xiv⁰ siècle, une tragédie est une histoire triste, écrite d'un style élevé; la comédie suppose un dénoûment heureux et admet un ton plus familier. Quant au mètre ïambique, si heureusement et si invariablement appliqué par les Latins au dialogue dans leurs compositions scéniques, on le remplace uniformément par l'hexamètre ou l'élége. Ainsi, une prétendue tragédie d'*Oreste*, qui existe à Berne dans un manuscrit du ix⁰ siècle, est un récit coupé de quelques parties dialoguées : le tout comprend environ mille vers hexamètres. On a retrouvé quelques autres pièces écrites d'après le même procédé tantôt narratif et tantôt dramatique, qui perpétuent, quoique d'une manière assez infidèle, les traditions du théâtre latin à travers le XIIᵉ et le XIIIᵉ siècle. Ce sont, par exemple : le *Geta* de Vitalis de Blois, le *Soldat fanfaron* de Mathieu de Vendôme, *Affra et Flavius* de Guillaume de Blois (tous trois de la fin du XIIᵉ siècle). Le *Geta* est, parmi ces compositions, la plus célèbre, celle qui jusqu'au XVIᵉ siècle conserva une grande popularité. On y voit dans une longue série de distiques l'imitation assez plaisante de l'*Amphitryon* de Plaute (cf. ch. x, p. 70), mais l'imitateur prend une honnête liberté avec son modèle. Il transforme à son gré les personnages anciens, il ajoute, il supprime. Amphitryon n'est plus un capitaine qui revient de la guerre, mais un gentilhomme qui rentre sous le toit conjugal après avoir terminé ses études à l'Université. Le *Sosie*, l'esclave de la pièce latine, s'appelle ici Géta. Nous le voyons chargé de livres et tout fier de s'être frotté d'un peu de dialectique. Il suppose avec orgueil qu'on le respectera dans les tavernes; il s'entend par avance appeler, non plus Géta, mais bien maître Géta, la terreur des logiciens.

Une autre pièce, écrite un peu plus tard, la *comédie de maître Babion*, est, comme la précédente, en vers élégiaques, mais elle offre un progrès réel pour l'entente du drame. L'auteur inconnu de cette composition est également un élève de Plaute; mais fidèle sans être servile, il a su créer, dans le rôle de Babion, un véritable type de ladrerie, de couardise, de stupidité naturelle jointe au pédantisme. Le personnage principal est un vieux débauché que sa maîtresse tyrannise, que sa femme trompe, et qui, à bout d'humiliations, abandonne la place : il va se faire moine.

Ces sortes d'ouvrages, qui furent probablement *mimés* dans les écoles, semblent avoir cessé en France au XIVᵉ siècle. Dans leurs jeux de l'Épiphanie et de quelques autres solennités, les étudiants de l'Université de Paris ne jouèrent plus que des *moralités* et des *farces*. Ce fut seulement au milieu du XVᵉ siècle que, sous l'inspiration d'hommes supérieurs, les Pierre d'Ailly et les Gerson, se prépara en France un retour décisif vers l'autiquité, et que l'Angleterre passa de la même indifférence au même zèle pour la littérature profane. L'Allemagne, au contraire, abandonne les lettres anciennes pour s'adonner aux subtilités de la scolastique ou aux aberrations du mysticisme. Quant à l'Italie, c'est un fait singulier que, avant le xive siècle, on n'y trouve aucune imitation du théâtre des anciens. Mais en revanche, à partir de cette époque jusqu'au xvie, on n'en connaît pas ailleurs qu'en Italie. Non que sur cette terre livrée à tant de bouleversements et de désordres, les lettrés aient pu dès lors s'abstraire complétement de leur temps au point de ne composer que des pastiches de Plaute, de Térence ou de Sénèque, sans rien révéler de leur âme et de leurs passions ; mais s'ils font servir volontiers le drame à raconter les événements qui les frappent, ils essayent du moins avec une louable industrie de s'approprier le langage et les procédés de l'art ancien. Ainsi c'est, relativement à son temps, un latiniste et un dramaturge remarquable, cet Albertino Mussato qui, né à Padoue en 1261, s'éleva d'un rang obscur aux premières dignités de sa patrie pour défendre la cause de l'indépendance contre l'empereur Henri VII et contre le gibelin Cane della Scala. Dans ses nombreuses œuvres on trouve, à côté d'une tragédie d'*Achille,* un autre drame, *Eccelin le féroce,* qui est une imitation des formes tragiques de Sénèque, et un pamphlet vigoureux dirigé contre la maison de Romano.

Avant la seconde moitié du xve siècle, on remarque encore les tragédies de *Progné* par Gregorio Carrario, et d'*Hyempsal* par le prêtre florentin Leonardo Datho. La comédie latine en Italie ne fleurit pas moins vers la même époque. Il y a de l'entrain dans la *Polyxène* de Leonardo Bruni d'Arezzo, dans *l'Amant de Doxie,* jolie pièce écrite après boire par Leo Batista Alberti, qui n'avait encore que vingt ans ; dans la *Philogenia* d'Ugolini de Parme. Un lecteur moderne a lieu de s'effaroucher de la licence qui règne dans le ton et l'intrigue de ces pièces auxquelles se plaisait alors la société polie, et qui auraient pour toute excuse d'être écrites en latin, si les œuvres contemporaines du théâtre vulgaire n'étaient pas tout aussi inconvenantes.

La plupart des pièces que nous avons passées brièvement en

revue ont été faites pour un public d'élite : il était impossible de les omettre parce qu'elles servent à l'histoire de la civilisation en nous faisant connaître les délassements intellectuels des classes supérieures. Mais à dater de l'époque à laquelle nous venons d'atteindre, l'imitation en langue latine du théâtre classique commence, par suite du progrès des langues vulgaires, à perdre de son importance historique, en devenant peu à peu le plaisir des savants éloignés du monde ou des régents de collége. Laissant donc un sujet d'observation qui perd chaque jour de sa fécondité et de son importance, nous allons entrer dans une carrière plus vaste et plus riche.

CHAPITRE XVII.

—

Il faut des spectacles à l'homme. Aucune époque n'est assez
malheureuse ou assez barbare pour en manquer absolument : le
moyen âge a eu les siens. Appropriés aux besoins de l'imagination des différentes classes, ils ont subi, comme ces classes
elles mêmes, des vicissitudes et des révolutions. Le chapitre
précédent laissait voir les divertissements tirés de l'imitation
du théâtre ancien, ceux que pouvaient goûter les esprits cultivés. Il faut maintenant esquisser l'histoire des œuvres plus communément accessibles, des représentations destinées au peuple,
aux bourgeois, et que ne dédaignaient pas les princes, les nobles,
les prêtres même, de ces drames enfin plus curieux sans doute
pour l'étude de la philosophie sociale qu'au point de vue de
l'art, mais qui marquent, après tout, la tradition du génie dramatique : ils ne sauraient nous être indifférents.

Vers le vi^e siècle, les théâtres achèvent de disparaître, mais

dans les foires et sur les places publiques se montrent des
acteurs ambulants, qui portent d'abord le nom romain d'*histrions*, puis s'appellent *chanteurs* (*cantores*) et enfin *jongleurs*
(*joculatores*). Narrateurs bouffons, ils chantaient et mimaient, au
son des instruments, des aventures plaisantes, *urbanas canti-
lenas*, ou même, prenant un air plus grave, la légende pieuse
d'un saint vénéré dans le canton. Au ixe siècle, les annalistes
nous montrent déjà un chanoine de Rouen, Thiébaut de Vernon,
qui traduit en langue vulgaire, pour l'usage de ces artistes
nomades, de pieuses biographies latines : tant le clergé comprenait que les hommes accueillent volontiers la propagande des
idées sérieuses sous les formes d'un art créé pour plaire ! Les
jongleurs, en pareil cas, revêtirent souvent des costumes ecclésiastiques : c'était pour mieux entrer dans l'esprit de leur sujet.
Néanmoins la licence de leur langage et de leurs mœurs com-
manda bientôt de leur imposer silence : en 789, Charlemagne
interdit l'usage public de cette profession ; elle ne reparaît os-
tensiblement qu'au xie siècle.

L'autorité civile par ses défenses, et le clergé par ses anathèmes, combattirent aussi, mais sans pouvoir les déraciner,
quelques usages trop anciennement passés dans les mœurs et
qui survécurent à la ruine des théâtres. C'est ainsi que les laïques
et plus tard les prêtres de plusieurs diocèses organisaient à certaines époques des mascarades (*barbatoriæ*) dont les acteurs,
favorisés par le masque, se livraient à de mordantes invectives.

En outre, le clergé permit de rendre sensibles les principaux
faits de l'histoire ecclésiastique ou légendaire, soit par des
représentations matérielles, soit par l'adjonction aux cérémonies du rituel de quelques parties assez franchement dramatiques. Les preuves de cette double liberté consentie par l'Église
sont fournies en grand nombre par les archéologues. Ils rappellent, par exemple, que le jour de la Purification une jeune
fille représentant la Vierge paraissait dans le temple sacré avec
un enfant de cire entre les bras. A Noël, le sanctuaire était disposé
comme une crèche près de laquelle venaient se prosterner les
rois mages. Une autre innovation fut d'instituer des spectacles
religieux pour lesquels les clercs eux-mêmes servirent alors de

poëtes et d'acteurs. Des instructions, des hymnes, des prières, des récits légendaires reçurent la forme d'un dialogue en latin véritablement mis en scène. Les plus anciens monuments de ce genre sont quelques offices de Noël et un manuscrit contenant une sorte de tragédie en rimes latines sur le Messie nouveau-né.

Ce ne fut pas tout : on mêla en beaucoup de lieux, à partir du x⁰ siècle, l'emploi de la langue nationale à celui de la langue latine. Les paroles de certains textes, récitées ou chantées en latin comme partie de l'office, furent entremêlées de phrases en langage vulgaire : celles-ci étaient dites par le peuple, après que les premières avaient été prononcées par le diacre dans l'idiome ecclésiastique. Ce mélange s'appelait *farcitura, latin farci*. Outre ces morceaux plus ou moins épiques et lyriques, il y avait des offices en dialogues coupés d'après le même système : au célébrant, qui s'exprimait en latin, divers acteurs répondaient en allemand, en wallon, en provençal. Par exemple, on avait tiré du chapitre 25 de saint Mathieu le sujet d'une action dramatique, d'un *mystère* (pour employer le terme consacré plus tard) *des vierges sages et des vierges folles*. Le prêtre chargé du prologue s'écriait en latin :

« L'époux qui est le Christ va arriver; vierges, veillez! Les
« hommes se réjouissent et se réjouiront de sa venue, car il dé-
« livrera de la tache originelle les nations qu'avait asservies le
« démon par la faute de notre première mère, etc. »

L'ange Gabriel reprend en langue provençale :

> « Oiet, virgiues, aiso que vos dirum,
> « Aise et presen, que vos commandarum :
> « Atendet un espos; Jhesu salvaire a nom :
> « Ghaire no i dormet ! »

Rome comprit que c'était là trop de condescendance pour l'imagination laïque; elle ramena les liturgies à une régularité officielle. Innocent III, particulièrement, proscrivit ces représentations : sa voix fut d'abord peu écoutée hors de l'Italie, mais ensuite le drame ecclésiastique sortit, quoique lentement, de l'enceinte consacrée de presque toutes les églises. On bannit également les danses, originairement mystiques, qui avaient lieu dans les lieux voisins des églises et surtout dans les cimetières, et que le peuple avait fini par rendre très-licencieuses en y mêlant des joyeusetés païennes. Alors finirent également la plupart de ces cérémonies bizarres introduites par un naïf déréglement d'imagination et dont les plus singulières sont peut-être la *fête de l'âne* et la *fête des fous*. Pour ne parler que de la première, l'âne, ou plutôt l'ânesse de Balaam, paraissait, à Rouen, à Beauvais et à Sens, dans la représentation de Mystères *farcis*, en l'honneur de la nativité ou bien en souvenir de la fuite en Égypte. Comme Moïse, Amos, Jérémie, Daniel, Nabuchodonosor et les sibylles, cet étrange personnage se mettait à prophétiser ; mais on lui adressait d'abord l'invitation suivante :

> « Hez, sire asne ! çà, chantez,
> « Belle bouche rechignez.
> « Vous aurez du foin assez,
> « Et de l'avoine à plantez. »

Après ces extravagances, il était grand temps que l'Église purifiât les cérémonies religieuses en les ramenant à un rit sévère. Elle le fit au xıı^e siècle, mais non pas brusquement et sans précaution. Loin de condamner un art qui avait son origine dans le culte même, elle en voulut encourager l'extension ; ce fut seulement le lieu sacré qu'elle lui interdit.

CHAPITRE XVIII.

PIÈCES CHRÉTIENNES, CHEVALERESQUES OU MORALES DE-
PUIS L'ORIGINE DE L'ART DRAMATIQUE FRANÇAIS JUS-
QU'AU MILIEU DU XVIe SIÈCLE.

Le drame liturgique avait dû sortir de l'église : on lui
donna pour théâtres des places dépendant d'un presbytère ou
d'un couvent, tous lieux encore ecclésiastiques, il est vrai, mais
non pas exclusivement voués à la célébration des choses saintes.
Dès lors naquit un art dramatique nouveau, car cette séculari-
sation amena l'usage de compositions appelées *mystères* et *miracles* (ou pièces ayant pour sujet la vie d'un saint) entièrement
en langue vulgaire ; elle autorisa en outre un emploi plus fréquent de personnages ou de pure invention ou d'un caractère
non ecclésiastique. Enfin, s'il arriva souvent que les auteurs
renommés, tels que Jean Michel, qui composa le grand mystère,
Arnoul Grebant qui écrivit en 1450 *le triomphant mystère des
Actes des Apôtres*, furent encore des prêtres, beaucoup de poëtes
laïques firent pourtant profession de composer des mystères.
Surveillés de près dans la mise en œuvre des vérités historiques
de la Bible, ceux-ci se permirent de plus grandes libertés avec
les sujets légendaires : ils égayèrent hardiment leurs pièces par
des épisodes de tout genre et même par des inventions burlesques ;

le diable surtout eut le rôle d'un bouffon. Selon l'esprit de son caractère, il se livra aux railleries les plus sanglantes, aux quolibets les plus impertinents, aux blasphèmes les plus éhontés.

Toutefois, dans ce plaisir offert au peuple, l'Église conserva son influence et sa part. On prêta aux acteurs les ornements du culte, les principaux rôles furent encore réservés aux ecclésiastiques ; le clergé consentit quelquefois à ce que la messe fût dite par un prêtre sur la scène ; les acteurs, après leur rôle achevé, se rendaient processionnellement à l'église pour y rendre grâces à Dieu ; les confréries laïques formées avec l'intention de jouer les mystères furent placées sous la protection du clergé.

L'une des plus célèbres parmi ces associations dramatiques fut celle des *confrères de la Passion*. En 1398, quelques bourgeois parisiens avaient choisi le bourg de Saint-Maur, près Vincennes, pour y donner des représentations dévotes. Le prévôt de Paris essaya de contrarier leur zèle ; mais ils se pourvurent contre lui devant le parlement, et pour rendre leur cause plus respectable, en se donnant à eux-mêmes plus de consistance, ils prirent ce titre sous lequel ils devaient obtenir ensuite une si grande réputation. Le roi Charles VI fut conduit à leur spectacle de Saint-Maur, et on lui fit signer, le 4 décembre 1402, des lettres patentes qui non-seulement assurèrent le repos des confrères , mais qui leur permirent en outre de s'établir dans la capitale. Ils choisirent pour emplacement un édifice abandonné, l'hôpital de la Trinité, où pendant près de cent cinquante années ils continuèrent sans interruption de jouir de leur privilége et de mettre en scène des sujets sacrés. Ce fut seulement en 1548 que le parlement, frappé des inconvénients d'un genre de théâtre où la naïveté des acteurs prêtait aux moqueries des hérétiques chaque jour plus déclarés et devenait de la sorte une occasion de scandale, ordonna que l'hôpital de la Trinité serait rendu à sa destination primitive, que les confrères auraient à se pourvoir d'un autre local et s'abstiendraient pour l'avenir de jouer Dieu et les saints. Alors se ferma peu à peu dans toute la France le théâtre religieux, ou plutôt il perdit considérablement de son importance et de sa fécondité.

11.

En même temps s'affaiblirent deux autres genres de compositions, dont l'un portait également le nom de mystères (quoique les sujets ne fussent rien moins que dévots) et l'autre était désigné par le mot de *moralités*. Le premier puisait dans les romans de chevalerie ou dans l'histoire profane : ainsi l'on a conservé le *mystère de Troie la grande*, par Jacques Millet, celui de *Griselidis*, marquise de Saluces, *le mystère de la France*, qui relate les principaux événements du règne de Charles VII et se rapproche, par certains côtés, le génie à part, bien entendu, des drames historiques de Shakespeare. Le second genre, dont les destinées furent à peu près les mêmes que celles des miracles et des mystères pieux, comprend les *moralités*, qui répondaient bien ou mal à leur titre ; mais ces informes compositions agréaient, elles aussi, à la foule des spectateurs, par quelques caractères spéciaux dont nous parlerons plus loin.

Le public ne demandait aux auteurs de ces diverses productions ni grand génie ni érudition profonde. Il est même curieux de voir combien est complète l'ignorance de la plupart de ces poëtes qui pendant trois siècles s'étaient transmis les mêmes procédés d'art, les mêmes légendes religieuses et se copiaient fidèlement d'âge en âge. Pour eux, un magistrat de Rome est un échevin ; le grand-prêtre des Juifs, un évêque ; Mahomet, un dieu du paganisme ; Dieu le père reçoit de leurs mains la chape et l'étole, Jésus-Christ fait maigre la veille des Rameaux ; Nabuchodonosor envoie ses canons et ses couleuvrines au siége de Béthulie : ses troupes prennent en passant la ville de Mésopotamie ; Assuérus ordonne à son ministre Aman de *faire imprimer* l'édit qu'il a rendu contre les Juifs ; Pilate envie l'érudition d'un de ses soldats qui lui a cité un passage latin ; Jésus-Christ paraît admirable à Satan, *tant il scet de latin et d'hébrieu!* Voilà pour la vérité des détails. Quant aux combinaisons de l'intrigue, elles sont, comme on le devine bien, peu soumises aux trois unités et aux règles d'Aristote.

A supposer que les poëtes eussent eu le désir de régulariser un peu dans leurs compositions, le public, pour lequel ils écrivaient, ne leur en eût tenu aucun compte ; ce qu'on voulait d'eux, c'était de la passion, du mouvement et de la nouveauté. Le dernier point était difficile, puisque les sujets religieux étaient invariables et la liberté du poëte fort contrainte en ce qui regardait les principales données de l'action. On suppléait au mérite d'une invention puissante et souveraine en créant chaque fois des personnages subalternes d'un caractère fantastique. Ne pouvant égayer le ton et les manières des saints, on chargeait le diable du rôle de bouffon, et il s'en acquitta bientôt avec une impudence satirique et scandaleuse. Malgré ces concessions offertes, comme des appeaux, à la curiosité des spectateurs, ils finirent par se lasser de revoir sans cesse les mêmes souvenirs de l'Ancien et du Nouveau Testament, les mêmes histoires de saints. Avant même d'être frappés par le parlement de Paris, les mystères religieux étaient déjà languissants, appauvris, presque ruinés.

Leur popularité avait d'ailleurs rencontré une concurrence redoutable dans les mystères chevaleresques ou à peu près historiques, mais surtout dans le progrès des *moralités*.

Celles-ci peuvent, comme les mystères, se partager en trois classes. La première est celle des *moralités* tirées de l'Ancien et du Nouveau Testament : analogues aux mystères, les compositions de cette première classe s'en distinguent cependant par la forme qui est plus abrégée. Au lieu de compter de soixante à quatre-vingt mille vers, elles n'en ont guère que douze cents. Les principaux auteurs des ouvrages de cette sorte sont: Jean Bodel d'Arras, le Parisien Rutebeuf, Pierre Gringoire, Jean Parmentier, Jean d'Abundance. Sous le nom de mystères, la reine de Navarre écrivait encore au xvie siècle de véritables *moralités*.

La seconde classe est de beaucoup la plus nombreuse. On peut y ranger toutes les pièces allégoriques, dont les acteurs, personnifications bizarres d'idées abstraites, portent la marque du temps où fleurirent le *roman de la Rose* et tant d'autres œuvres enfantées par l'union du pédantisme de l'école et du jargon des cours galantes. Une de ces *moralités* s'intitulera *le Rond et le Carré*, une autre aura pour personnages des êtres fantasques désignés par des noms ou même par des périphrases en langue latine. Le maître en ce genre est Jean Molinet, qui s'est également fait un nom comme poëte lyrique. A côté des allégories dialoguées peuvent se mettre les paraboles *historiées à personnages,* dont la composition avait un but moral ou politique et recevait même quelquefois de l'autorité civile des encouragements intéressés. C'est ainsi qu'au xvie siècle encore, Henri II faisait appuyer et soutenir un règlement de police par l'influence du théâtre. Un poëte composa, pour le service du roi, la moralité de *la réformation des tavernes et cabarets.* Plus ingénieuses et plus libres se produisaient vers le même temps les *moralités* anacréontiques, épicuriennes, de Louise Labbé, la belle Lyonnaise : *Écho et Narcisse, la Folie et l'Amour* (sujet imité par la Fontaine) sont restées comme de gracieux petits chefs-d'œuvre dans ce genre allégorique où les chefs-d'œuvre sont si rares.

Enfin, la troisième classe de *moralités* comprend celles qui développent dans une action dramatique quelque conte populaire, quelque tradition locale. Telles sont : *le Chevalier qui donne sa femme au diable; l'Enfant de perdition qui tua son père, sa mère et enfin se désespéra; la Pauvre Villageoise, laquelle aima mieux avoir la tête coupée par son père que d'être outragée par son seigneur,* etc. Ce n'étaient pas là des sujets fort relevés ; le style, répondant au sujet, valait d'ordinaire ce que valent les complaintes populaires que l'on chante encore aujourd'hui le jour de l'exécution de quelque grand criminel.

Après cette rapide énumération, il convient peut-être de dire un mot de quelques œuvres indiquées par d'anciens historiens sous le nom de *tragédies.* Ce titre est donné, par exemple, aux écrits d'un certain Arnaud Daniel vers la fin du xiie siècle, d'Anselme Faydit au xiiie, et dans le xive à cinq diatribes du provençal Bérenger de Parasols contre le caractère et les crimes de la reine Jeanne de Naples ; mais rien ne montre que ces productions aient été écrites pour la scène : il est même douteux, pour quelques-unes, qu'elles eussent la forme dramatique. On regarde, au contraire, comme un fait constant que le nom de *tragédie,* avec le sens qu'il avait dans l'antiquité, ne reparaît dans l'histoire des genres littéraires qu'à partir de la renaissance.

CHAPITRE XIX.

THÉATRE COMIQUE EN FRANCE, JUSQU'AU MILIEU DU XVIe SIÈCLE.

Les spectacles en quelque sorte matériels étaient fort recherchés au moyen âge. Voulez-vous savoir quels étaient les plaisirs
des yeux et de l'imagination au xive siècle? Un vieux chroniqueur nous l'apprendra pour l'année 1515. Lorsque le roi Philippe fit conférer la chevalerie à ses enfants, il ordonna, en
signe de réjouissance, des divertissements populaires dans sa
bonne ville de Paris. Ce furent, comme nous dirions aujour-
d'hui, *des tableaux vivants*, qui représentaient Adam et Ève, les
trois rois mages, Notre-Seigneur mangeant des pommes et riant
avec sa mère, la décollation de saint-Jean Baptiste, et autres faits
semblables, accompagnés d'un grand luxe de décors et de comparses : on y voyait la résurrection, le jugement dernier, un
paradis où se tenaient quatre-vingt-dix anges, un enfer noir et
puant où tombaient les réprouvés et d'où sortaient cent diables
qui allaient saisir des âmes qu'ensuite ils torturaient. Outre ces
sujets dévots, et pour leur servir d'intermèdes. *d'entremets,*
dit le chroniqueur, il se trouvait des ballets de ribauds dansant

et chantant en chemise, un tournoi d'enfants, un loup qui filait, la vie entière du renard d'abord médecin, puis clerc, puis évêque, puis archevêque, puis pape, et toujours mangeant poules et poussins.

Si les premiers de ces spectacles flattaient grossièrement l'esprit de dévotion, les seconds avaient pour but de satisfaire ou la curiosité sensuelle ou la malice satirique du peuple. En temps ordinaire, c'était surtout à ces deux penchants de la nation que s'adressait la *ménestraudie* vagabonde, la foule de ces aventuriers qui couraient de ville en ville pour montrer leurs tours de passe-passe et leur facile gaieté.

Il va de soi que nous n'avons rien conservé de ces improvisations sans nombre et sans art; mais on a encore des monuments assez nombreux d'une véritable littérature comique dans des contes dialogués qui sont l'œuvre de ménestrels et de trouvères d'un ordre plus relevé. Eux du moins, ils avaient un art à demi régulier, des intentions littéraires : quelques-uns furent des hommes supérieurs. Unissant le geste à la déclamation, costumés même d'une façon analogue au sujet de leurs *jeux-partis*, ils ressemblaient en quelque manière à ces artistes qui viennent aujourd'hui faire entendre et mimer des chansonnettes. Parfois encore, ils s'associaient deux ou trois pour l'exécution de ces petites scènes que l'un d'entre eux avait écrites. On trouve, parmi les œuvres de Jean Bodel d'Arras, de Rutebeuf et de beaucoup d'autres, des compositions de ce genre. Mais l'auteur le plus remarquable qui s'y soit appliqué est Adam de la Halle, né à Arras, vers 1240. Indépendamment de ses *partures*, dont le sujet habituel est un paradoxe amoureux débattu entre deux personnes, Adam, *le bossu d'Arras*, comme on l'appelait à cause de sa malice et de son entrain, a laissé deux charmantes productions dont l'une, *le Jeu Adam*, est la plus ancienne comédie française, l'autre, *le Jeu de Robin et de Marion* est aussi, pour la France, la première pastorale et l'on pourrait même dire le premier opéra-comique. *Le Jeu Adam* s'appelle ainsi parce que le poète lui-même se met en scène : il raconte aux bourgeois d'Arras réunis sous la feuillée qu'il s'est marié, mal marié, et que ne pouvant plus vivre avec sa femme,

il se dispose à quitter Arras ; auparavant il leur adresse ses
doléances et ses adieux, qui sont reçus avec raillerie. *Le Jeu
de Robin et de Marion* a de la grâce, de la naïveté; c'est la nature champêtre prise sur le fait, poétisée dans ses détails, mais
toujours simple et vraie.

Malheureusement, la double veine ouverte par un homme
d'autant d'esprit que le poëte d'Arras ne fut pas exploitée, de
longtemps, avec cette finesse ingénue dont il donnait l'exemple.
Mais, par une sorte de compensation, nous trouvons ensuite
quantité de petites pièces populaires, les *soties* et les *farces*,
où pétille une abondante et facétieuse imagination.

Les farces, qu'on distinguait en farces joyeuses, récréatives,
historiques, enfarinées, etc., se composaient au plus de cinq
cents vers chacune. C'était un tissu de badinages, décorés d'un
titre alléchant : *La farce nouvelle d'un vieil gendarme et d'un
jeune moine devant Cupidon ; la farce des hommes qui font
saler leurs femmes parce qu'elles sont trop douces*, etc. Railleuse
et fort encline à se laisser entraîner dans le parti de l'opposition, la farce, quand elle s'emparait des choses de la politique
contemporaine, était la vengeance du peuple pressuré, torturé,
tyrannisé par le pouvoir ; c'était aussi trop souvent une commère
sans vergogne et qui ne se refusait pas les libres propos, les
grossièretés impudentes : cependant, elle se prenait quelquefois avec un singulier bonheur à la peinture des caractères de la
vie réelle. La farce de *maistre Pierre Pathelin* est le fruit
admirable d'une profonde observation. On n'imagine rien de
plus complet que le dessin de ce personnage à demi grotesque
et plus qu'à demi larron, de cet avocat madré, dont l'astuce
entreprenante contraste si bien avec la prud'homie niaise de
M. Guillaume, le drapier. Nous verrons, au XVIIe siècle, Brueys
et Palaprat reprendre avec beaucoup de succès et de verve
ces personnages du vieux théâtre français, mais au jugement
de critiques judicieux, la farce ancienne demeure incomparablement plus comique : à deux siècles d'intervalle, dit M. Sainte-
Beuve, elle présageait à la France *Tartufe* et la gloire de
Molière.

Ces comédies délurées sont, pour la plupart, anonymes ; on

peut supposer d'ailleurs qu'elles étaient souvent l'œuvre col-
lective des artistes amateurs qui les jouaient, Basochiens,
Conards, Enfants sans-souci, Enfants de la Mère sotte, de la
Mère folle, de l'abbé Maugouverne, et autres associations dont
le but était de se divertir en amusant les autres. Presque toutes
les grandes villes avaient des sociétés de ce genre. A Paris, les
Enfants sans souci, dirigés par *le prince des Sots*, comptaient
dans leur troupe les fils des plus riches bourgeois. Indépendants et hardis, parce qu'ils étaient jeunes, ils s'attaquaient
volontiers à toutes les puissances de ce monde. De là vient que
les farces, qui leur appartiennent, sont ordinairement des
pièces satiriques dirigées contre les grands, les nobles ou les
prêtres : le roi même n'y est pas toujours épargné. Du nom
de *Sots* que prenaient souvent les acteurs, ces pamphlets dramatiques se sont appelés des *soties*. Pour trouver autant de
licence satirique, il faudrait remonter à la comédie grecque,
dont le premier âge présente le spectacle d'emportements
analogues`, avec plus d'imagination poétique. Cependant,
il y a quelque chose d'infiniment ingénieux dans cette *sotie*,
par exemple, où l'*Ancien monde*, déjà vieux, s'endort de fatigue ;
Abus s'avise d'en créer un nouveau dans lequel un domaine est
assigné à chaque vice et à chaque passion : ces citoyens, ces
colons entrent bientôt en lutte ; leur guerre détruit le monde
qu'*Abus* a créé ; alors le *Vieux monde* se réveille et reprend
son train. L'auteur de cette fantasque production s'appelait
Pierre Gringoire, poëte ordinaire des *Enfants sans souci*, critique mordant, censeur rude et sévère. On lui doit également
une pièce allégorique intitulée *le Prince des sots et la Mère Sotte*.
Protégé par le roi Louis XII qui faisait alors la guerre à
Jules II, Gringoire attaque le saint-siége et les prélats avec une
verdeur étrange. On découvre aisément à la lecture d'un pareil
factum que les temps sont proches et que la *réforme* peut se
montrer. Le théâtre devançait même prodigieusement l'opinion ;
car au fond des récriminations de Pierre Gringoire, il y a plus
qu'une irrévérence à l'égard de l'Église, il y a la négation même
de toute autorité religieuse. Luther n'arrivait pas d'un seul
coup à de telles conclusions.

CHAPITRE XX.

HISTOIRE DE L'ART DRAMATIQUE EN FRANCE DEPUIS L'EU-
GÈNE ET LA CLÉOPATRE DE JODELLE (**1552**) JUS-
QU'AU TEMPS D'ALEXANDRE HARDY (VERS **1600**).

---

§ I. JODELLE.

Le parlement venait de défendre (1548) la représentation des
mystères comme indécente et scandaleuse. Quatre années seulement s'écoulent, et l'on voit naître, à la place de ce mode
suranné de compositions dramatiques, des œuvres d'un caractère
tout différent.

Jusque-là le théâtre, comme tous les autres genres de poésie,
avait emprunté sa popularité à deux grandes causes, l'inspiration religieuse et l'imitation de la vie commune ; mais le siècle
tournait à la liberté philosophique et à l'érudition : le théâtre se
fit profane et savant. On écrivit, à l'imitation des anciens, non
plus à la vérité pour le *commun peuple*, mais pour le plaisir
des lettrés et le divertissement des colléges une multitude de
tragédies et de comédies : souvent pédantesques, intelligibles
pour les coteries seules, ces œuvres contribuèrent à faire disparaître l'ancienne naïveté de langage qui prêtait des charmes

12

même aux inventions les plus ridicules ; mais en revanche elles ont préparé la gloire de la scène française : c'est leur honneur, c'est ce qui nous inspire non-seulement de la curiosité, mais encore une sorte de reconnaissance.pour les poëtes un peu pédants du xvie siècle.

Déjà vers la fin du siècle précédent on s'était pris d'un goût très-vif pour le théâtre de l'antiquité, et successivement plusieurs traductions avaient fait admirer en français l'*Andrienne* de Térence, l'*Hécube* d'Euripide, l'*Électre* de Sophocle. Aristophane avait eu son tour : Ronsard, le grand promoteur de la réforme poétique, fit représenter en 1549 au collège de Coquerel une traduction en vers du *Plutus*, et probablement c'est ici la première *comédie* jouée en français. Il était naturel que ces études conduisissent plus loin : on avait traduit les créations des anciens, on voulut être inventeur en s'inspirant de ces modèles.

> « Jodelle le premier, d'une plainte hardie,
> « Françaisement chanta la grecque tragédie ;
> « Puis, en changeant de ton, chanta devant nos rois
> « La jeune comédie en langage françois ;
> « Et si bien les sonna que Sophocle et Ménandre,
> « Tant fussent-ils savants, y eussent pu apprendre. »

Ces vers sont de Ronsard lui-même ; « s'ils ne donnent pas, « dit Suard, la mesure de l'opinion qu'on doit se former de Jodelle, « ils nous apprennent au moins celle qu'on en avait au xvie siècle « où il vivait. » Ce dut être un beau jour pour toute la docte jeunesse de l'époque que celui où, devant le roi Henri II, dans la cour de l'hôtel de Rheims, Jodelle fit représenter (1552) *Cléopâtre captive*. Quelle admiration ne ressentaient pas les spectateurs, lorsque en présence de la cour charmée ou des écoliers et des savants réunis dans une chambre du collège de Boncourt, *étant présent le grand Turnebus*, Jodelle lui-même et des poëtes célèbres, amis de l'auteur, Remy Belleau, la Péruse, etc., jouaient une tragédie divisée en cinq actes, à la manière des pièces latines, soumise de même aux trois unités de temps, de lieu et d'action, enfin entremêlée de chœurs ! C'était un spectacle à faire pâmer d'aise, et le roi paraissait n'être que juste en récompensant le restaurateur des Muses antiques par un don de cinq cents écus.

Mais les imitateurs, même quand ils sont de bonne foi, s'efforcent en vain de reproduire complétement un original : ils ne peuvent pas abjurer toute personnalité. Quoi qu'ils fassent, ils sont de leur temps. Jodelle avait, à n'en pas douter, le désir sincère d'être aussi classique que possible, et cependant *Cléopâtre captive* est par certains côtés singulièrement étrangère aux habitudes de l'art ancien. Ainsi, la reine qu'un de ses esclaves vient de trahir, entre en fureur contre ce misérable ; elle se jette sur lui, elle le prend aux cheveux, elle lui donne des soufflets et des coups sur la tête, elle l'apostrophe comme une mégère. Octave Auguste est présent ; il s'écrie :

> « ..... Oh ! quel grinçant courage !
> « Mais rien n'est plus furieux que la rage
> « D'un cœur de femme. Eh bien donc, Cléopâtre,
> « N'êtes-vous jà saoule de le battre ? »

Jodelle a fait plus encore que de créer la tragédie française, il s'essaya et réussit à donner une comédie : *l'Abbé Eugène ou la Rencontre* est le fruit de cette seconde tentative. Ainsi se trouve justifié le mot de Ronsard disant que Jodelle

> « Sur un ton double, ores bas, ores haut,
> « Remplit premier le françois échaffaut. »

Une rapide analyse doit indiquer ce qu'était la première comédie régulière (1552). Un riche abbé, Eugène, a marié sa maîtresse Alix avec un imbécile, nommé Guillaume. Un ancien amant d'Alix, Florimond, revient, et revient furieux d'avoir été doublement trahi par elle. Homme de guerre, il fait grand'peur à l'abbé. Celui-ci, pour détourner l'orage, engage sa sœur Hélène à *recevoir dans ses bonnes grâces* le bouillant gentilhomme qu'elle avait autrefois éloigné par ses rigueurs. Hélène y consent, et Eugène n'a plus d'autre souci que d'assurer ses plaisirs en payant les dettes de Guillaume, dont la complaisance égale la pauvreté.

On peut s'étonner de voir le clergé du xvi⁰ siècle traduit de
cette façon sur le *françois échaffaut;* mais l'art dramatique
d'alors est ainsi ; d'une part, très-servilement attaché à l'anti-
tiquité ; de l'autre, très-librement mêlé aux passions du temps.
En outre, il est sans pudeur comme il est sans goût. Toutefois
il rencontre d'heureuses inspirations : on pourrait à ce propos
citer quelques parties d'une invocation adressée à Vénus par
Didon se sacrifiant, l'héroïne d'une seconde tragédie de Jodelle (1552).

Le caractère tout profane des études, des passions poétiques
de Jodelle et de ses amis faillit une fois leur coûter cher. Un
jour, pendant le carnaval de 1552, lui et cinquante autres,
parmi lesquels Jean Antoine de Baïf, Remy Belleau, Muret,
Ronsard, du Bellay, Jean Dorat, Vigneau, Nicolas Denisot,
allèrent à Arcueil pour se divertir. Le hasard leur fit rencontrer
un bouc ; ils le prirent, le couronnèrent de fleurs, l'amenèrent
dans la salle du festin et le présentèrent comme une récom-
pense dionysiaque à Jodelle,

« Carmine qui tragico vilem certavit ob hircum. »

Après s'être amusés quelque temps de l'animal, ils le chassèrent ; mais la calomnie annonça qu'ils l'avaient sacrifié à
Bacchus. De là grande colère des personnes pieuses, surtout
parmi les calvinistes. Heureusement l'orage se dissipa.

Jodelle composa d'autres pièces de théâtre que celles qui
nous restent dans le recueil de ses œuvres, mais les troubles
qui commencèrent à agiter la France ne permirent pas de les
faire représenter ; les manuscrits se sont perdus. Nous avons
seulement le *libretto* d'une mascarade en vers intitulée les
Argonautes, qui fut jouée le 17 février 1558 à l'hôtel de
ville de Paris dans une fête donnée à Henri II. Arcs de
triomphe, sculptures, peintures, trophées, Jodelle ordonna tout,
donna le dessin de tout, composa les devises, les inscriptions,
le poëme. Mais il semble que le succès fut médiocre, si l'on en
juge par les plaintes de Jodelle lui-même. Il mourut dans une
extrême pauvreté (1573) à l'âge de quarante et un ans.

Néanmoins l'exemple qu'il avait donné en 1552 trouva sur-le-champ de nombreux imitateurs. Dès 1555, on voit paraître une *Médée* de la Péruse ; en 1556, un *Agamemnon* de Jean de la Taille. Bientôt après Melin de Saint Gelais met au théâtre le sujet de Sophonisbe (1559) qui plusieurs fois depuis a tenté les auteurs français, comme il avait déjà séduit Trissino, le premier des Italiens qui eût composé une tragédie régulière (1515). Melin, ainsi que beaucoup de poëtes ses contemporains, joint d'ailleurs à l'étude des classiques celle des modèles que lui présente l'Italie, l'Italie dont l'influence domine alors la politique non moins que la littérature française. Les *Corrivaux ou le Négromant* (1575) de Jean de la Taille sont une imitation de l'Arioste ; le *Brave ou Taille-bras*, de Baïf, est calqué sur un type italien.

En 1560, Jacques Grevin donne sa tragédie de *Jules César* où l'expression ne manque ni de noblesse ni de profondeur. Sur les théâtres particuliers, les seuls qu'il fût alors permis d'ouvrir, l'usage voulait ordinairement qu'après une tragédie d'un auteur on représentât une comédie en cinq actes par le même. Grevin a fait jouer ainsi, à la suite de *Jules César*, *les Esbahis*. Cette comédie est, comme *la Trésorière* (1558), autre pièce de Grevin, comme *la Reconnue* (1564) de Remy Belleau, une peinture de mœurs licencieuses dans un style plus licencieux encore. « Des vieillards imbéciles, dit M. Suard, des jeunes gens libertins, des femmes de toutes les espèces, excepté de l'espèce honnête, deux ou trois déguisements, trois ou quatre surprises et autant de reconnaissances, voilà le fond de toutes les intrigues des comédies de ce temps [1]. » L'indécence du langage est d'accord avec l'inconvenance de ce fond, même dans des ouvrages fort semblables pour l'action non moins que pour la forme aux *moralités* et aux *mystères*, et qu'on intitulait *Pastorales*, *Eglogues*, *Bergeries*. La retenue ne brillait pas davantage dans les pièces tirées de l'Écriture sainte. Les trois tragédies de Louys Desmasures, *David combattant*, *David*

---

triomphant, David fugitif, Saül le fugitif (1573), par Jehan de la Taille (qui fut cependant un esprit vigoureux), offrent des platitudes d'autant plus choquantes que le sujet semble plus respectable, et que d'ailleurs Théodore de Bèze avait écrit dans le même temps son épopée dramatique d'*Abraham sacrifiant*, qui pouvait au moins fournir l'idée d'une certaine noblesse jointe au pathétique. En outre, les pièces latines composées à la même époque sur les récits de la Bible donneraient lieu d'attendre plus de sens et plus de goût que l'on n'en voit chez les auteurs écrivant en français. En effet, il y a de grandes beautés dans le théâtre latin de l'Écossais Buchanan. Le français, malgré le zèle de l'école de Ronsard pour l'ennoblir, était encore un instrument trop rebelle à la grande poésie, et son imperfection, arrêtant l'essor des hommes de génie, condamnait les esprits médiocres à paraître grossiers. Où Jodelle avait échoué, que pouvaient être Jacques de la Taille, Charles Toutain, Rouillet, Rivaudeau, Du Verdier, et tant d'autres qui n'eurent ni l'imagination créatrice, ni l'intelligence vraie de l'antiquité, ni une poétique fermement dictée par un nouvel Aristote ou par l'usage, pour leur servir de guide?

§ 2. GARNIER. LARIVEY.

« Robert Garnier, dit Suard, est le premier, le seul même de son siècle qui ait su puiser avec quelque goût dans les ouvrages des anciens. Il donna en général à la tragédie le langage qui lui convient, et lui fit faire le premier pas qu'elle eût fait depuis Jodelle. Ses ouvrages méritent de faire époque dans l'histoire du théâtre, non par la beauté de ses plans (il n'en faut chercher de bons dans aucune des tragédies du xvie siècle), mais les sentiments qu'il exprime sont nobles, son style a souvent de l'élévation sans enflure, et beaucoup de sensibilité; sa versification est facile et souvent harmonieuse. C'est lui qui a fixé d'une manière invariable la succession alternative des rimes masculines et féminines. »

Esprit sage et discret, il a évité presque tous les défauts ambitieux mis à la mode par Ronsard, et qui rendent si souvent ridicules les héroïnes tragiques de Claude Mermet ou de Mathieu. Il se garde pareillement de la bassesse du style : ce n'est pas dans une pièce de Garnier qu'on entendrait, comme dans *la Mort d'Agamemnon* (par le Duchat) Clytemnestre appeler Électre *babouine*. Imitateur intelligent d'Euripide et surtout de Sénèque, il a su placer dans son *Hippolyte* (1575) et dans sa *Troade* quelques détails heureux qui ne furent pas indignes de l'attention de Racine. Enfin, la tragédie de *Porcie* par laquelle il s'annonça en 1568, et quelques autres, telles que *Sédécie ou les Juives*, *Cornélie* et *Marc-Antoine* nous le montrent créant lui-même, non sans succès, tout l'édifice d'une œuvre dramatique. L'intention qui a dirigé Garnier dans le choix de quelques-uns de ses sujets mérite d'ailleurs d'être remarquée. Contemporain de Charles IX et de Henri III, il veut faire voir sur le théâtre une image des réalités terribles dont il est témoin, et souvent son dialogue, soutenu par une sorte de vigueur secrète, abonde en maximes politiques, en tirades sentencieuses, en traits rapides et pressants.

Ces allusions aux événements de l'époque n'étaient pas au reste chose nouvelle dans l'art dramatique du xvie siècle. Déjà en 1561, Gabriel Bonin avait osé plus que cela : pour donner au théâtre un intérêt d'actualité, si l'on peut dire ainsi, ce poëte avait composé une tragédie, du reste illisible, *la Sultane ou Mustapha*, qui prétendait offrir aux yeux des spectateurs français les mœurs des Turcs. Au milieu des dissensions politiques et religieuses, l'art dramatique devint un moyen d'action au service des passions irritées. Dès 1554, Henry de Barran, dans sa *tragique comédie française de l'Homme justifié par la foy*, faisait de la propagande calviniste. En 1575, François de Chantelouve donnait *la tragédie de feu Gaspard de Coligny jadis admiral de France* : c'était la Saint-Barthélemy mise sur la scène avec d'affreux commentaires apologétiques. En 1594, un régent de collége, Louis Léger, était arrêté et mis en prison par ordre du parlement pour avoir annoncé la représentation d'une tragédie séditieuse, *Chilpéric II*. Pierre Mathieu, qui depuis fut royaliste et historiographe de France, fit l'apologie de la révolte dans *la Guisiade* (imprimée en 1589).

Cependant la tragédie sacrée continuait à se produire. Le
même P. Mathieu a composé *Esther*, *Aman*, *Vasthi;* d'autres
exploitèrent de même les sujets bibliques et légendaires, mais
sans art et quelquefois même si maladroitement qu'on aurait
pu regretter les anciens *mystères*.

Dans le même temps, l'imitation italienne faisait naître des
pièces pastorales assez extravagantes et peu récréatives. On
trouve une agréable compensation à ces mièvreries exotiques
dans un écrivain champenois, Pierre de Larivey (1550-1612)
qui peut être considéré comme un digne précurseur de Molière.
Sa prose (il est le premier qui l'employa dans la comédie) est vive
et piquante, le dialogue est plaisant, l'intrigue d'une spirituelle
simplicité, les caractères originaux et bien marqués. Molière
a pris, pour son *Harpagon*, au *Séverin* de Larivey, dans la comédie des *Esprits*, bon nombre de traits, qui ne sont pas les moins
gais de *l'Avare*. Imitateur de Plaute, l'auteur champenois n'a
pas évité l'indécence qui déshonore si souvent le génie de son
modèle; mais s'il partage ce défaut avec les auteurs de son
siècle, il a du moins en propre une manière entraînante, qui
fait lire avec plaisir, même aujourd'hui, les neuf comédies
qu'on lui doit. Si d'ailleurs Larivey conserve le premier rang
parmi les auteurs comiques de l'époque où il a vécu, on peut
accorder quelque estime aux *Contents* d'Odet Tournebeuf, aux
Napolitaines de François d'Amboise, et surtout à la *Néphélo-
coccigie* de Pierre le Loyer, espèce de fantaisie aristophanesque
d'un goût fort libre. Par les ressources de son esprit, Pierre
le Loyer fait un peu oublier ce qu'il y a de bizarre dans ses
inventions, mais d'autres écrivains étaient bizarres sans être
amusants. Il est, par exemple, difficile d'imaginer quelque chose
de plus niais que le drame politico-allégorique d'Édouard Du-
monin, *la Peste de la Peste ou le jugement divin* (1584), espèce
de mise en scène prétentieuse d'un fléau épidémique qui venait
de ravager la France. Sur le même rang que l'œuvre de Du-
monin on peut mettre la *Zoanthropie* de François Auffraye et
la *tragédie du Petit rasoir des ornements mondains;* cette
tragédie est un sermon sous forme de drame par Philippe Bos-
quier de Mons, honnête et doux religieux de l'ordre de Saint-

François, qui dédie son œuvre au prince Alexandre Farnèse, en l'invitant à combattre par le bras séculier les folies hérétiques et profanes du luxe des vêtements. A la même littérature quelque peu retardataire appartiennent les tragédies saintes de Denis Coppée, Liégeois, au commencement du xviie siècle.

CHAPITRE XXI.

HISTOIRE DE L'ART DRAMATIQUE EN FRANCE DEPUIS
ALEXANDRE HARDY (**1600**) JUSQU'AU CID de COR-
NEILLE (**1636**).

L'état du théâtre à la fin du XVIe siècle dispose à juger avec
indulgence l'écrivain dont le nom ouvre et ferme à la fois, ou
peu s'en faut, la période que nous allons parcourir : l'inépuisable et laborieux Alexandre Hardy.

Les troupes de comédiens avaient été, durant le XVIe siècle,
véritablement ambulantes. Ce fut en 1598 seulement qu'il s'en
établit une à Paris : elle loua le privilége fort déconsidéré des
confrères de la Passion et leur succéda. En 1600, une seconde
troupe obtint la permission d'ouvrir un théâtre dans le quartier
du Marais, à l'*hôtel d'Argent*, et fit annoncer qu'elle donnerait
trois représentations par semaine. C'était un engagement difficile à soutenir, car le public voulait sans cesse des pièces nouvelles ; mais les acteurs s'étaient attaché Hardy comme fournisseur ordinaire ; c'était un homme capable de composer en trois
jours une œuvre dramatique. Il avait déjà fait ses preuves en ce

genre à la suite d'une troupe qui courait les provinces, et il ne resta pas au-dessous de ce que l'on attendait : dans l'espace d'une trentaine d'années, il livra six ou sept cents pièces à ses commettants de Paris.

Pour suffire à la demande, Hardy n'était pas fort scrupuleux sur la qualité de la production. « Tous sujets lui sont bons, » dit Fontenelle. Mais la source à laquelle il puise le plus volontiers, c'est la littérature espagnole. Dès qu'une commande lui était faite, il fouillait secrètement dans ce trésor. C'est ainsi que presque toutes les Nouvelles de Cervantes lui ont passé par les mains. Ses rivaux, du reste, en faisaient autant, mais il leur est supérieur à tous dans l'art d'emprunter. Sans doute, quelques-unes de ses pièces sont de son invention, mais elles ne brillent pas au premier rang : de ce nombre sont presque toutes celles qui portent le titre de pastorales. Les autres ont reçu de lui le nom ou de tragédies ou de tragi-comédies, sans qu'on puisse distinguer précisément l'objet de ces deux dénominations, si ce n'est peut-être que les premières offrent moins que les secondes des irrégularités choquantes. Encore ses tragédies mêmes se passent fort bien des unités, non qu'il fût trop ignorant ou trop présomptueux pour comprendre les règles du sens commun; mais pressé de produire, et sûr que le public ne demandait pas tant de précautions, il laissait courir sa plume. Malgré tout, il montre jusque dans ses plus détestables ouvrages de l'originalité, de l'audace, de l'énergie et une heureuse entente de la scène. La plus passable de ses tragédies est la *Marianne*, où quelques traits sont comme un germe des beautés que Voltaire a fait briller dans le même sujet. Quelques-unes de ses tragi-comédies, *Félismène, les deux Amis, la Force du sang*, etc., se rapprochent beaucoup du genre qu'on a depuis appelé le *comique* noble. On y rencontre souvent une simplicité de moyens et une sobriété de style qui fait honneur au goût de Hardy. L'afféterie des Italiens lui répugnait à bon droit, et s'il pillait volontiers les dramaturges espagnols, au moins il leur laissait leur style emphatique et prétentieux.

Tel ne fut pas Théophile de Viaud (1590-1626), dont une tragédie, patronnée par l'hôtel de Rambouillet, *Pyrame et*

Thisbé (1617), parut si bien écrite et si bien conduite que Hardy en fut un instant éclipsé. C'était du pur *Gongora*. Le succès tint du prodige, et le public applaudit avec enthousiasme à ces vers que Boileau vouait plus tard à l'immortalité du ridicule :

> « Ah ! voici le poignard qui du sang de son maître
> « S'est souillé lâchement : il en rougit, le traître. »

Et cependant Théophile était incontestablement un homme de beaucoup d'esprit ; mais que devient tout l'esprit d'un poëte lorsque le public est sans discernement? C'était déjà beaucoup de remplacer la grossièreté ancienne par une élégance, même guindée, de langage et de ton ; de savoir plaire, non par les coups de théâtre ou les situations équivoques, mais par les ingénieuses ressources d'un style cultivé. Or, à ce moment, poëtes et public semblent d'accord pour chercher des jouissances plus délicates : la pastorale dramatique se transforme elle-même, comme la tragédie, et se modèle sur le style de l'*Astrée*, dont l'auteur, Honoré d'Urfé, essaye d'unir la gloire du théâtre à celle du roman. Après d'Urfé (1567-1610), nombre d'écrivains traduisent sur la scène les bergers du Lignon ou ceux de l'*Aminta* du Tasse. Rességuier, Ogier de Gombault, Racan, celui-ci avec une douceur et une naïveté charmantes pour nous, mais alors médiocrement appréciées, se sont fait un nom, dans l'histoire littéraire du théâtre, par ce genre de pastorales que leur avait enseigné l'Italie, et dont quelques-unes cependant étaient plutôt destinées à la lecture qu'à la représentation.

C'est de même par l'imitation des Italiens que Mairet (1604-1686) acquit la gloire d'avoir donné la première tragédie régulière, *Sophonisbe* (1629), une des pièces qui se sont le plus longtemps soutenues au théâtre [1]. Voltaire s'est égayé sur la bizarrerie de ces deux vers que l'on y trouve :

> « J'ai voulu m'assurer de l'assistance d'un
> « A qui le nom lybique avec nous fût commun. »

---

[1] Mairet lut aussi avec admiration les écrivains espagnols, et sa manière est un mélange des deux formes, comme ses sujets sont tour à tour

Mairet ne doit pas être jugé néanmoins sur cet exemple. Ses vers ont quelquefois un tour heureux et pittoresque; il offre beaucoup de passages où l'on sent l'élévation, la véhémence et presque le génie. Le théâtre devenait enfin un plaisir digne des honnêtes gens, et la France, attentive à ces progrès d'un art qui devait lui acquérir tant de gloire, citait avec orgueil, à côté de Mairet, plusieurs rivaux de son talent, tous jeunes, tous impatients de renommée. C'était Tristan l'Ermite, qui avait en lui l'instinct du pathétique; Du Ryer, quelquefois large et sentencieux dans des vers habituellement faciles; Rotrou, cœur généreux, poëte énergique, aux idées neuves et grandes. Alexandre Hardy pouvait achever en paix sa carrière; il ne laissait pas sans héritiers le domaine de la tragédie et de la tragi-comédie.

Le parterre commençait à vouloir impérieusement que la bienséance régnât sur la scène sérieuse. Mais le théâtre comique restait encore livré à toutes les inconvenances imaginables. Depuis les dernières pièces de Larivey (vers 1590), la comédie populaire n'avait produit aucune œuvre estimable. Elle était même tombée promptement dans un oubli si profond qu'on aurait dit un genre perdu. A sa place s'était élevée la *farce*, joyeuse, mordante, obscène, que les acteurs de l'Hôtel de Bourgogne firent venir de ses tréteaux forains pour qu'elle se chargeât de provoquer le gros rire et d'attirer la foule aux représentations de la tragédie. La troupe du Marais eut également des *farceurs*, parmi lesquels Gaultier Garguille. Après celui-ci vinrent Turlupin (d'où le nom de *turlupinades*), qui jouait aussi dans la tragi-comédie, et Gros-Guillaume; Turlupin le fourbe et Gros-Guillaume, le vieillard débonnaire. Ils s'établirent ensemble sur un petit théâtre qui bientôt eut la vogue. Cependant les deux troupes de l'Hôtel de Bourgogne et de l'Hôtel d'Argent s'étaient réunies en 1619. Soit que leurs grotesques fussent

empruntés à ces deux littératures étrangères. *Le Duc d'Ossone* (1627) est pris de Christoval da Silva. L'un des plus grands succès du théâtre, immédiatement avant Corneille, fut celui qu'obtint la *Silvie*, tragi-comédie pastorale, donnée par Mairet en 1621. Sa *Silvanire ou la Morte vive* (1625) a de l'intérêt et quelques belles situations.

dépourvus d'esprit, soit qu'elles eussent cessé de faire jouer des
farces, on ne riait plus au parterre. Par le conseil de Richelieu, dit-on, elles appelèrent à elles Turlupin et Gros-Guillaume,
et s'en trouvèrent mieux. Pourtant ce n'étaient là que des pa-
rades, et l'on accordera que ce genre ne méritait pas de se substituer à la comédie, qui fut inopinément relevée en 1629.

Un jeune homme, avocat de province, était venu offrir aux
acteurs de l'Hôtel de Bourgogne un manuscrit dont le titre était
*Mélite ou les Fausses Lettres, pièce comique en cinq actes et
en vers.* L'auteur s'appelait Pierre Corneille. Né à Rouen
le 6 juin 1606, dans une famille de magistrats, Corneille avait
annoncé presque dès l'enfance du goût pour la poésie. Une
aventure de jeunesse devait décider, s'il faut en croire Fontenelle, de sa carrière dramatique. Conduit par un de ses amis chez
une jeune personne de Rouen (Mlle Milet), il en devint amoureux et supplanta son bénévole introducteur qui s'était vu précédemment au mieux avec la belle. Cette petite trahison lui
sembla plaisante; il la mit en actes et en scènes, puis s'en vint
tout droit de Rouen pour offrir son œuvre aux comédiens qui
l'acceptèrent. La pièce eut, les trois premiers jours, un médiocre
succès; mais elle attira, dès la quatrième représentation, une
affluence si considérable que l'Hôtel de Bourgogne ne put suffire.
Il fallut dédoubler la troupe dont une partie alla reprendre
possession de l'Hôtel d'Argent pour faire voir *Mélite* aux habitants du Marais. L'ouvrage nouveau remit donc en bon état la
caisse du théâtre, et le vieux Hardy, qu'un traité associait aux
gains de l'exploitation, se consola de voir son nom éclipsé tout
à coup en comptant les écus que lui valait *Mélite.* — « C'est
une assez jolie farce, » disait-il.

Mélite n'est pas une bonne pièce, mais elle fait époque. C'est
le réveil, ou, pour mieux dire, la véritable naissance du théâtre
comique français. La tragédie comptait déjà quelques œuvres
dignes d'estime et qui donnaient l'espérance de progrès nouveaux; la comédie retrouvée allait, elle-même, grandir à son
tour et lutter, sans désavantage, avec les souvenirs du théâtre
classique.

Enhardi par la fortune qui venait de lui sourire, Corneille

se hâta peut-être trop de profiter de la veine. Il composa vraisemblablement quatre pièces coup sur coup, et toutes les quatre tombèrent si bien dans un oubli sans doute mérité que plus tard il n'a pas voulu se souvenir de les avoir écrites : aucun bibliographe ne les a retrouvées et l'on ignore jusqu'à leur titre. Le poëte rencontra enfin, en 1632, un deuxième succès.

Lorsqu'il était arrivé à Paris, Corneille avait appris, non sans étonnement, que le goût et l'expérience commençaient à prescrire de renfermer l'action dramatique dans un espace de vingt-quatre heures. *Mélite* n'avait pas été créée d'après cette loi, et ce défaut lui était sans cesse reproché. L'auteur résolut de montrer à la malveillance que, non-seulement il était capable de se plier à la contrainte des vingt-quatre heures, mais qu'il saurait même réussir dans la tragi-comédie, qu'on affectait de présenter comme un genre supérieur. Sa pièce intitulée *Clitandre ou l'Innocence reconnue* (1632?) méritait de fermer la bouche aux juges qui avaient dénigré *Mélite*. En effet, *Clitandre* est une œuvre très-savamment enfermée dans la période fatale d'un jour, mais aussi mauvaise que toutes celles dont s'étaient engoués de prétendus beaux esprits. Beaucoup d'entre eux furent désarmés.

Corneille reprit alors la veine qu'il avait ouverte et donna de nouveau des comédies qu'il s'efforça de faire marcher assez régulièrement; il mit à les créer un peu plus de temps et de soin que les auteurs en vogue n'en consacraient d'ordinaire à leur travail.

La Veuve ou le Traître puni (1633), *la Galerie du Palais ou l'Amie rivale, la Suivante* (1634), *la Place Royale* (1635) furent les premiers fruits de ce retour. Fidèles à l'unité de temps, ces pièces nous présentent cependant des défauts essentiels : elles sont surtout trop artificiellement compliquées. Mais on sent que l'homme qui les écrit a un système arrêté, celui de respecter le sens commun, d'observer sur le fait la réalité, d'imiter le langage des compagnies honnêtes, toutes choses qui tranchaient avec les habitudes courantes, et lui assuraient l'estime des bons esprits. En outre, on était fatigué de toutes les gravelures, ressource inépuisable et commode des poëtes médiocres : il essaya de faire rire sans être ordurier ; au lieu du comique d'équivoques honteuses, il chercha le comique des situations. On reproche, il est vrai, à ces premières œuvres de n'être pas exemptes de jargon et de subtilité ; mais un homme de génie commence par être de son siècle, avant de le réformer.

Avec la tragédie de *Médée* (1635), Corneille se montre sous un jour nouveau : plus dégagé de cette manière *précieuse* que lui-même avait déjà condamnée par un trait dans sa dernière comédie [1], il donne au langage un ton de grandeur et de dignité jusqu'alors inconnu. « L'imagination et la réflexion apparaissent appliquées enfin à des objets dignes d'elles ; des sentiments importants prennent la place des jeux puérils de l'esprit, et déjà l'on voit dans le *moi* de Médée, supérieur au *Medea superest* de Sénèque, cette concision énergique à laquelle il saura réduire l'expression des sentiments les plus fiers et les plus sublimes... Il importe peu de savoir ce que, dans *Médée*, Corneille a ou n'a pas emprunté de Sénèque ; ce n'étaient pas les modèles qui manquaient à ses prédécesseurs et à ses contemporains... Élever à la hauteur des sentiments nobles, des grands intérêts et des grandes pensées, une langue poétique qui n'avait jamais su exprimer que des sentiments tendres ou naïfs et des idées ingénieuses ou délicates, c'était ce qu'avait commencé Ronsard dans la poésie en général ; c'est ce que Corneille fit le premier dans la poésie dramatique... Son génie seul l'éleva à la hauteur des grandes choses, et il les montra comme il les avait conçues, dans toute leur grandeur. » (Guizot, *Vie de Corneille.*)

Après *Médée*, Corneille fit jouer *l'Illusion comique* (1635), où figure, non sans agrément, un personnage du théâtre espagnol, le *capitan matamore* (*mata-moros*, *Tue-Mores*), fanfaron et poltron. *L'Illusion comique* est ingénieuse et amusante, elle mériterait de n'être pas traitée avec autant de dédain qu'en ont

---

1 *La Place Royale.* — Une jeune fille, indignement trahie, éclate en reproches aiguisés. Son amant, qui l'écoutait, se moque d'elle et lui répond sans s'émouvoir :

« Vous êtes en colère et vous dites des pointes.

montré les critiques et Corneille lui-même, mais à cette date
de 1635, le poëte se préparait à l'enfantement de son premier
chef-d'œuvre, il allait créer *le Cid*.

Corneille, sous des apparences de timidité, d'humilité même,
sentait déjà les ressources de son génie, mais il avait besoin
pour se hasarder à produire des beautés nouvelles, sinon d'un
guide, au moins d'une autorité sur laquelle il pût s'appuyer.
Un ancien secrétaire de Marie de Médicis, M. de Châlon, qui,
dans sa vieillesse, s'était retiré à Rouen, y connut notre poëte,
que recommandaient son honnêteté, ses succès précédents et
même la faveur de Richelieu, car Son Éminence l'avait appelé à
collaborer sous ses yeux, en compagnie de l'Étoile, de Boisrobert, de Rotrou et de Colletet, aux comédies qu'Elle dessinait
dans ses moments de loisir et dont les *cinq auteurs* remplissaient
le canevas. Il y avait bien eu quelques nuages dans l'amitié du
cardinal pour Corneille; peut-être même la présence de celui-ci
à Rouen, à l'époque où M. de Châlon l'y voyait, tenait-elle à
quelque disgrâce, à quelque brouillerie. Quoi qu'il en soit, M. de
Châlon lui conseilla d'étudier les auteurs espagnols et s'offrit
à le servir dans ses recherches. Guillen de Castro en 1618
avait mis au théâtre le sujet populaire et romanesque du Cid;
il y avait puisé le sujet de deux comédies (lui-même leur avait
donné ce titre). La première fournit à Corneille l'idée d'une
tragédie dont l'apparition marque un moment décisif dans l'histoire de l'art dramatique (1636).

CHAPITRE XXII

Le public français, dans son vif désir de voir l'art dramatique élevé à la hauteur des autres gloires nationales, s'était
souvent hâté de porter aux nues des œuvres médiocres ou
incomplètes : vingt fois séduit par de fausses beautés, il avait
naïvement admiré le clinquant et l'avait pris pour de l'or. Bientôt désabusé d'une erreur, il se livrait à quelque nouveau sujet
d'illusion. Mais en voyant *le Cid*, on comprit que le poëte si
longtemps espéré venait de se trouver lui-même et se montrait,
libre, audacieux, imposant et fort. Il y eut comme un cri d'admiration. Rodrigue était si beau, Chimène si noble, don Diègue
si ferme et si touchant! Toutes les inventions d'un faux esprit,
toutes les bizarreries d'une imagination désordonnée, toutes
ces extravagances que l'on avait supportées, admirées même
jusque-là, disparurent tout à coup du moment que la vérité s'introduisit dans l'art.

Ce fut alors comme une déroute subite de tous ces piètres

auteurs qui encombraient l'hôtel de Bourgogne, les Julien de
Guersens, les Regnault, les Bouscal, les Durval, les Pierre
Marcassus, les Rampale, les Bazère, les Frénicle, les Borée.
D'autres, plus estimables pour leur esprit, mais qui ne se recommandaient que par des mérites secondaires, Gombauld,
Benserade, la Calprenède, Boisrobert et Douville, son frère,
virent chanceler leur réputation. Et Richelieu, quel ne dut pas
être son dépit, lorsqu'un de ses pensionnaires, un auteur qu'il
avait jugé médiocre et *sans esprit de suite*, souleva les applaudissements de la France entière ! Quel contraste que celui de la
fortune du *Cid* avec celle de *Mirame* que le cardinal avait fait
représenter en 1629 sous le nom du complaisant Desmarets de
Saint-Sorlin ; *Mirame* était tombée et coûtait pourtant plus de
cent mille écus dépensés par Son Éminence en costumes et en
décors, — sans compter les veilles poétiques du grand ministre.

Mais aussi Corneille avait rencontré ce qui vaut mieux que
tous les oripeaux de la mise en scène. Une langue toute nouvelle au théâtre remuait puissamment les cœurs ; au lieu de
fictions mythologiques, de fadeurs bocagères et d'aventures
étranges, la scène retentissait éloquemment des mots magiques
de *devoir* et *d'amour*. Si le grand ressort du théâtre antique
avait été la fatalité, le poëte français venait de saisir un moyen
d'émotion tout moderne en faisant parler les exigences du point
d'honneur, qui était en quelque sorte une religion pour ses contemporains, pour cette génération ardente et belliqueuse à peine
comprimée par la verge de fer du terrible Richelieu et destinée
aux luttes de la Fronde. En un sujet espagnol, Corneille n'avait
voulu prendre que les sentiments propres à toucher les cœurs
français. Au *Cid* de Guillen de Castro les mœurs naïves,
héroïques, la rude générosité, la foi enthousiaste, l'exaltation spontanée de l'orgueil castillan ; au *Cid* de la France, la
chaleur, la jeunesse amoureuse et vaillante, les combats pathétiques entre le devoir et la passion. Voilà le partage, tel que
l'avait opéré Corneille, et c'est par ce discernement profond
qu'il était arrivé, simplement et sans fracas, au comble de
son art.

Quelqu'un se présenta cependant pour apporter la protes-

tation publique des auteurs humiliés ; ce fut un rimeur fougueux,
un pourfendeur de gens, le fanfaron Scudéry, l'auteur de *Lyg-
damon*, d'*Orante*, du *Prince supposé* et de quelques autres chefs-
d'œuvre, auxquels il devait ajouter bientôt une dernière merveille, *l'Amour tyrannique* (1638). Son manifeste commençait
par ces mots : « Il est de certaines pièces, comme de certains
animaux qui sont en la nature, qui de loin semblent des étoiles,
et qui de près ne sont que des vermisseaux. » *Le Cid* était,
suivant lui, une pièce de ce genre et il le prouvait. On regrette
pour le caractère de Mairet que, égaré par la jalousie, il ait
souscrit à de pareilles grossièretés. Corneille refusa de répondre
à ces injures avant qu'on lui eût donné des raisons. Scudéry
n'en trouvait pas de très-fortes, mais il se dédommagea par des
invectives nouvelles et conclut en déférant *le Cid* au jugement
de l'Académie, qui, créée depuis 1635 par le cardinal de Richelieu, accepta cet arbitrage, mais sur une invitation formelle de
son redoutable protecteur et maître. La commission chargée de
la censure de Corneille s'acquitta du moins avec décence de la
tâche qui lui était imposée, et son travail est un modèle, non
d'élévation et de sagacité, mais de discussion modérée et polie.

Le bruit des plaintes furibondes de Scudéry et de ses amis
durait encore, mais Corneille reprit sa tâche avec fermeté. Cependant, s'il résolut d'exploiter encore les sentiments nobles
dont il avait connu la puissance par le succès du *Cid*, il abandonna les sujets modernes. Les critiques suscitées contre lui le
détournèrent donc d'une voie où peut-être il eût créé pour la
France une tragédie entièrement nationale. Avec l'espérance de
suivre plus facilement les règles qu'on lui recommandait d'observer, il remonta vers l'antiquité en allant demander à Rome
l'enthousiasme du patriotisme et de la vertu stoïque dans *Horace* (1639)), *Cinna* (1639), *Pompée* (1641), *Sertorius* (1662).
Dans *Polyeucte* (1640), il chercha au sein des premiers siècles
du christianisme naissant l'enthousiasme de la religion. Ce sont
là les tragédies d'idée et de sentiment que nous offre son théâtre :
il y a joint la tragédie de caractère et la tragédie d'intrigue.
Dans le premier genre brille *Nicomède* (1652), le vaillant et
ironique adversaire de la puissance romaine. A la tragédie

d'intrigue appartiennent *Héraclius* (1646) et *Rodogune* (1644); mais l'intérêt de curiosité qui y domine n'empêche pas le poëte d'y placer, en même temps que des caractères exceptionnellement héroïques ou grandioses, ces traits sublimes et ces pensées fortes qui lui sont familières. Il aborda ainsi toutes les formes de la tragédie, laissant à toutes une empreinte énergique et neuve. Non content de cette variété de créations tragiques, il produisait encore une comédie héroïque, *Don Sanche d'Aragon* (1651), des opéras, *Andromède* (1650), *la Toison d'or* (1661), *Psyché* (1670, — en collaboration avec Molière et Quinault); enfin il donnait à la France la première comédie de caractère, qui marque réellement le point de départ d'une carrière illustrée depuis par des chefs-d'œuvre dont l'immortelle beauté, tout en dépassant le modèle laissé par Corneille, ne saurait nous rendre ingrats envers le créateur du genre; la pièce du *Menteur* (1640) doit rester l'objet de notre reconnaissance pour les plaisirs décents et nobles dont elle a fourni l'idée.

La poésie de Corneille n'est pas de celles qu'un pastiche peut reproduire, et l'on n'a plus vu depuis cette fermeté sentencieuse du tour, cette alliance admirable de la gravité de la pensée avec l'expression la plus familièrement simple, ce style nerveux et plein qui tantôt sert au raisonnement et tantôt à la passion comme d'une trame solide, cette coupe hardie du dialogue, ces brillants combats de mâles paroles aussi fières que promptes. Un écrivain de cette puissance est nécessairement inimitable comme il est original, même quand il imite. On a souvent rappelé non sans raison que Corneille emprunte à plaisir à Lucain et à Sénèque, mais en corrigeant la froideur de l'un par la véritable passion, et l'emphase de l'autre par la vigueur d'une logique nerveuse : tant il empreint de son cachet tout ce qu'il touche! Mais c'est là le péril de ces hommes dont la personnalité s'accuse fortement : leurs chutes, lorsque par hasard ils tombent, sont démesurées. Aussi l'on cherche en vain le grand Corneille, dès que sa fortune lui fait défaut : s'il rencontre mal, il descend au-dessous de tout, et la critique, soucieuse d'une telle gloire, voudrait faire disparaître d'entre les œuvres qu'il nous a laissées *Théodore* (1645), *Pertharite* (1653), *OEdipe*

(1659), *Sophonisbe* (1663), *Othon* (1664), *Agésilas* (1666), *Attila* (1667), *Tite et Bérénice* (1670), *Pulchérie* (1672), et enfin *Suréna* (1674), dernier fruit de sa veine tragique. *Attila* parut la même année que l'*Andromaque* de Racine. C'est assez dire que Corneille survécut à sa propre gloire, et que, pendant seize années (sa mort arriva en 1684), le fier et vieux lutteur assista, vaincu, au triomphe de son brillant rival : lui-même, il avait affligé par l'éclat de sa réputation l'orgueil de Mairet, dont la vieillesse obscure se traîna jusqu'en 1686.

A la même génération que Corneille appartiennent, nous l'avons dit, Tristan l'Ermite (1601-1655), Du Ryer (1605-1658), Rotrou (1611-1650). Tous trois furent contraints par la pauvreté d'écrire trop vite. Cependant, chacun d'eux mérite encore l'estime. La *Mariane* de Tristan (1636) passe pour sa meilleure pièce : retouchée par J. B. Rousseau en 1724, elle lutta contre la *Mariamne* de Voltaire. Du Ryer a laissé beaucoup de traductions (que son libraire lui payait, dit-on, un écu la feuille) et dix-neuf pièces de théâtre. Le style de ses tragédies est inégal, mais atteint quelquefois à l'énergie ; son dialogue, coupé avec art, est soutenu par le raisonnement ; ses intrigues sont conduites d'un air habile et ménagées avec bonheur. *Alcionée* (1639) est écrite avec assez d'élévation ; *Saül* (1639) est animé, touchant et sévère ; *Scévole* (1646) respire l'héroïsme de la liberté. Jean Rotrou était un homme d'un caractère généreux, qui presque seul, parmi les poëtes, osa faire profession publique d'attachement pour Corneille dans le temps où le succès du *Cid* avait déchaîné tant de colères. Magistrat de Dreux en 1650, lorsque cette ville était désolée par un mal épidémique, Rotrou ne voulut pas la quitter dans un moment où sa présence y était utile : il succomba au fléau. Bien qu'il eût commencé à écrire pour le théâtre avant Corneille, Rotrou se fit disciple du grand poëte, et, l'avouant pour son maître, mit sous la protection de cette haute renommée *Saint Genest* (1647) et ce *Venceslas* (1648) célèbre par la beauté de l'exposition et des principaux caractères.

Dans le même temps, il y aurait encore à citer, mais seulement à cause du ridicule attaché à leur mémoire, la Serre, Boyer,

de Pure, Cotin, ces victimes justement immolées par Boileau ;
l'abbé d'Aubignac, qui crut s'élever, par son livre de *la Pratique du Théâtre*, à côté d'Aristote, et, par ses tragédies en
prose, opérer dans l'art dramatique une magnifique innovation ;
Scudéry (mort en 1667), dont le mérite serait mieux reconnu
sans la niaise et folle opposition qu'il a faite à Corneille, sans
l'insupportable vanité qui l'entraînait à se juger bien supérieur
au grand homme ; Scudéry, exemple curieux des retours de la
popularité imméritée : la foule fut telle à la première représentation de son *Amour tyrannique* que les deux portiers de l'Hôtel
de Bourgogne furent étouffés (1638). Aujourd'hui qui a lu
l'Amour tyrannique? Il y a plus de compte à tenir d'*Agrippine* (1654) par ce fou de Cyrano de Bergerac, qui avait ses
instants de génie : *la Mort d'Agrippine* est une œuvre puissante
et originale échappée à l'un de ces heureux intervalles de luci-
dité. La Calprenède (mort en 1663) n'avait guère la raison plus
saine, et sa tragédie de *Mithridate* est moins sensée encore que
ses romans, mais elle renferme quelques traits d'une vive imagination. Desmarets de Saint-Sorlin, outre la *Mirame*, qui avait
paru sous son nom, avait des droits plus réels à la paternité
d'*Aspasie* (1636), de *Scipion l'Africain* et d'*Érigone* (1639),
de *Roxane* (1640), de *Roxelane* et d'*Europe* (1643). Cependant
on prétend que Richelieu ne resta pas étranger à la composition
de *Roxane* et de *Roxelane*. Quinault (1635-1688) est un écrivain d'une tout autre importance, et son nom vient à cette place
comme pour annoncer que nous touchons à l'époque de Racine :
élégant et poli, harmonieux et sensé, Quinault a fait preuve de
ses qualités d'écrivain dans plusieurs tragédies et tragi-comédies,
mais sa principale gloire est ailleurs et nous le retrouverons
quand il sera question de l'opéra. Enfin Thomas Corneille
(1625-1709) appartient à la fois à l'époque où domine Pierre
Corneille et à celle de Racine. Au moment où nous sommes
parvenus, il a déjà publié huit ou dix tragédies, parmi lesquelles
Camma (1661), dont on vante le dénoûment comme un des
plus beaux qui soient au théâtre ; il va donner *Ariane*, son chef-
d'œuvre (1664). Thomas peut donc honorablement fermer la
période ouverte par le nom éclatant de son frère.

CHAPITRE XXIII.

Nous avons vu Corneille abandonner la comédie en 1635 : il
y revint en 1642. « Étant obligé au genre comique de ma première réputation, je ne pouvais, dit-il lui-même, l'abandonner
tout à fait sans une sorte d'ingratitude. » De cet heureux retour est née en France la comédie de caractère que nul ne soup-
çonnait encore.

En 1642, si le théâtre sérieux avait déjà, grâce à Corneille,
plusieurs types régulateurs, l'autre théâtre était livré à une
profonde anarchie. Personne n'y observait de règle, et les auteurs, suivant leur fantaisie, tantôt obscènes, tantôt prétentieux et boursouflés, entassaient pièces sur pièces, sans qu'elles
méritassent de vivre plus de temps que leur composition n'en
avait coûté. Le nombre de celles qui souffrent une sorte d'exception se réduirait peut-être aux *Galanteries du duc d'Ossone*
(1627), à l'*Hypocondriaque (ou le Mort amoureux)* de Rotrou (1628), enfin aux *Visionnaires* de Desmarets de Saint-Sorlin
(1637). Cette dernière avait obtenu un grand succès parce que,

dans la galerie de fous que l'écrivain déroulait, le public crut voir un certain nombre de visages qui lui étaient familiers. D'ailleurs, il y a de l'esprit et de la gaieté dans ce défilé de gens qui viennent successivement auprès du vieux et simple Cassandre pour lui demander sa fille en mariage. Comme il se sent toujours plus d'inclination pour le dernier venu, Cassandre contracte tour à tour quatre engagements. On estime encore quelques-unes des caricatures que renferme cette pièce à tiroirs ; elle est surtout curieuse comme document, parce qu'elle offre une revue à peu près complète des ridicules littéraires de l'époque.

Mais il faut arriver à la comédie de Corneille, au *Menteur*, pour trouver enfin de l'agencement, de l'art, un plan, du style. Il est vrai qu'on lui reproche de rendre amusant un caractère assez honteux, mais il est rare qu'un genre soit porté tout d'un coup à sa perfection. La suite du *Menteur*, que Corneille fit jouer en 1645, quoique moins généralement goûtée, est cependant fort plaisante : Voltaire en a fait l'éloge.

La littérature espagnole avait fourni de grands et nobles modèles au poëte : c'est à la même source qu'il puisa le sujet du *Menteur*, en partie imité, en partie littéralement traduit de *la Verdad suspechosa* (*la Vérité suspecte*), de don Juan Ruis d'Alarcon. D'autres productions comiques, contemporaines du *Menteur*, ou qui le suivirent de près, furent également exploitées par Beys, la Tissonerie, le Métel de Douville, Boisrobert, Debrosses, Sallebray, la Calprenède, Rotrou, Thomas Corneille, Quinault. Mais de tous les imitateurs, le plus heureux ou le plus gai fut Scarron. Son théâtre est entièrement espagnol ; si l'on excepte les personnages des valets, qui sont des créations à lui, les dix ou douze comédies qu'il a produites, et parmi lesquelles on se souvient surtout de *Jodelet* et de *Don Japhet d'Arménie* (1655) sont calquées ainsi lettre pour lettre. Il faut dire que la seule création qu'il ait intercalée dans ces drames espagnols est précisément ce qu'ils ont de plus divertissant. On s'amuse et avec raison de son Jodelet et de son Crispin, hâbleurs égrillards, gourmands et poltrons.

Au milieu de ses extravagances, Scarron eut le bon sens de

maltraiter aussi souvent qu'il le put le faux esprit et le jargon introduits jusque chez les bourgeois par l'autorité de l'hôtel de Rambouillet ; mais sa plaisanterie, son *burlesque,* portaient souvent trop bas pour être une leçon salutaire. Il appartenait à Molière de corriger et la cour et la ville d'une affectation à laquelle les plus grands hommes, Corneille et Bossuet même, ont quelquefois payé leur tribut : *les Précieuses* (1659) devaient opérer ce prodige.

Il y avait alors au palais du Petit-Bourbon, à Paris, une troupe nouvellement établie par permission du roi et qui alternait, pour les représentations, avec une troupe de comédiens italiens autorisés à paraître sur la même salle. Le directeur, comédien lui-même, jouait avec un zèle passionné dans la tragédie, quoiqu'il y fût médiocre, et avec beaucoup de succès dans la comédie, où il ne paraissait qu'à contre-cœur ; du reste, habile homme et très-expérimenté, car il avait commencé, dès 1645, à monter sur un théâtre, et couru ensuite la province, depuis 1646, avec les camarades qu'il venait de ramener à Paris. Admis à jouer avec eux devant le roi, au Louvre, il avait plu dans le rôle de *Nicomède* et surtout diverti un auguste parterre par une de ces farces bouffonnes, *la Jalousie du Barbouillé* et *le Médecin volant* dont il avait précédemment amusé les provinciaux. Le compliment qu'il fit au roi à cette occasion fut tourné d'assez bonne grâce pour que le roi donnât ordre de mettre une salle à la disposition du directeur, comédien et poëte. Molière (car c'était lui) put alors offrir au public de la capitale deux comédies d'intrigue, *l'Étourdi* et le *Dépit amoureux,* la première déjà représentée à Lyon en 1653, la seconde à Béziers en 1656 : c'étaient là, pour les Parisiens, deux nouveautés assez agréables, car elles étaient plus fermement écrites que les pièces données depuis quelque temps au théâtre ; la versification en était spirituelle, aisée, l'action gaiement conduite. Elles réussirent et firent oublier les derniers succès du théâtre plaisant : *le Pédant joué,* de Cyrano de Bergerac (en cinq actes, en prose, 1650), où l'auteur avait néanmoins produit quelques originaux copiés d'après nature et des personnages rustiques dont le type est resté longtemps populaire, Pierrot, Lucas,

Matthieu Garreau; le *Parasite*, de Tristan (1654), œuvre invraisemblable, mais gaie, quoique un peu lourde; *les Illustres fous*, de Beys; *le Berger extravagant*, de Thomas Corneille; *les Rivales*, de Quinault; *l'Eunuque*, de la Fontaine, qui n'avait pas encore trouvé le véritable domaine de son génie, toutes ces pièces furent effacées par *l'Étourdi* et *le Dépit amoureux*, plus nouveaux (ce qui était déjà un mérite) et plus habilement présentés. On ne soupçonnerait cependant pas en les lisant quel homme devait être Molière; c'est ce que lui révélèrent peut-être à lui-même les applaudissements sympathiques accordés aux *Précieuses ridicules*. Il put s'enhardir; il osa s'abandonner à son génie pour l'observation et la satire des travers humains. Ramenant la comédie au but précis qu'elle avait jusque-là si rarement aperçu en France, il fit la guerre, non pas aux vices, car on ne corrige pas les vicieux par les armes de la comédie, mais aux ridicules, et pas un de ceux qu'il a touchés n'a survécu, au moins sous la forme que le poëte a voulu détruire. Après Molière, quelle femme n'a pas redouté d'être appelée une *précieuse?* Quel marquis n'a pas essayé de perdre les airs évaporés et le bavardage impertinent? Les médecins sont devenus plus modestes et moins gourmés; les bourgeois enrichis ont continué peut-être à trancher du gentilhomme, mais en se gardant de laisser exploiter leur faible par des escrocs de qualité. Plus d'un homme vertueux, en voyant Alceste, s'est dit tout bas qu'il fallait rester homme d'honneur, mais sans porter dans la vertu un rigorisme déplacé.

Lorsque Molière s'est attaqué aux vices, ce n'a pas été avec l'espoir de les vaincre : l'hypocrisie de Tartufe est un péril éternel, un mal éternel. Ce qu'il a voulu, c'est seulement de peindre l'hypocrite et de dire à tous les honnêtes gens : « Voilà l'ennemi, voilà par quels chemins on vient vous surprendre, voilà comment on s'empare de votre jugement et de vos biens. Soyez attentifs et défendez-vous. »

Les *raisonneurs* de ces comédies sont de sages et aimables moralistes, qui reçoivent du poëte la mission salutaire, non de prêcher, mais de découvrir à chacun où est le bon sens, où sont les véritables intérêts de tout homme, où l'on doit, où l'on peut éviter d'être pris pour dupe ou pour sujet de risée. Leur morale est le code des honnêtes gens ; leur politesse et leur prudence sont l'exemple du goût, de l'esprit, du tact, du bon ton. Par l'idée qu'il s'est faite de la comédie et de l'utilité qu'elle peut offrir, Molière est véritablement admirable : la justesse de son esprit l'a sauvé de l'erreur commune à tant de poëtes qui ont vu dans leur art un moyen de correction applicable à toute chose et qui se seraient établis volontiers les pédagogues et les directeurs de tout le genre humain. Dans l'exécution, Molière ne nous ravit pas moins ; car il embrasse, avec une supériorité constante, toutes les parties de son art. En effet, il ne nous présente pas seulement le modèle de la comédie française par excellence, de la comédie de caractère ; il a su encore s'approprier avec un singulier bonheur ce qu'il y a de plus vif et de plus beau dans le théâtre comique de l'Espagne et de l'Italie. On peut même affirmer que la comédie moderne tout entière se résume dans ses œuvres ; la comédie d'intrigue, le comique noble, le bourgeois, le populaire, le fantastique, les pièces à tiroir, la comédie-ballet, la comédie héroïque, le drame, tous les genres enfin et toutes les formes ont été marqués également de son inimitable cachet. Et que l'on ne dise pas que l'action est faible dans ses pièces : s'il l'atténue quelquefois, s'il en modère la vivacité, comme par exemple dans *le Misanthrope*, c'est pour laisser les caractères se dérouler plus largement. Ailleurs, quand il l'a voulu, comme dans *l'École des maris* et surtout dans *l'École des femmes*, ne l'a-t-il pas tissue avec une dextérité merveilleuse? Et les expositions! Qu'elles sont promptes, claires ! comme elles dessinent sur-le-champ la physionomie de tous les personnages! Sans doute, on a pu trouver faibles quelques-uns de ses dénoûments ; mais est-on bien assuré que, dans certains genres de comédie, le dénoûment ait une grande importance? n'est-il pas, au contraire, presque nécessairement incomplet? ne comporte-t-il pas une sorte de négligence et de sans façon, lorsqu'on s'est proposé la peinture de certains défauts essentiels? La vraisemblance, loin d'être heurtée, exige alors que l'on ne nous présente pas des habitudes invétérées de caractère comme disparaissant en un jour sous l'influence d'un événement quelconque. Molière paraît l'avoir ainsi compris et avec raison.

Parlerons-nous maintenant de son style, si franc, si net, si naturel, si énergique? Rappellerons-nous cette versification pleine et abondante, semée de tant de traits qui sont devenus proverbes? Et sans parler de ses pièces en vers dont chacune est un chef-d'œuvre, dirons-nous que Fénélon, qui le juge souvent avec sévérité, faisait un cas particulier de sa prose dans l'*Avare*, dans *Don Juan*, dans *les Fourberies de Scapin*? Mais que seraient nos éloges, sinon la démonstration superflue de ce que tout le monde a senti? Ce serait aussi une défiance presque injurieuse pour nos lecteurs de supposer qu'ils attendent de nous l'analyse des nombreuses pièces laissées par Molière : notre tâche peut évidemment se réduire à faire embrasser d'un coup d'œil la série des œuvres dramatiques du grand poëte à qui l'on doit encore un morceau qui n'est pas à mépriser dans le genre descriptif et didactique, *la Gloire du Val de Grâce*.

Deux petites pièces dans la manière italienne, appartenant l'une et l'autre au répertoire de la troupe ambulante de Molière, *la Jalousie du Barbouillé* et *le Médecin volant*, ont été retrouvées et publiées en 1819.

Aucun caractère suffisant d'authenticité ne s'attache au *Docteur amoureux* que le directeur d'un théâtre de Paris prétendait, il y a quelques années, avoir découvert inopinément et qu'il faisait jouer avec assurance, mais sans convaincre le public que ce ne fût pas là un pastiche assez habile.

D'autres facéties, que les registres du théâtre de Molière lui attribuent, ne sont pas parvenues jusqu'à nous. Ce sont, outre *les Docteurs rivaux* et *le Maître d'école*, *Gros-René écolier* (joué en 1659), *le Docteur pédant* (1660), *Gorgibus dans le sac* (1661), *la Jalousie de Gros-René* (1665), *le grand Benêt de fils aussi sot que son père* (1664), *la Casaque* (1664), enfin *le Fagotier*.

Viennent ensuite dans l'ordre du temps les pièces qui ont passé, non sans des altérations assez nombreuses d'orthographe, de style et même de forme dramatique, dans toutes les éditions du poëte.

14.

(1655, à Lyon).—1658 (à Paris). *L'Étourdi.*

(1656, à Beziers).—1658 (à Paris). *Le Dépit amoureux.*

1659.—*Les Précieuses ridicules.*

1660.— *Sganarelle.*

1661.—*Don Garcie de Navarre, l'École des maris, les Fâcheux.*

1662.—*L'École des femmes.*

1663.— *La Critique de l'École des femmes, l'Impromptu de Versailles.*

1664.— *Le Mariage forcé, la princesse d'Élide.*

1665.—*Don Juan, l'Amour médecin.*

1666.—*Le Misanthrope, le Médecin malgré lui.*

1667.—*Le Sicilien.*

1668.—*Amphitryon, Georges Dandin, l'Avare.*

1669.—*Tartufe, M. de Pourceaugnac.*

1670.—*Le Bourgeois gentilhomme.*

1671.—*Les Fourberies de Scapin, Psyché* (par P. Corneille, Quinault et Molière).

1672. — *Les Femmes savantes, la| Comtesse d'Escarbagnas.*

1673. — *Le Malade imaginaire.*

A côté du grand nom de Molière, on trouve, de son vivant, au répertoire de sa troupe, indépendamment de tragédies composées par Magnon, Boyer, Thomas Corneille, de Prades, P. Corneille (*Attila, Tite et Bérénice*), J. Racine (*la Thébaïde, Alexandre*), des comédies signées de noms, les uns obscurs (Brécourt, Subligny, Mme de Villedieu), les autres plus connus (Th. Corneille, Visé, Quinault, Hauteroche). Passons rapidement en revue non pas les pièces comiques, chacune à leur date, mais les auteurs.

Brécourt serait absolument oublié sans une anecdote qui se rattache à sa *Noce de village.* On prétend que Molière lisait un jour à sa servante, la vieille Laforêt, cette médiocre pièce et voulait faire croire qu'il en était lui-même l'auteur, mais que le bon sens de la judicieuse Aristarque ne prit pas le change.

Subligny composa *la Folle Querelle ou la Critique d'Andromaque.* Racine crut reconnaître à quelques traits la main de

Molière qui avait été si bienveillant pour lui au moment de ses débuts, et qu'il avait ensuite cessé de voir : *la Folle Querelle* les brouilla décidément.

Mᵐᵉ de Villedieu n'a de nom que pour avoir écrit certains romans trop libres de la part d'un auteur de son sexe : personne ne se souvient ni du théâtre comique ni des tragédies qu'elle a laissées.

On a conservé au répertoire une comédie de Thomas Corneille, *le Baron d'Albicrac* (1668), assez jolie pièce, finement dialoguée et bouffonne. Thomas a mis en vers le *Don Juan* de Molière ; mais ce travail, quoique conçu dans un bon esprit et longtemps joué, par préférence à l'œuvre en prose, n'est plus aujourd'hui regardé que comme l'application curieuse d'un talent souple et facile.

Quinault se maintient, au contraire, à un rang honorable dans la comédie pour sa pièce de *la Mère coquette* (1664), qui, plus animée, ne serait pas indigne d'être mise en parallèle avec telle ou telle pièce de Molière. Quinault est un des derniers auteurs qui aient composé des tragi-comédies.

Visé fut historiographe du roi et fondateur du Mercure galant que la Bruyère plaçait *juste au-dessus de rien*. Le jugement peut être étendu aux comédies de Visé.

Hauteroche est, au contraire, un poëte amusant, toujours en fonds de gaieté. Il est vrai que cette disposition dégénère quelquefois en bouffonnerie, comme dans *Crispin médecin* (1680), mais ses vers sont habituellement aisés, de même que sa prose est naturelle. Ses douze ou treize comédies ont presque toutes une très-bonne ordonnance, des scènes variées ; il donne surtout aux valets d'assez heureuses ressources d'esprit. Hauteroche, frondeur impitoyable, peignit avec plaisir et malice les mœurs bourgeoises de son temps.

L'Hôtel de Bourgogne et l'Hôtel du Marais, malgré la concurrence de la troupe que Molière avait conduite et établie à Paris, subsistèrent jusqu'en 1680, époque de la fusion des trois théâtres. C'est sur cette double scène, et plus tard sur celle du théâtre royal, héritier des trois troupes, que parurent divers ouvrages auxquels on doit un moment d'attention.

Aux sanglantes moqueries prodiguées par Molière dans *l'Impromptu de Versailles*, de Villiers, comédien de l'Hôtel de Bourgogne, nommément atteint, opposa *la Vengeance des marquis*, et Montfleury *l'Impromptu de l'hôtel de Condé*. Chalussay prit la défense des médecins dans *Élomire* (anagramme de *Molière*) *hypocondre*. Boursault (1638-1701) eut le malheur de compter également parmi les ennemis de Molière, qui tira peut-être une vengeance trop rude dans *l'Impromptu* de la critique réellement assez fine et délicate que Boursault avait faite de *l'École des femmes* dans le *Portrait du peintre*. On a, du même auteur, *Ésope à la cour*, *Ésope à la ville*, dont l'illustre Montesquieu a fait un bel éloge, *le Mercure galant*, trois pièces à tiroir, plaisamment consacrées à la satire ingénieuse des ridicules. Dans ses vers faciles, Boursault passe avec habileté du sérieux au comique, du comique à la morale et de la morale à une aimable ironie.

Champmêlé, mari de l'actrice la plus célèbre du XVIIe siècle, a saisi heureusement, dans *les Grisettes*, *la Rue Saint-Denis*, *le Parisien*, les ridicules des petites sociétés bourgeoises. Comédien lui-même, il trouvait sans peine des incidents agréables, des situations neuves. Il a composé en société avec la Fontaine *le Florentin* (1685), *la Coupe enchantée* (1688), *le Veau perdu*, *Je vous prends sans vert*.

L'ingénieux Saint-Évremond, dans *les Académistes* et dans *sir Politik*, pièce faite à l'imitation du goût anglais, à fait voir, par un exemple de plus, qu'il ne suffit pas d'avoir beaucoup de vivacité et d'enjouement pour composer de bonnes comédies.

Raymond Poisson, acteur renommé pour les rôles de Crispin, personnage dont il est l'inventeur, composa plusieurs pièces, *Lubin ou le Sot vengé*, *l'Après-souper des auberges*, *le Poëte basque*, etc., dont le fond est assez pauvre, mais qui sont dessinées avec intelligence. *La Hollande malade* (1672) est une comédie de circonstance où l'on voit la France, l'Espagne, l'Allemagne, l'Angleterre, traiter suivant leur intérêt la patiente tourmentée par la guerre. L'idée parut plaisante alors, parce qu'elle était neuve. De même, dans *le Baron de la Crasse* (1662), on rit de voir introduire épisodiquement un comédien de campagne qui récitait tour à tour, non sans commentaires critiques, des morceaux empruntés aux poëtes tragiques du temps.

Les Plaideurs (1668), de Racine, vont se placer tout près de Molière. Si les originaux d'après lesquels il peignit la comtesse de Pimbesche, Dandin le juge et Chicaneau, ont disparu, leurs travers survivent; nos avocats plaident, en général, moins ridiculement que l'Intimé et Petit-Jean, mais il en est encore d'assez emphatiques et d'assez prétentieux pour que le spectateur retrouve dans les plaidoyers burlesques d'un barreau de Normandie au xviiᵉ siècle la parodie frappante de quelques-unes des harangues judiciaires de notre époque. *Les Plaideurs* pétillent du reste de gaieté. On remarque aussi que la versification y est (chose singulière) le type presque complet des prétendues innovations que l'école romantique a voulu introduire de nos jours dans la poésie noble. Ce fait, longtemps peu remarqué, a son importance; car il prouve qu'il y avait, selon la pensée du poëte, deux prosodies distinctes avec leur application spéciale, l'une au théâtre plaisant, l'autre au théâtre sérieux. Aujourd'hui ces nuances sont à peu près oubliées, et les limites des genres obtiennent même infiniment peu de respect. Aux yeux de Racine, c'étaient là des convenances indispensables et qui se liaient à tout un système. Nous voyons, en lisant *les Plaideurs*, comment il entendait la liberté comique; suivons-le maintenant dans la composition de son théâtre tragique.

CHAPITRE XXIV.

Racine avait commencé, sous les auspices de Molière, par unir l'imitation de Corneille à celle de la littérature poétique et romanesque des Italiens. *Les Frères ennemis ou la Thébaïde* (1664) et *Alexandre* (1666) appartiennent à cette première manière du poëte. Cependant son éducation littéraire, malgré l'austérité des maîtres de sa jeunesse, MM. de Port-Royal, avait été trop saine pour qu'il demeurât longtemps un simple imitateur, un disciple brillant, mais servile. En outre, de constantes et fortes études sur l'antiquité grecque façonnaient son esprit et son goût, en nourrissant son courage. Aussi osa-t-il rêver pour la tragédie un art différent de celui de Corneille : *Andromaque* parut (1667) et avec elle fut inaugurée comme une poétique nouvelle du théâtre sérieux. C'est alors, en effet, que commence ce que l'on peut appeler le système *classico-français*.

Depuis les jours remplis par la gloire de Corneille, il s'était opéré en France des changements profonds. Sous l'autorité do-

minatrice de Louis XIV, les esprits les plus fermes s'étaient
pliés ; ce n'était plus le temps de cette fierté de l'âme, de cette
indépendance presque républicaine, qui s'étaient réfléchies dans
la pensée de Corneille et respiraient dans ses vers. Des sentiments nouveaux avaient pénétré partout : la société, devenue
régulière et calme, se polissait elle-même ; religieuse, royaliste,
adoucie, elle laissait l'esprit d'opposition et le péril de l'humeur
frondeuse à quelques grands seigneurs attardés avec un petit
nombre de poëtes médiocres dans une sorte de résistance stérile. Pour elle, le bon ton et le bon goût étaient un besoin, la
discrétion et la mesure un devoir, les convenances une loi. Racine s'éleva comme l'interprète véritable de son époque ; elle se
reconnut aussitôt et avec bonheur dans l'élégante image qu'il
lui présenta d'elle-même.

Les défauts de cette société contemporaine de Louis XIV ont
fait en partie ceux du poëte et de son système dramatique.
L'histoire ne put désormais se traduire sur la scène qu'avec un
visage et une parure en quelque sorte uniformes ; l'intérêt si
varié de ses tableaux fut amoindri, ses naïves peintures ne purent être tolérées, parce que la réalité humaine, dans son ensemble, manque nécessairement de noblesse et de grandeur :
il fallut se réduire à présenter seulement l'élite du monde, les
classes les plus relevées, les caractères les plus contenus, les
passions idéalisées. Le drame perdit de son mouvement ; l'action, de sa liberté. Une œuvre tragique devint si grave et si
soucieuse de sa propre sérénité qu'il fallut mettre les catastrophes en récit et les fureurs en dialogue. Vainement le nom des
personnages rappelait la simplicité des mœurs héroïques ou la
grossièreté d'une nation barbare : héros d'Homère ou d'Euripide, Romains, Turcs même ! tous observèrent l'étiquette moderne et les bienséances, tous parlèrent le style raffiné, courtois
de la galanterie.

Ces inconvénients du système classique sont manifestes ; mais
ils trouvent une ample compensation dans les avantages qui
l'ont légitimement soutenu pendant un si grand nombre d'années.

Si le *réalisme* dans l'art permet à la passion de paraître plus

émouvante, la mise en scène des types abstraits impose davantage par la noblesse; elle a plus aisément la pureté, la grâce,
la perfection; elle rend plus sûre et plus large l'analyse des
passions; elle découvre aux yeux des types qui peuvent devenir
impérissables. Un poëte spiritualiste est plus libre, et par conséquent plus complet : il n'a pas un individu à peindre uniquement, mais par un travail qui lui est propre, il fond dans un
ensemble harmonieux tous les traits analogues que lui fournit
l'observation de personnages divers. Ce n'est pas un ambitieux,
un avare, un homme amoureux qu'il vous fait voir, c'est l'ambition, l'avarice, l'amour même. Dès lors, la couleur locale, la
scrupuleuse observation du costume et de la vérité historique
ne sont plus que d'un intérêt subalterne : la vérité philosophique
devient le point essentiel. Par une analogie facile à constater,
le style à son tour veut plus de douceur, d'égalité, de plénitude,
et moins de mouvement, d'images, de hardiesse. Telle est la
tragédie d'après l'idée que Racine s'en était faite, et c'est par
cette conception heureuse, non moins que par la supériorité de
sa versification et de son expression, qu'il est un poëte sans rival.
Il se présente sous ce jour à partir de son *Andromaque*. Là,
dans une action une et variée tout à la fois, il déroule le spectacle des déchirements et des inconséquences des passions, il
révèle une connaissance égale de la scène et du cœur humain.
Dans *Britannicus* (1669), œuvre plus grave, plus historique et
que Voltaire nommait la pièce des connaisseurs, il lutte d'énergie avec Tacite; dans *Bajazet* (1672), dans *Mithridate* (1675),
de hauteur et de force avec Corneille, qu'il avait surpassé, en
1670, par le charme et la mélancolique tendresse de cette *Bérénice*, également peinte par Corneille, mais avec une touche
pesante. Le théâtre d'Euripide lui fournit le sujet d'*Iphigénie*
(1674) et celui de *Phèdre* (1677) : il les a traités l'un et l'autre
avec tant de nouveauté qu'ils seraient la plus belle expression
du système classique français, si Racine lui-même n'eût donné
Athalie (1692), un des prodiges de l'esprit humain. *Esther*
(1689), beaucoup moins parfaite comme drame, demeure une
merveille de style.

Le génie de Racine brille d'une telle clarté qu'on ne saurait le méconnaître : il eut néanmoins ses blasphémateurs; il se trouva des sots pour l'injurier, pour le mettre au-dessous des Boyer, des Leclerc, des Coras, rimeurs imbéciles, adversaires envieux et méprisables, tombés sans retour ainsi que Pradon, poëte de quelque mérite néanmoins, mais à qui la postérité vengeresse ne pardonne point de s'être cru l'égal, que dis-je? le vainqueur du grand homme. La vanité et le fol entêtement de l'esprit de coterie persuadèrent de même à une femme extrêmement distinguée, Mme Deshoulières, que son *Genséric, roi des Vandales* (1680), pouvait soutenir avantageusement la comparaison avec le théâtre de Racine : par bonheur, Mme Deshoulières a laissé quelques vers touchants et gracieux qui l'ont sauvée du ridicule.

Au milieu de toutes les tristes pièces que vit naître l'époque des triomphes de Racine, se montre, comme une exception, l'*Ariane* de Thomas Corneille (1672). En outre, sa tragédie du *Comte d'Essex* (1678) dessine assez fièrement l'orgueil et la passion de la reine Élisabeth, aussi bien que l'audacieuse opiniâtreté du favori.

Depuis le temps où Racine, moitié dégoût des querelles littéraires, moitié dévotion, cessa d'écrire des tragédies profanes, on rencontre, avant Voltaire, beaucoup de noms justement obscurs et quelques autres assez recommandables.

Ferrier, écrivain plus que médiocre, doit avoir une mention pour s'être hasardé, par un sujet moderne, *Anne de Bretagne* (1679), à transporter au théâtre l'histoire nationale; mais le succès trompa son attente.

Duché composa pour la maison de Saint-Cyr plusieurs tragédies sacrées; elles passèrent ensuite au théâtre. Une seule, *Absalon*, jouée en 1712, s'y maintint pendant quelque temps grâce à quelques caractères fort éloignés assurément des mœurs bibliques, mais ingénieusement appropriés aux sentiments monarchiques de l'époque.

L'abbé Genest, l'abbé Abeille, Lachapelle, Belin, Péchantré, Mlle Bernard, Mlle Barbier, Mme Gomez, Mme de Villedieu, que nous avons déjà nommée dans la comédie, furent sans doute d'honnêtes personnes qui se *mêlaient* de composer des tragédies, mais qui a le loisir aujourd'hui d'aller observer les étincelles de talent que peut-être leurs pièces renferment? On tient plus de compte de Campistron, qui eut le bon esprit d'admirer passionnément Racine, mais la maladresse de le gâter en le copiant. Il y a dans les pièces de Campistron un certain nombre de ces plagiats inhabiles qu'il serait curieux de citer pour la justification du mot célèbre : *O imitatores, servum pecus!*

Longepierre a composé quelques tragédies, lourdes de style, vides d'action, mais qui offrent des passages énergiques. Outre ses tragédies, certaines parties heureuses recommandent ses traductions de Bion, de Moschus, de Théocrite.

Lagrange-Chancel, poëte tragique à quatorze ans, auteur fameux des véhémentes et odieuses *Philippiques* dirigées contre le Régent, a porté au théâtre la vivacité de son esprit; mais d'une vingtaine de pièces qu'il a composées, *Amasis* (1701) a seule survécu. C'est, sous d'autres noms, le même sujet que la *Mérope* de Voltaire. *Amasis*, bien que l'intrigue soit d'une complication extrême et le style trop souvent bizarre, contourné, excitait toujours autrefois une assez vive émotion à la représentation.

Au contraire, toute émotion est impossible et le froid gagne invinciblement lorsque Fontenelle décore du nom de tragédies des madrigaux alambiqués; Fontenelle, si heureux dans d'autres genres d'écrits où le charme d'une élocution ingénieuse et d'une pensée extraordinairement fine pouvait suppléer à la hardiesse et à la franchise du talent.

Il y a plus de fermeté dans les tragédies de Houdard de Lamotte, qui essaya du sublime dans *les Machabées*, de l'héroïque dans *Romulus*, du pathétique dans *Inès de Castro* (1723). Celle-ci obtint tous les honneurs du genre; car elle fut, nonseulement applaudie à outrance, mais parodiée fort gaiement par le théâtre de la Foire. Ces trois pièces de Lamotte, ainsi qu'une autre, *Œdipe*, sont écrites en vers. Plus tard, il prit les vers en haine, voulut les faire bannir des différents genres de littérature et remit son *Œdipe* en prose.

Avec le *Manlius* de la Fosse (1698), paraît le premier symptôme de l'influence que devait exercer la littérature anglaise sur

la France du xviiiᵉ siècle. Manlius est imité de la *Venise sauvée*
d'Otway. Le poëte étranger avait pris lui-même l'idée de sa
pièce dans une petite et célèbre composition historique de l'abbé
de Saint-Réal, *la Conjuration des Espagnols contre Venise*.
La Fosse est un écrivain hardi, sentencieux, dramatique : sa
manière est souvent digne de Corneille pour la gravité et le
trait puissant. Ce caractère ne laisse pas d'être remarquable,
si l'on se rappelle que la Fosse avait traité, dans une dissertation en italien, cette question digne des anciennes cours
d'amour : « Lesquels sont les plus beaux des yeux bleus ou des
yeux noirs ? »

Il est également assez bizarre de voir que le romancier le
plus libertin du xviiiᵉ siècle soit le fils du poëte tragique le
plus sombre, de Crébillon. Toute la poétique de Crébillon est
dans ce mot qu'on lui attribue : « Corneille avait pris le ciel,
Racine la terre ; il ne me restait plus que l'enfer ; je m'y suis
jeté à corps perdu. » Son théâtre est, en effet, sombre et noir à
plaisir ; l'horrible en est la ressource, et la terreur le but.
Grand, s'il était de grands poëtes sans un style pur ou sublime
et sans l'art de composer, Crébillon a passé longtemps pour
une sorte d'Eschyle français : ceux qui le jugeaient ainsi
n'avaient évidemment pas lu Eschyle ; mais après tout il ne faudrait pas abaisser non plus au-dessous de son juste niveau cette
réputation jadis exagérée par des spectateurs fatigués de tant
de pâles rapsodies qu'avait vues naître le commencement
du xviiiᵉ siècle, exagérée aussi par les cabales qui voulaient
écraser la jeune et vaillante audace de Voltaire sous le poids
des éloges sans mesure accordés à son rival. S'il est impossible
de nier que la versification de Crébillon est souvent barbare,
que les ressorts de la terreur sont exagérés dans ses pièces,
qu'il y a dans ses pensées plus de hardiesse que de philosophie,
on doit reconnaître aussi qu'il offre des situations fortes, des
images imposantes, des caractères mâles et vigoureux. Dans
l'ensemble, c'est un poëte de second ordre, qui eut des inspirations plus ou moins heureuses, mais qui n'a jamais su se travail-
ler lui-même. Depuis *Idoménée*, son coup d'essai (1705), jusqu'au *Triumvirat* (1754) qu'il fit représenter à l'âge de plus de

quatre-vingts ans, on compte quelques beaux succès et pas un
progrès. Dans *Rhadamiste et Zénobie,* son chef-d'œuvre (1711),
il y a plus de bonheur, et non plus de qualités, que dans
Électre, Sémiramis, Xerxès, Pyrrhus et *Catilina.* Crébillon,
sous ce point de vue, trompa entièrement ses contemporains
qui, en applaudissant *Atrée* (1707), présagèrent au poëte la
plus brillante carrière. On espéra de bonne foi que Racine et
Corneille allaient avoir un égal : Crébillon ne peut être rappelé
à côté de ces grands hommes que pour s'être entièrement écarté
des principes consacrés par chacun d'eux. Nous arrivons au
seul tragique qui puisse leur être comparé; Voltaire seul est
digne de se nommer leur rival, et c'était l'apprécier injuste-
ment de croire que Crébillon fût le sien.

CHAPITRE XXV.

En 1718, le roi de France avait parmi ses pensionnaires à la Bastille un jeune homme emprisonné comme auteur de quelques satires offensantes pour la mémoire de Louis XIV. Ce jeune homme, pétillant de malice et d'esprit, s'était fait une réputation au collége par des talents précoces, et les jésuites Lejay et Porée, ses maîtres, avaient deviné en lui tous les caractères du génie le plus brillant. Introduit par son parrain, l'abbé de Châteauneuf, dans une société de grands seigneurs et de beaux esprits, il s'y était fait connaître sur-le-champ pour un frondeur redoutable. La police jugea bon de tempérer cette verve pétulante ; il fut donc enlevé un matin et mis sous les verrous. Le prisonnier ne se lamenta guère : au lieu de se plonger dans un sombre désespoir, il relut Sophocle, Corneille, Racine, et se mit à crayonner un poëme épique et une tragédie. Ce poëme s'appelle *la Henriade*, cette tragédie *OEdipe*, et le jeune homme Voltaire.

Il envoya le manuscrit d'*OEdipe* aux comédiens qui jouèrent la pièce au milieu des applaudissements universels. Le régent, charmé de la représentation, fit mettre Voltaire en liberté. « Soyez sage, lui dit-il, et j'aurai soin de vous. — Je suis infiniment obligé à Votre Altesse, répondit l'audacieux poëte, mais je la supplie de ne plus se charger de mon logement. »

Voilà le commencement de la fortune de Voltaire. Qu'était-ce donc que cet *Œdipe* d'un tragique de vingt-deux ans? Y trouvait-on cette hauteur et cette fierté de la muse de Corneille, cet art infini de Racine à s'emparer doucement du cœur? Ou bien, par un retour imprévu à l'imitation de Sophocle, l'écrivain s'était-il fait le contemporain du poëte le plus pur d'Athènes? La vérité, c'est que Voltaire avait substitué à la magnifique exposition de l'*Œdipe-roi* une exposition assez commune, supprimé les adieux pathétiques que le héros grec adresse à ses enfants, et, dans un tel sujet, malheureusement emprunté de Corneille l'épisode d'une ridicule intrigue d'amour. Néanmoins, on pouvait admirer déjà une touche de style hardie et ferme, l'entente des effets du drame, l'intelligente combinaison des procédés qu'avaient mis en usage les deux maîtres de la scène française, surtout la féconde chaleur de la jeunesse, et déjà quelques traits de cette hardiesse philosophique qui allait devenir l'esprit dominant de l'époque. D'ailleurs fidèle encore à la tradition du siècle passé, Voltaire composa en 1720 une seconde tragédie, *Artémire* qui échoua. Refaite, en 1724, sous d'autres noms, *Artémire* s'intitula *Mariamne* : le succès fut équivoque. La contrariété que le poëte en ressentit lui devint une leçon. Son génie était de ceux qui s'obstinent vers un but, mais ne s'opiniâtrent pas sur les moyens. Le but, c'était la gloire d'obtenir noblement l'héritage de ses fameux devanciers : peu goûtées du public après *Œdipe*, ses imitations du système ancien, quoique attentives et sérieuses, n'avaient pas réussi : Voltaire changea de voie. En 1730, à son retour d'Angleterre, il mit au théâtre une tragédie de *Brutus*, dont la fierté républicaine était déjà un trait d'audace politique, et qui, par certains détails, annonçait un changement dans la manière de l'auteur. L'innovation devait être plus profonde en 1732 lorsqu'il écrivit *Zaïre*. Ce fut là que Voltaire imprima la marque

d'un talent tragique qui n'était qu'à lui. Sans doute, on ne
trouvait pas dans *Zaïre* la mélodie du style, l'habile contexture
de l'intrigue, les savantes gradations de Racine, ou la simplicité grandiose de Corneille; mais une verve entraînante de passion, une force d'imagination, une grâce facile et rapide, jusque-
là sans exemple. La même chaleur et la même impétuosité, je
ne sais quoi de violent et d'aimable tout ensemble, anima ensuite
le héros d'*Adélaïde*, le duc de Foix (1734).

En 1736, Voltaire, frappé des ressources que pouvait fournir
le contraste d'une civilisation primitive et des mœurs raffinées
de l'Europe, s'empara de ce sujet et créa son *Alzire;* mais déjà
son système dramatique s'était fortifié ou affaibli (car les opinions à cet égard sont très-partagées) par le mélange d'un élément nouveau ; déjà le brillant écrivain voulait être, au théâtre
comme partout, plus qu'un homme de lettres, plus qu'un poëte.
Non content de charmer ses concitoyens, il voulait les instruire,
les façonner, même par le plaisir des arts, aux idées sociales
qui fermentaient dans sa tête avec une force chaque jour plus
intense. Précédemment, Voltaire avait lancé, sans doute, du
milieu de ses tragédies, les maximes d'indépendance qui se
détachaient du dialogue en traits de feu. Dès lors, il osa davantage, et chacune de ses pièces fut, avec franchise, le développement d'une pensée philosophique : *Alzire* est, avant tout,
l'apologie de la tolérance. *Zulime* (1740), refondue deux ans
plus tard et qui parut cette seconde fois avec le titre de *Mahomet
ou le Fanatisme,* c'est le portrait vigoureux des prophètes d'im-
posture. Enfin, *la Mort de César* (1743) accusa, dans toute son
impatience, une ferme volonté, un désir belliqueux, de livrer la
scène tragique à toutes les colères, à toute l'ambition juvénile
de l'esprit de liberté.

Cependant l'année même qui avait précédé la représentation
de *la Mort de César,* Voltaire, emporté par ce feu d'imagination
qui l'a rendu un homme universel, s'était senti frappé de la
beauté d'un sujet que Maffei venait de traiter avec applaudis-
sement : il refit la *Mérope* italienne, et produisit un ouvrage qui
aurait dû déconcerter la critique, *Mérope,* a dit M. de Barante,
est le monument le plus complet et le plus inattaquable du talent

tragique de Voltaire. Ce fut cependant l'époque de cette production sublime que choisirent les ennemis de Voltaire pour redoubler de fureur contre lui ; ce fut alors qu'ils affectèrent le plus vif enthousiasme pour le mérite de Crébillon : le vieux poëte se laissa porter en triomphe par la cohue de ses admirateurs improvisés et finit par trouver lui-même que M. de Voltaire pouvait bien n'être qu'un bel esprit assez médiocre. Voltaire se vengea dignement et comme il n'appartenait qu'à un homme supérieur. Reprenant des sujets traités ou, pour mieux dire, manqués par son rival, il donna successivement *Sémiramis* (1748), *Oreste* (1750), *Rome sauvée* (1752). Il était impossible d'imaginer un moyen plus simple et plus sûr de dessiller des yeux aveuglés, car les deux dernières pièces valent assurément plus que celles de Crébillon, et *Sémiramis* est un prodige de versification, d'habileté, de magnificence. On peut néanmoins lui comparer, surtout pour la beauté des situations, *l'Orphelin de la Chine* (1755), et *Tancrède* (1760, en vers croisés) à cause de l'héroïsme touchant des caractères.

Ici se termine la liste des chefs-d'œuvre tragiques de Voltaire, non que les enfants de sa vieillesse, *Olympie, les Triumvirs* (1764), *les Scythes* (1767), *les Guèbres ou la Tolérance* (1768), *les Pélopides* (1772), *Agathocle* (1779), *Irène* (1778), méritent tout le dédain dont on les accable aujourd'hui; mais les défauts de Voltaire se sont souvent exagérés en vieillissant, et l'âge, qui lui retirait une partie de ses qualités de poëte dramatique, a trop laissé voir l'usage outré des maximes philosophiques, la pente à la déclamation et à l'emphase, l'espèce de sécheresse qui résulte d'une intention continue de morigéner les hommes. Par ces dernières œuvres, Voltaire a donc révélé lui-même le danger et les tendances périlleuses de son système dramatique ; il a été, si l'on ose dire, son propre Campistron, mais en restant par l'ensemble de ses œuvres l'un des trois grands tragiques dont la France s'honore à bon droit. Auprès de lui, les autres poëtes du théâtre sérieux, ses contemporains, s'effacent complétement. Disons cependant un mot des plus connus.

Le premier, dans l'ordre du temps, est Piron, qui eut la faiblesse, malgré tout son esprit, de se croire un poëte tragique

supérieur à Voltaire. *Callisthène* (1750), *Gustave Wasa* (1733),
Fernand Cortez (1744) n'ont pas justifié l'estime où leur père
les a tenus : ils sont froids, lourds et pâteux.

Le baron de Walef, Liégeois, auteur d'une *Électre* (1731), a
mis du mouvement et de la passion dans une autre pièce dont
le sujet a été également traité vers le même temps par Lanoue
(en 1739), *Mahomet II*. L'un a des vers assez noblement taillés
à la manière de Corneille, l'autre imite parfois avec bonheur
ceux de Racine.

A la même école que Walef appartient un poëte plus célèbre,
le Franc de Pompignan; mais Le Franc, quoique bien doué
par la nature et laborieux, n'avait pas le talent de la tragédie.
Didon (1754) obtint pourtant un grand succès; mais elle ne
reste pas moins un décalque fort terne du plus bel épisode de
l'*Énéide*.

Avant Lanoue et Walef, Châteaubrun avait composé un
Mahomet II (1714), dont le caractère poli et doucereux ne rappelait guère le vainqueur de Byzance. Quarante ans après, le
même poëte mit au théâtre *les Troyennes* (1754), puis encore *Philoctète* (1755) et *Astyanax* (1756). *Les Troyennes* sont imitées
en partie d'Euripide, en partie de Sénèque. Mais non content
des moyens que lui fournissent ses devanciers, Châteaubrun a
compliqué encore une action trop chargée. Il y a d'ailleurs dans
cette production de l'esprit et du sentiment.

Il y a plus de force dans le talent de Guymond de la Touche
dont la seule tragédie, *Iphigénie en Tauride* (1757), promettait
un maître de la scène française, mais Guymond mourut prématurément.

Lemierre avait donné *Hypermnestre* (1758), *Térée* (1761),
véritable tissu d'horreurs, *Idoménée* (1764), *Artaxerce* (1766).
Osant abandonner alors la mythologie et les sujets anciens, il
fit successivement représenter *Guillaume Tell* (1766), *la Veuve
du Malabar* (1770) et *Barnevelt* (1790). Dans cette seconde
période de son talent, Lemierre se recommande par quelques
pensées fortes exprimées en vers tout frémissants de la passion
de la liberté, mais presque toujours incorrects et durs.

Colardeau est un écrivain plus pur, mais la conception et le plan d'*Astarbé* (1735) trahissent la-faiblesse du poëte : il sut même allanguir, dans *Caliste*, un sujet pathétique et hardi, celui de *la Belle Pénitente* par l'Anglais Rowe.

De Belloy, s'engageant dans une route indiquée déjà par Voltaire, osa traiter des sujets nationaux, *domestica facta*. *Le Siége de Calais* (1765) obtint le succès le plus brillant et le plus populaire. *Gaston et Bayard* (1771) fut également bien reçu, mais l'horreur du dénoûment de *Gabrielle de Vergy* (1770) a toujours empêché cette pièce de se maintenir. De Belloy a plus de vigueur que de correction.

Le *Spartacus* de Saurin (1760) est une pièce assez remarquable. Évidemment l'auteur s'était fait de son héros une idée noble et grande ; mais lorsqu'il passa de la conception à l'exécution, Saurin subit les influences de son temps : l'esclave vengeur se transforma en un personnage romanesque et trop civilement amoureux des belles dames ainsi que des belles phrases. La sombre réalité de la guerre civile apparaît mieux dans le poëme dramatique que publiait récemment à Bruxelles M. Edgar Quinet. Voltaire a cependant marqué dans Saurin des traits dignes de Corneille et qui contrastent avec l'air de gêne et de vulgarité habituellement répandu sur les œuvres de l'auteur de *Spartacus*. Par sa tragédie de *Blanche et Guiscard* (1773) qu'il imite de Thompson, Saurin se rattache à l'école poétique qui s'inspire, au XVIIIᵉ siècle, des œuvres de la littérature anglaise ; par *Béverley* (1768), il vient figurer au nombre des poëtes qui propagèrent un genre de composition théâtrale alors nouveau. *Béverley* est un drame.

Aujourd'hui que le drame s'est mis en possession de la scène française, on oublie aisément qu'à sa naissance, il était regardé tantôt comme un bâtard roturier de la noble tragédie, tantôt comme le fils pleureur et sentimental de l'aimable comédie. La tentative de Saurin dans *Béverley* mérite donc d'être signalée, car elle nous montre un auteur honoré de plusieurs succès dans la carrière tragique, s'aventurant hors des traditions et donnant lui-même au drame le droit de bourgeoisie. *Béverley*, comme la tragédie en prose que Sedaine avait faite et que Lekain refusa bruyamment de jouer, prouve la vive ardeur qui emportait les esprits loin des chemins battus et le désir non moins animé d'ouvrir le théâtre au peuple, de le lui rendre intéressant par le spectacle des mœurs privées. Partout se montre ainsi une évidente intention de caresser des idées, des instincts et des besoins dont on ne s'occupait qu'incidemment jusque-là.

CHAPITRE XXVI.

———

Molière est resté le poëte inimitable, le modèle achevé du
génie comique. Cependant, après sa mort, le théâtre vit se produire un certain nombre d'auteurs qui, sans pouvoir atteindre
à l'élévation de leur maître, eurent aussi de la force et de la
gaieté. Il y avait encore dans la société, dans ses diverses subdivisions, quelques caractères saillants, et tout âge fournit des
ridicules nouveaux : les observateurs, les peintres comiques ne
négligèrent pas de s'emparer des sujets qui leur étaient offerts
par la vie commune. Leur habileté nous rend agréable, même
aujourd'hui, l'étude des œuvres qu'ils ont produites, comme la
fidélité en quelque sorte historique de leurs tableaux nous représente le véritable état des mœurs pendant la vieillesse de
Louis XIV. Si l'on voulait croire que ce fut là pour la France
un temps de pureté, de sagesse et de retenue, on se tromperait
étrangement. Rien n'est hardi, pétulant, immodeste, comme la
plupart des nombreuses petites pièces composées pendant les
trente-cinq dernières années du grand règne. Le théâtre prenait

même des libertés fort satiriques contre le gouvernement et contre le chef de l'État. Ne fut-on pas obligé de faire fermer, en 1697, l'Hôtel de Bourgogne, où depuis 1682 une troupe italienne s'était mise à jouer des pièces françaises? Les audacieux bouffons avaient annoncé une comédie, *la Fausse Prude*, dont le titre seul était déjà une attaque visible contre madame de Maintenon. .

Si les puissances n'échappaient pas aux attaques de la comédie, à plus forte raison les particuliers devaient payer un tribut à sa malice. Legrand, auteur du *Roi de Cocagne* (1718), mit en scène un de ses confrères, le poëte May, et plus tard le fameux Cartouche, l'année même de l'exécution de ce grand criminel. Précédemment La Chapelle, dans *les Carrosses d'Orléans* (1680), avait attaqué avec une verve bouffonne des ridicules populaires ou bourgeois. C'est ce que firent aussi Dancourt, le Téniers de la comédie, et Dufresny. Celui-ci pétille de belle et bonne humeur. *L'Esprit de contradiction* (1700), *le Mariage fait et rompu, la Réconciliation normande, la Noce interrompue*, etc., sont entraînantes par leur gaieté. La manie des chicanes est surtout l'intarissable objet de ses plaisanteries. Dancourt a composé dans l'espace de trente-trois ans une soixantaine de pièces, avec la collaboration plus ou moins avouée d'un nommé Saint-Yon. Ses *Bourgeoises à la mode* (1692) sont de très-bonnes caricatures. Dancourt excelle en effet dans la farce et dans le genre grotesque : il peignit surtout les paysans avec un grand bonheur; mais la plus satirique de ses pièces est *le Chevalier à la mode* (1687), qui, pour la crudité des situations comme pour l'énergie de la touche, rivalise avec *l'Homme à bonnes fortunes* (1686), le Moncade, du comédien Baron. Brueys et Palaprat se sont pris à des originaux non moins équivoques, dans *l'Important de cour, les Empiriques*, etc., mais les meilleurs fruits de leur collaboration sont *le Grondeur* (1691) et la spirituelle retouche qu'ils ont donnée de l'ancienne farce dont nous avons parlé, *l'Avocat Patelin* (1706). *Le Bal d'Auteuil* (1702), par Boindin, est, comme les autres comédies du même auteur (*le Port de Mer, les Trois Gascons*), une production assez licencieuse et qui donna même lieu à l'établissement de la censure préalable pour les pièces de théâtre. On rencontre aussi plus d'une parole inconvenante dans quelques pièces présentées sur la scène comique par le grand lyrique J. B. Rousseau, qui ne fit voir d'ailleurs d'autre qualité dramatique qu'une certaine sagacité d'observation dans *le Café* (1694), *le Flatteur, les Aïeux chimériques.*

Au-dessus de tous les noms qui viennent d'être rappelés brillent d'un éclat particulier ceux de Lesage et de Regnard.

Regnard est, après Molière, le poëte comique français dont le génie a déployé le plus de ressources. Il est admirablement riche en saillies heureuses et naturelles ; il offre mille situations plaisantes ; et sa gaieté, qui recouvre toute chose des couleurs les plus vives, ne fait pas oublier qu'il connaît profondément le cœur de l'homme et la marche des passions. Est-il rien de mieux observé que le personnage du *Joueur* (1697)? Mais dans son impitoyable moquerie, Regnard se plaît d'habitude à nous montrer les caractères les plus bas : bonne foi, pudeur, respect de soi-même et d'autrui, toutes les qualités morales semblent bannies sans retour du monde qu'il aime à peindre, ou, si par hasard elles s'y trouvent, c'est pour être reléguées tout à fait au second plan. Des jeunes gens ridicules ou fripons, des vieillards imbéciles, des professeurs de vice, des valets escrocs, des soubrettes effrontées, des courtiers d'intrigue, ce sont là les figures qu'il affectionne et qu'il excelle à rendre. Voyez son *Légataire universel* (1708) : il ne s'y trouve pas un personnage dont la vue repose un instant le spectateur. Mais il faut avouer aussi qu'il est peut-être impossible de trouver une pièce plus réellement gaie.

Le même éloge et le même reproche peuvent être adressés au *Turcaret* (1709) de Lesage. Assurément l'auteur de *Gil Blas* a créé un chef-d'œuvre lorsqu'il a mis au théâtre ce Monsieur de Turcaret, ce financier abominable et stupide, cet agioteur qui vole les économies d'un pauvre serrurier pour payer les folles dépenses d'une veuve galante. Celle-ci le trompe et le ruine ; Turcaret finit par la banqueroute ; mais comment devraient finir tous les personnages qui l'entourent? Ce sont tous de malhonnêtes gens, et la sœur du maltôtier est la seule de cette bande pour qui l'on admettrait peut-être des circonstances atténuantes. Il y a moins de vigueur, mais un rire aussi franc, aussi épanoui, dans la jolie farce de *Crispin rival de son maître* (1707) et dans toutes les petites pièces que Lesage, seul, ou en collaboration avec d'Orneval, donna au Théâtre de la Foire depuis 1712 jusqu'en 1755.

Du reste, ce théâtre, qui fut l'origine de l'*Opéra-Comique* actuel de Paris, est une mine aujourd'hui peu explorée, mais infiniment curieuse, qui renferme mille plaisantes inventions de l'esprit français. C'est un genre facile et sans prétention, auquel se rattache directement la comédie-vaudeville de notre époque. Le premier théâtre consacré à ces bluettes avait été présenté aux Parisiens en 1624, dans les foires de Saint-Germain, de Saint-Ovide et de Saint-Laurent, par un certain Honoré, qui s'était muni d'un privilége spécial. En 1627, Honoré transmit ce privilége à Pontan, qui fit faire de grands progrès à son théâtre, mais qui, persécuté par les autres troupes, légua bien des embarras à ses successeurs. Cependant, l'*Académie royale de musique* accorda (1714) aux acteurs de la Foire la permission de jouer de petites pièces mêlées de dialogues, de chants et de danses. Outre Lesage et d'Orneval, Fuzelier soutint de son esprit la joyeuse entreprise; mais en 1718, le *Théâtre-Français*, après avoir obtenu que la permission accordée par l'*Académie royale de musique* fût retirée et que la troupe de la Foire se réduisît à jouer seulement des pantomimes, ne leur laissa même pas ce faible avantage : il fallut fermer la loge où le public venait encore en foule se divertir à ces muettes facéties. Rouverte en 1724, fermée vingt et un ans plus tard, ouverte encore une fois par le directeur Monnet (1751), elle conserva le secret de ressusciter toujours, et finit par se réunir (1762) avec les *bouffes* italiens, que le régent avait rappelés (1716) et qui n'avaient pu subsister qu'en s'adressant à des auteurs français. Les *bouffes* privilégiés en 1716 ne trouvèrent pas, comme leurs prédécesseurs chassés en 1697, un poête tel que Regnard, mais ils obtinrent cependant l'assistance d'une foule d'écrivains spirituels, parmi lesquels on remarque d'Autreau, Legrand, Marivaux, Sainte-Foix, Boissy, et Panard, chansonnier fécond, qui leur donna plus de quatre-vingts pièces, Panard, l'ami de Collé, de Gallet, de Piron, avec lesquels il fonda la première société du *Caveau* (1729) [1].

Dans le même temps, la comédie française continuait à suivre, mais d'une manière moins brillante, la route que lui avait tracée le XVIIe siècle.

Destouches, après avoir fait jouer quelques pièces de *caractère* assez médiocres (*le Curieux impertinent* [1709], *l'Ingrat*, *l'Irrésolu*, *le Médisant*), fut mieux inspiré lorsqu'il composa *le Philosophe marié* (1727), auquel il faut cependant préférer le *Glorieux* (1732) : en effet, la première de ces deux pièces n'est que la mise en scène d'un ridicule exceptionnel, celui d'un homme qui rougit d'un lien dont lui même s'est raillé autrefois. *Le Glorieux* est d'un intérêt beaucoup plus général. L'orgueil de la naissance et celui de la richesse y sont mis en opposition, punis l'un par l'autre, tous deux l'objet d'une critique également méritée, et la haute moralité du fond n'y exclut pas la gaieté des détails. Deux autre comédies de Destouches, *la Fausse Agnès* et *le Tambour Nocturne*, sont longtemps restées au répertoire. Ces diverses pièces se recommandent par une structure habile, par une versification sobre, mais d'où se détachent nombre de vers sensés et dont plusieurs sont devenus proverbes.

On lit encore, mais on ne voit plus jouer *le Procureur arbitre*, *l'Impromptu de campagne*, par Paul Poisson, petit-fils de Raymond, deux comédies facilement écrites et décentes, quoique assez gaies ; — *le Jaloux désabusé* (1709), la meilleure des pièces comiques de Campistron, qui le montrent sous un jour plus favorable que ses tragédies, où l'on ne soupçonnerait guère qu'il pût avoir l'esprit fin, délicat et judicieux ; — *la Coquette fixée* (1746), par l'abbé de Voisenon, conteur frivole et licencieux ; — *l'Oracle*, par Sainte-Foix, plus connu comme auteur des *Essais sur Paris* ; — *la Pupille* (1737) de Fagan, poëte ingénieux et piquant, que la misère forçait de pro-

---

[1] Cette société bachique fut dissoute après une dizaine d'années. *Le Caveau Moderne*, ouvert en 1806, par Désaugiers, Laujon, Armand Gouffé, Piis, Brazier, Chazet, et fermé au commencement de la restauration, eut l'honneur de recevoir les premiers essais de Béranger.

duire trop vite ; — *le Consentement forcé* (1758), par Guyot de Merville, qui s'épuisait, comme Fagan, à composer rapidement une foule de petites pièces ; — *le Magnifique* (1751), ouvrage assez ingénieux et délicat de Lamotte.

Voltaire aborda le genre comique, avec peu de succès, il faut le dire, dans *l'Indiscret* (1721), dans *l'Écossaise* (1760), satire violente contre Fréron, son ennemi; dans *le Droit du seigneur*. Voltaire parle trop par la bouche de ses personnages : or, la comédie surtout exige précisément qu'un auteur s'oublie lui-même pour laisser dire ses acteurs, d'après leur caractère supposé et non d'après le sien. Voltaire a mieux réussi dans *l'Enfant prodigue* (1736) et dans *Nanine* (1749); mais sous le nom de comédies, ce sont plutôt là deux *drames* qui doivent figurer, à ce titre, dans le chapitre spécial où nous montrerons ce genre commençant à se caractériser, vers 1740, sur le théâtre français.

Quoique Piron s'en défende également, c'est aussi un *drame*, mais un mauvais drame, que sa comédie des *Fils ingrats*, jouée dès 1732. Heureusement pour lui il a produit plus tard (1758) une comédie véritable, cette excellente pièce de *la Métromanie*, où il a dépeint avec tant de verve sa propre passion pour les vers : *la Métromanie* est un chef-d'œuvre, non-seulement de conception, mais de style, bien que Piron écrivît d'ordinaire sans grâce et même sans correction. Jamais la douce folie des poëtes n'a été représentée d'une façon plus délicate et plus aimable; on ne saurait s'immoler mieux soi-même sous les coups d'une ironie légère et gracieuse, tout en n'épargnant pas les autres.

La Métromanie est, dans la carrière poétique de Piron, un heureux et presque miraculeux accident. Cette finesse de pinceau, qui chez Piron ne se rencontre que dans *la Métromanie* et dans quelques-uns de ses contes, est au contraire le talent habituel de Marivaux, si habile à sonder les moindres replis du cœur, si ingénieux à les faire saisir. Mais l'auteur des *Jeux de l'amour et du hasard* (1730), du *Legs* et des *Fausses Confidences* (1736), n'a pas échappé aux inconvénients de la pénétration et des analyses trop subtiles. Ses savantes progressions de sentiments, la succession trop graduée des mouvements, lui ôtent cette force comique sans laquelle un écrivain nous laisse froids au théâtre.

On aperçoit plus d'entrain dans la pièce de Boissy *l'Homme du jour ou les Dehors trompeurs* (1740), imitation d'autant plus remarquable d'un caractère vrai, que Boissy est presque toujours, dans ses autres productions comiques (*le Babillard, le Sage étourdi*, etc.), alambiqué, contraint et sans verve. Sans doute ici l'observation de modèles présents sous ses yeux le garantissait contre ses défauts ordinaires.

C'est également par la peinture de mœurs réelles que Gresset a pris une place distinguée parmi les poëtes comiques : son *Méchant* (1747) n'est pas seulement une pièce merveilleusement écrite, c'est une représentation fidèle d'une de ces natures dangereuses que développe le raffinement de la société. Toutefois, Cléon, *le méchant*, par cela même qu'il reproduit avec précision un type incontestablement vrai au milieu du xviiie siècle, manque de cette allure vigoureuse, de ce caractère de généralité morale et poétique qui placent seuls au premier rang les grands tableaux de Molière et de Shakespeare.

Le nom du poëte anglais n'est pas rappelé inutilement ici ; car si nous avons vu jusqu'à présent les imitateurs de Molière rencontrer rarement des inspirations dignes de lui, ceux de Shakespeare, qui commencent à paraître de ce côté du détroit, comprennent et reproduisent médiocrement la philosophie profonde du vieux Will. Ainsi, *les Fausses Infidélités* de Barthe (1769), tirées des *Joyeuses Commères de Windsor*, offrent sans doute des situations comiques : le style en est naturel et facile, le dialogue vif, les caractères adroitement contrastés, mais on n'y distingue rien de fortement marqué. La même indécision de touche se trouve encore dans le tableau de *l'Homme personnel* (1778); Barthe s'y montre estimable et non supérieur.

Le Faux Généreux de Bret (1758) est, comme on dit en style de théâtre, adroitement charpenté; *la Coquette corrigée* de Lanoue (1756), *les Mœurs du temps* par Saurin (1760) sont esquissées avec goût. Mais il ne suffit pas d'une certaine dextérité, de quelques vers heureux ou d'un crayon ingénieux pour être poëte.

Goldoni fut plus digne de ce nom : au moins ses compatriotes l'ont appelé, non sans raison, leur Molière, et les meilleurs juges estiment une comédie (*le Bourru bienfaisant*, 1771), qu'il écrivit en français, renouvelant de la sorte, mais avec plus d'éclat, les tentatives de son compatriote l'acteur Riccoboni, qui avait donné à la scène française quelques comédies agréables, *les Comédiens esclaves* (1750), *les Amusements à la mode* (1752), *le Prétendu* (1760).

On a vu par ce qui précède que le nombre des petites pièces d'intrigue ou de caractère dut être considérable depuis la mort de Molière, car nous n'avons forcément indiqué que les plus dignes d'un souvenir. La fin de cette période est surtout marquée par une quantité de ces productions légères échappées à la verve rieuse de Caylus, de Pont de Veyle, de Rulhière, de Favart, auteur de *la Chercheuse d'esprit* (1741), et de tant de jolis opéras-comiques, de Collé, à qui l'on doit en outre une pièce intéressante, *la Partie de chasse de Henri IV* (1774), — dont une scène, celle où Henri IV prend place à la table du paysan Michaut, est restée populaire. On ne peut séparer de ces hommes d'esprit, Vadé, si connu par ses parodies et par la création du mauvais genre que lui-même appela le genre *poissard*. A côté ou même au-dessus d'eux il convient de mettre encore Carmontelle, qui composa pour les théâtres de société, très-nombreux vers 1770, des *Proverbes dramatiques*, imités et surpassés de bien loin aujourd'hui par Théodore Leclercq, Alfred de Musset, Octave Feuillet, et quelques autres.

Les divers petits genres dont il vient d'être question mériteraient chacun une histoire particulière; l'espace nous manque. D'ailleurs, nous arrivons à une époque de crise où le théâtre comique, tourmenté, lui aussi, par les approches de la révolution française, modifiera son langage et ses procédés pour rester d'accord avec l'esprit public.

CHAPITRE XXVII.

————

Bien des critiques ont l'habitude de terminer avec Voltaire
l'histoire de la tragédie française; ils se figurent trop légè-
rement qu'après lui elle ne mérite plus aucune estime. Cette
appréciation est une injustice à l'égard de beaucoup d'écrivains
recommandables et qui parfois ont des beautés du premier
ordre. Trompés par le succès et la popularité croissante du
drame, les critiques refusent de croire que la tragédie ait rien
fait pour se rajeunir et s'imaginent qu'elle est épuisée sans
retour. L'histoire des arts ne souffre ni ces jugements précipités, ni ces anathèmes prophétiques contre l'existence d'une
forme poétique : il n'y a point de genre définitivement supprimé,
comme il n'est point d'auteur à dédaigner *a priori*, quelque
genre qu'il ait embrassé, lorsqu'il y fait preuve de talent, de
zèle et de goût. Que dans la rapidité d'un examen tel que le
nôtre, un écrivain inférieur soit sacrifié, en quelque sorte, à la
primauté du génie, cette disgrâce qu'il subit n'est que le contre-
coup de celle que ses œuvres mêmes ont éprouvée ; mais il y a

loin de là jusqu'à lui refuser complétement tout honneur.
Encore moins voudrait-on rayer de l'histoire des noms en-
noblis par des triomphes légitimes et longtemps soutenus. On
ne peut traiter ainsi des écrivains qui, s'ils ne reculèrent point
les bornes de leur art, ont du moins continué courageusement
la tradition. Ne pas les lire est un droit ; les oublier systématiquement serait le fait d'une prévention déplacée. Mais la critique, en les traitant avec respect, ne cesse pas d'être libre ; elle
peut leur faire leur part et considérer de sang-froid les avantages
comme les inconvénients du système auquel ils se sont rangés.
Or, dans cette dernière période, voici en peu de mots comment se
partagent d'habitude le bien et le mal. Le bien, c'est ce que Marie-
Joseph Chénier, intéressé à le découvrir, mais capable de le
voir précisément où il était, c'est ce que Chénier marquait en
ces termes : « On ne saurait reprocher aux bonnes compositions
tragiques de l'époque la multiplicité des incidents, la profusion
des personnages subalternes, les épisodes inutiles, la fadeur des
scènes élégiaques. Partout l'action est simple et presque toujours sévère. La marche des poëtes n'est point timide. Sans
violer les règles anciennes, ils ont obtenu des effets nouveaux.
Du reste, ils ont conservé ce caractère philosophique imprimé à
la tragédie par le plus beau génie du dernier siècle ; et, sur ses
traces, la plupart se sont ouvert les routes variées de l'histoire
moderne, immense carrière qui promet longtemps des palmes
nouvelles aux poëtes capables de la parcourir. » Telle est l'apologie ; disons maintenant la compensation de ces qualités. La
tragédie classique, depuis le dernier siècle jusqu'à notre temps,
exagère trop souvent la simplicité des moyens jusqu'à la sécheresse, la sobriété des détails jusqu'à la nudité, l'esprit philosophique jusqu'à l'abstraction ; elle s'est souvent méprise dans
l'usage de l'histoire, en croyant que toute grande action historique pouvait se tailler sur le modèle des chefs-d'œuvre de Voltaire. Où le drame seul avait accès, elle a voulu pénétrer, non
sans y perdre souvent elle-même en vérité comme en bon goût.
N'est-ce pas, par exemple, une faute et contre la vraisemblance
et contre la raison d'avoir pu, comme Raynouard, dans sa pièce
d'ailleurs émouvante des *Templiers*, faire accuser, juger, con-

damner et brûler ses héros en vingt-quatre heures? Enfin l'histoire même a été mainte fois traitée par les modernes classiques
avec une légèreté, une ignorance, qui seraient impardonnables,
si les écrivains dont l'étude des temps passés était la profession n'avaient, eux aussi, fourni pendant le premier quart de
ce siècle mille preuves de leur complète inintelligence des sujets
qu'ils traitaient. Il y a tel historien dont les livres ont encore un
certain renom, et qui crayonne la physionomie de tous les âges
avec la monotonie de couleur d'un manœuvre badigeonnant de
longs pans de murailles. Serait-il juste de s'étonner après cela
qu'un académicien de notre siècle, après avoir dressé le plan
et composé la moitié des vers d'une tragédie dont la scène devait être en Espagne au moyen âge, ait pu transporter, presque
sans aucun changement, toute la machine poétique de sa pièce
sur les bords de l'Euphrate, au milieu de l'antique Assyrie? Dans
tous les arts, on peut dire que la France a longtemps ignoré ce
que c'est que cette *couleur locale* dont on est aujourd'hui curieux à juste titre, mais à laquelle il ne faut point cependant
accorder une importance trop considérable. L'essentiel en toutes
choses, c'est le sentiment, c'est la passion, c'est la vie, c'est
l'humanité en général. Qu'une œuvre tragique soit la reproduction animée et fidèle de la nature humaine, l'exactitude du costume, les particularités locales deviennent secondaires : elles
ajoutent au mérite, sans assurer le succès. Le poëte s'honore en
les observant, mais il ne peut espérer de leur emploi qu'une
faible assistance. Un parterre n'est pas une assemblée de savants, c'est une réunion d'hommes à qui l'on n'arrache les
applaudissements qu'en leur parlant le langage de la nature, de
la morale, de l'humanité. Quelles pièces ont joui plus longtemps
de la faveur publique que celles de Ducis? Ce ne sont pourtant
que les fruits d'un art presque grossier ; mais on y sent de la
chaleur, du mouvement, de l'âme. C'est assez pour expliquer
leur grande fortune.

Par ce côté, par l'adresse à pénétrer vigoureusement jusqu'au
cœur, Ducis n'était pas indigne du fauteuil de Voltaire à l'Académie française : il l'obtint en 1779. Sans doute, « il y a,
comme Ducis lui-même le disait avec autant de justesse que de

modestie, le jour de sa réception, il y a des grands hommes auxquels on succède et que l'on ne remplace pas. » Cependant, l'auteur d'*Hamlet* (1769), de *Roméo et Juliette*, du *Roi Lear*, de *Macbeth*, de *Jean-sans-Terre*, d'*Othello*, joint à l'éloquence du sentiment la connaissance de l'homme. Il eut, en outre, le mérite d'être un des promoteurs en France de l'admiration pour Shakespeare : s'il y eut quelque naïveté de sa part à croire qu'il *corrigeait* l'incomparable maître de la scène anglaise, il fit accepter tout ce que le goût français pouvait supporter alors de ces beautés exotiques d'un poëte indépendant. *Œdipe chez Admète* (1778) n'est pas plus que ses copies réduites de Shakespeare, une image suffisante du modèle qu'il se donnait : la tragédie grecque n'était alors nullement comprise. Sophocle et Euripide ne se reconnaissent guère dans ces arrangements prétendus amalgamés par Ducis, dont la composition originale, et celle qui lui fait assurément le plus d'honneur, est *Abufar ou la Famille arabe* (1795).

La timidité du public à l'époque où se produisirent les tragédies prétendues shakespeariennes de Ducis est assez prouvée par le succès de la tragédie de Chamfort, *Mustapha et Zéangir* (1777), imitation décolorée des classiques, pièce vide et traînante, roman insipide, erreur incroyable d'un homme infiniment spirituel. Le *Régulus* de Dorat, ce poëte de salon et de boudoir (Dorat et Régulus, quel contraste !) est du même temps (1773) et de la même force. Blin de Sainmore, Laignelot, Dubois-Fontanelle, Imbert, furent également des hommes d'esprit ; mais pour être un poëte tragique quelque peu supportable, il faut plus et mieux que de la facilité, de la rhétorique et des modèles. Plus énergique, plus pénétré de la dignité de l'art, plus sérieusement jaloux de servir au progrès des lettres, se présente ici l'auteur du *Lycée*, la Harpe. De 1765 à 1786, il fit jouer onze tragédies : *Warwick* (1763) ; ce fut par *Warwick* que lui, l'enfant trouvé, le jeune homme sans ressource, sans avenir, devint en un jour célèbre et riche de quelques sacs d'écus ; *Timoléon* (1764), *Pharamond* (1765), *Gustave Wasa* (1766), *Menzikoff* (1775), *les Barmécides* (1778), *Jeanne de Naples* (1781), *Philoctète* (1783), *les Brames, Coriolan* et *Virginie*. On le voit, la diversité ne manque pas dans les sujets traités par la Harpe, et dans tous il a mis quelques traits éloquents et hardis : *Philoctète* a même des endroits extrêmement estimables. Néanmoins, la couleur et le ton, la profondeur et la vérité se rencontrent bien rarement dans ces compositions laborieuses. La Harpe n'est pas, comme l'a dit Helvétius, le Campistron de Voltaire, mais il a un défaut qui ne fut jamais celui du maître, il ne sait pas exciter l'intérêt. Tous ses personnages ont le style d'un littérateur, et leur physionomie n'est pas plus héroïque que leur caractère n'est conforme aux saines exigences de l'histoire. Ce sont des êtres de fantaisie créés sur quelques types artificiels et monotones.

Marie-Joseph Chénier fut aussi un orateur poëte plutôt qu'un poëte tragique ; même dans celui de ses drames qui a excité le plus d'émotion, dans *Charles IX* (1789), on chercherait en vain le mouvement, l'action, l'intrigue. On a de lui, outre *Charles IX*, onze tragédies originales, sans compter deux pièces imitées de Sophocle, *Œdipe roi*, *Œdipe à Colone*, et une *Électre* inachevée. *Azémire*, son œuvre de début (1786), *Charles IX* (1789), *Henri VIII* et *Calas ou l'École des Juges* (1791), *Caïus Gracchus* (1793), *Timoléon* (1794), *Tibère*, *Philippe II*, *Brutus et Cassius*, *Cyrus* (1804) sont autant de cadres façonnés pour enchâsser des morceaux souvent heureux ; l'éloquence y anime quelques personnages, encore est-ce plutôt une éloquence de raison que de passion ; mais à proprement parler ce ne sont pas des drames, et cependant *Charles IX*, quoique vide d'action, provoqua un enthousiasme immense. C'est qu'à cette date de 89, la nation française saluait de ses applaudissements toute œuvre, bonne ou mauvaise, qui répondait à la fibre nouvellement excitée : tout ce qui parlait d'indépendance, de haine contre le despotisme, de tolérance et de vertu était avidement écouté. Le théâtre ressentait, chaque soir, le contre-coup des événements du jour et préparait quelquefois ceux du lendemain. Cette obsession exercée sur l'art dramatique par les enivrements de la lutte a duré près de six années, pendant lesquelles la scène se prêta successivement à tous les plaidoyers des partis. Nous en verrons la preuve plus manifeste encore dans l'histoire de la comédie et du drame, mais la tragédie même nous offre déjà des pièces caractéristiques à ce point de vue. En regard des œuvres démocratiques de Chénier et de pièces plus anciennes ressuscitées pour servir à la passion du moment, telles que *Brutus*, *la Mort de César* (avec un dénoûment nouveau et plus terrible), *Guillaume Tell*, etc., se placent des compositions dictées par l'esprit de réaction. Ainsi Fonvielle aîné met en scène, dans une tragédie en cinq actes, Collot d'Herbois et les massacres de Lyon; un autre (Aignan ou Berthevin), la mort de Louis XVI, la mort de Marie-Antoinette. Conçues de la sorte pour servir de moyens d'action aux partis soulevés, les tragédies perdent en valeur poétique ce qu'elles gagnent en actualité, et tombent, sans pouvoir se relever jamais, le jour où s'affaiblit la passion éphémère qui les soutenait. Celles-là seulement laissent quelque souvenir, dont le mérite n'était pas tout entier dans leur intention politique. Il est même arrivé pour plusieurs, comme pour le *Tibère* de Chénier, qu'elles sont arrivées sur la scène au moment où leur esprit n'était déjà plus d'accord avec l'opinion publique et qu'elles n'ont été offertes au parterre qu'un demi-siècle et plus après l'époque de leur achèvement. Plus tard on vit encore telle ou telle tragédie, rejetée par la police ombrageuse de l'Empire ou de la Restauration dans le portefeuille d'un auteur, paraître tout à coup au théâtre, comme quelque découverte inattendue. La lutte entre les auteurs d'une part et le gouvernement de l'autre, la vieille querelle des hommes de lettres et des hommes d'État, serait curieuse à étudier de ce côté; mais ceci n'est plus de l'art, c'est de l'histoire, et l'espace qui nous est réservé ne permet pas de rechercher ici l'influence de la censure, l'usage qu'elle fit de ses proscriptions, la déviation qu'elle imprima souvent à la pensée des poëtes. Nous ne pouvons que signaler le fait général et revenir ensuite à la nomenclature rapide des œuvres principales qui se sont produites depuis le *Cyrus* de Chénier (1804), flatterie malséante d'un ancien tribun du peuple à l'adresse du fondateur de l'Empire.

Le règne de Napoléon est marqué sinon par une véritable renaissance de la tragédie, au moins par une active production en ce genre. C'est un temps où affluent les auteurs tragiques,

et cette affluence se soutient jusqu'à l'époque du roi Charles X.
Quelques-uns d'entre eux ont même traversé plus du premier
quart de ce siècle en restant fidèles, à cette tradition dramatique, qui, au moment où on la croyait expirante, sembla se
ranimer par les succès d'une actrice de génie, Rachel, et, après
Casimir Delavigne, par les efforts d'une école contemporaine.

De ces représentants d'un autre âge, le plus vaillant, celui
qui a combattu jusqu'au milieu même des triomphes d'une nouvelle école dramatique, ce fut Népomucène Lemercier. Il n'était,
à la vérité, l'image très-pure ni de l'élégance ni de la sagesse
discrète de la tragédie au xviii* siècle, et par plus d'un point
c'est un novateur. Cependant, ses premières œuvres, *Méléagre*,
Clarisse Harlowe, *le Lévite d'Éphraïm* et surtout *Agamemnon*
(1797) le rattachent évidemment aux meilleures doctrines du
système classique. *Agamemnon* est conçu dans un esprit de
simplicité noble : on n'y trouve aucune trace de cette rhétorique sentencieuse, de cette manie des portraits et de cette
indigence scénique, auxquelles se reconnaissent tristement une
foule de tragédies modernes. Lemercier se montre encore le
disciple du siècle précédent dans quelques-uns de ses principes :
depuis la composition de *Clovis* (1801), chacune de ses tragédies est la démonstration libérale d'une thèse politique ; enfin,
il rêve comme Voltaire, comme De Belloy, de donner à son
théâtre sérieux un caractère national. Cette idée l'occupe fortement et lui inspire toute une suite de pièces destinées à faire
connaître, sous leur jour propre, différentes périodes de l'histoire de France. Il avait voulu montrer dans Clovis une sorte
de Tartufe royal, barbare et astucieux ; dans *Frédégonde et
Brunehaut* (1821), c'est la stupide férocité des mœurs du
vi* siècle ; dans *Charles VI* (1806), le malheur de la guerre civile et de la guerre étrangère ; dans *Louis IX* (1806), l'enthousiasme religieux ; dans *Baudouin empereur* (1808), la gloire
conquérante ; dans *Charlemagne* (1810), la puissance domina-
trice, qui furent, chacun à leur tour, le partage de la nation
française. Malheureusement, la versification de ces tragédies
et celle de *Richard III* (1825), des *Martyrs de Souli*, de *Ca-
mille*, offrent les traces perpétuelles d'une extrême négligence :

le style est faible et lâche, l'entente de la scène médiocre. En
outre, l'histoire est là très-défigurée, comme dans la *Brunehaut*
d'Aignan (1810). Plus érudit, très-connu même pour sa
vaste science historique, l'auteur des *Templiers* (1805), Raynouard, fit encore paraître *les États de Blois*, *Charles Ier*,
Jeanne d'Arc à Orléans, etc., toutes œuvres composées sur
des documents sûrs, et infidèles néanmoins à l'esprit du temps
qu'elles veulent représenter. Malgré son évidente faiblesse
comme écrivain et son insuffisance scénique, Raynouard crut de
bonne foi que le théâtre lui devait l'invention d'un genre nouveau, la *tragédie de caractère*. M. de Jouy s'imagina ensuite qu'il
avait fait la même découverte; mais avec plus de vivacité, plus
de style que Raynouard, Jouy, inventeur ou non, n'a pas su
dramatiser l'histoire de *Tippo-Saëb* (1821), non plus que la
physionomie de *Sylla* (1821). Il avait cru voir, pour ce dernier
sujet, qu'il y avait dans un dialogue célèbre de Montesquieu
ample matière pour une tragédie : or, versifier la prose d'un
historien philosophe et la découper en scènes ne suffit pas pour
construire une œuvre dramatique. C'est ce que M. de Jouy put
reconnaître en voyant jouer sa pièce : tout le succès fut pour
Talma, pour l'acteur fameux dont la diction merveilleuse et l'air
d'incomparable noblesse sous la toge firent oublier l'absence de
toute intrigue, le vide de l'ouvrage. Il y a plus de mouvement
et l'action semble pleine et touchante dans *les Vénitiens* (1798)
d'Antoine-Vincent Arnault. Ce poëte doit pourtant sa réputation
à une pièce moins estimable que *les Vénitiens*, à sa tragédie de
Marius à Minturnes (1791). Ici encore, c'est un acteur qui a
sauvé le poëte. Le soldat cimbre, qui, dans la pièce comme dans
l'histoire, avait ordre de tuer Marius, fut représenté par Saint-
Prix, avec cette beauté d'attitude et d'expression qui avait rendu
populaire le tableau de Drouais, élève de David. Un rôle subalterne assura la fortune de l'ouvrage entier. Du reste, la perfection des acteurs qui paraissaient dans la tragédie sous l'Empire et au commencement de la Restauration eut la part principale
dans tous les succès dramatiques de cette époque. On ne s'ex-
pliquerait plus aujourd'hui que le public voulût applaudir
l'*Omasis* de Baour-Lormian, joué en 1806, *la Mort de Henri IV*,

par Legouvé (1806), *le Pyrrhus* de Lehoc, *l'Artaxerce* (1808)
de Delrieu, l'*Hector* (1809) de Luce de Lancival, la *Jane Gray*
ou le *Ninus II* (1815) de M. Charles Briffault : ce sont là autant de fantômes ; rien de vivant, rien de solide, et le style
même y offre, à côté de quelques mérites, d'insupportables aberrations.

En 1819, la tragédie se réchauffa au contact brûlant des luttes
politiques. Deux poëtes, l'un monarchiste, M. Ancelot, l'autre
libéral, Casimir Delavigne, vinrent offrir un nouvel aliment à ce besoin de combattre qui s'était emparé des esprits. *Louis IX*, œuvre
du premier, *les Vêpres Siciliennes* du second, servirent de prétexte
à des polémiques littéraires et même extra-littéraires dont les
deux poëtes profitèrent seuls en acquérant par elles de la célébrité. Mais il était réservé à Delavigne de conquérir des titres
plus sûrs à l'estime publique qu'une pièce de troisième ordre.
Laborieux, attentif à toutes les exigences de la langue, jaloux
de se perfectionner sans cesse, l'auteur des *Vêpres Siciliennes*
passa rapidement de la médiocrité de son début jusqu'à la science
la plus heureuse de l'art dramatique et du style. *Le Paria* (1821)
est déjà d'un écrivain supérieur, et les chœurs intercalés à la
manière de ceux d'*Esther* ou d'*Athalie* sont d'un lyrisme
élevé ; *Marino Faliéro* (1829) est l'œuvre d'un vrai et grand
poëte. Renonçant à l'usage des thèses et démonstrations abstraites, tandis que les derniers disciples de Voltaire, par
exemple, MM. Lucien Arnault, Viennet, Liadières, s'atta-
chaient encore à ce point de vue trompeur, Delavigne imprimait
à la tragédie une allure plus délibérée. Toujours en quête de
l'opinion, il en étudiait les désirs et s'appliquait à la satisfaire
par une sage réforme du genre discrédité que le romantisme
avait alors la prétention formelle de détruire et qu'il fallait seulement raviver. Le public voulait du nouveau, mais sans révolution littéraire, et les concessions de l'heureux poëte ralliaient
le suffrage de tous les esprits modérés. Aussi les œuvres qu'il a
créées dans ce système ont-elles survécu, du moins au répertoire,
à ces drames aventureux dont nous esquisserons plus loin le
caractère. *Louis XI* (1852) et *les Enfants d'Édouard* (1853)
nous montrent la perfection de sa manière discrète et sobre, mais

vigoureuse. Écrites avec le plus grand soin, elles ont de mouvement ce qu'il en faut. La versification de Soumet et de Guiraud,
contemporains des succès de Delavigne, a plus d'éclat peut-être
et plus d'abondance; celle de M. Pierre Lebrun a plus de naturel
et de noblesse, mais le mérite de ces auteurs est plus facile à
goûter dans le recueillement de la lecture qu'au théâtre.

Delavigne est mort en 1843. Alors déjà commençait à s'élever une école également modérée qui s'intitulait elle-même, avec
un peu de prétention, *l'école du bon sens*, et qui n'a pas encore
atteint au génie, malgré l'irrécusable mérite de ses représentants : elle ne compte même encore dans la tragédie qu'un seul
succès remarquable, celui de *Lucrèce* par M. Ponsard. MM. La-
tour Saint-Ybars, Audrand et Arthur Ponroy, ont obtenu jusqu'à ce jour des succès d'estime; mais ils acquerront sans
doute la popularité, s'ils se préoccupent moins de la pensée de
réagir contre les excès maintenant oubliés du drame par une
simplicité souvent sèche et nue. Ils manquent de mouvement et
d'énergie dramatique, mais non de goût, et l'exemple des moyens
de succès employés par Casimir Delavigne les éclaire assez
vivement pour leur servir de guide.

CHAPITRE XXVIII.

———

« M. de Beaumarchais, qui était l'horreur de tout Paris, il
y a un an, et que chacun, sur la parole de son voisin, croyait
capable des plus grands crimes; dont tout le monde raffole aujourd'hui; dont chacun prend la défense d'après ses écrits; ce
M. de Beaumarchais, enfin, avait fait une comédie en prose et
en quatre actes intitulée *le Barbier de Séville*. La publication
de ses *Mémoires* a fait en sa faveur une révolution si subite et
si complète que les comédiens ont voulu en profiter pour donner
le Barbier de Séville, bien assurés du succès dans la disposition où étaient les esprits. » Ainsi écrivait Grimm en février 1774.
Cependant les ennemis de Beaumarchais eurent l'art d'empêcher, pendant toute une année, la représentation de cette pièce,
bien qu'un censeur, délégué par le gouvernement, eût déclaré
que rien n'avait trait, dans la pièce, aux débats judiciaires si
éloquemment passionnés par ce plaideur de génie.

Cependant le succès de la représentation, tout flatteur qu'il
fut pour l'amour-propre de l'auteur, laissait deviner que l'at-

tente universelle était plutôt aiguisée que satisfaite. C'était là,
sans doute, une charmante comédie à l'espagnole, une comédie
de cape et d'intrigue, quelque chose de railleur et de pétulant ;
on voyait que Beaumarchais, s'élevant de beaucoup au-dessus
de ses précédentes créations dramatiques (les drames d'*Eugénie*
et des *Deux amis*), ressuscitait un genre oublié, qu'il allait
lui-même servir de modèle, et forcerait, par son exemple, les
auteurs comiques à plus de mouvement et de rapidité ; mais on
souhaitait plus encore. Figaro ne semblait pas inventé tout exprès pour marier le comte Almaviva ; on voulut croire que ce
garçon d'esprit paraîtrait un jour plus mordant et plus audacieux. Ce fut seulement neuf années plus tard que le vœu du parterre, soutenu par l'opinion publique, et que l'ardeur d'indépendance qui animait toute la nation furent enfin satisfaits. En 1784,
se donnèrent, avec un succès immense, *les Noces de Figaro*.
Ici enfin la satire politique et sociale apparaissait dans toute sa
verdeur. Le jour de la première représentation, le roi Louis XVI
avait dit, en parlant de la pièce : « J'espère qu'elle tombera. »
Vaine espérance ! Fatal présage ! De ce jour, la comédie révolutionnaire s'était victorieusement établie au théâtre. Combien
dès lors semblèrent pâles, froides et lourdes, les œuvres longtemps citées avec éloge par le parti des conservateurs, *le Cercle*,
les Philosophes (1760), *l'Homme dangereux*, de Palissot ! Le
parti novateur triomphait dans ses adeptes comme dans ses
ennemis.

Ce fut encore pour lui un grand succès que *le Philinte de
Molière*, par Fabre d'Églantine (1790). Oser donner une *suite
au Misanthrope* et « présenter au siècle l'homme du siècle,
l'homme que doit méditer le législateur et que l'administrateur
doit connaître, » tel est le double projet que Fabre avoue sans
détour et qu'il exécute avec fermeté. Philinte, l'égoïste, celui
qui trouve que tout est bien parce qu'il entend que la fortune
le respectera toujours, est un caractère profondément observé,
fermement stigmatisé. Après cette création, qui songerait encore à la faiblesse que révèlent tant d'autres compositions de
Fabre, à sa tragédie d'*Augusta* (1787), à ses comédies (*les
Gens de lettres, le Collatéral, le Présomptueux, le Convalescent*

de qualité, etc.)? Que ne peut-on oublier sa vie honteusement
dégradée par la jalousie, la cupidité, la bassesse, la cruauté,
pour ne songer qu'à son *Philinte!* Fabre est plus qu'un Palissot
démocrate, c'est un rival de Beaumarchais, un continuateur de
Molière. Sa comédie de *l'Intrigue épistolaire* était de même
un accident heureux dans sa carrière de poète ; mais une action
plaisante et vivement dialoguée n'est rien auprès de l'heureuse
mise en scène d'un caractère éternel.

Fabre d'Églantine figura, comme on sait, parmi les révolutionnaires ardents. Sur ses traces ou à côté de lui, beaucoup d'esprits
fougueux voulurent également populariser leurs doctrines dans
les jeux de la scène, mais, généralement, leurs essais en ce genre
sont justement tombés, aujourd'hui, dans l'oubli le plus profond.
L'un d'entre eux, cependant, mériterait peut-être d'être immor-
talisé, mais comme un prodige de ridicule et de folie, c'est Sil-
vain Maréchal, l'auteur du *Jugement dernier des rois* (1793) : il
est impossible de se figurer quelque chose de plus grossier et de
plus plat. Quant à Olympe de Gouges, à Dugazon et à quelques
autres, c'est affaire aux bibliophiles de retenir seulement le titre
de leurs comédies révolutionnaires. Du milieu de ce fatras se
détache néanmoins une pièce, dont l'idée était prise d'une esquisse amusante laissée par le président Hénault, qui lui-même
en emprunta le sujet à Philippe Poisson : *le Réveil d'Épiménide*
(*ou les Étrennes de la liberté*), 1790, par Flins, nous montre
un gentilhomme contemporain de Louis XIV, qui s'est endormi
pendant un siècle et qui se réveille au milieu des changements
prodigieux opérés dans l'année 1789 ; de là toute une suite de
surprises divertissantes et de scènes animées. Malgré l'excellent
comique de cette facétie, les apôtres de la réforme sociale n'obtinrent plus, après le *Philinte*, de succès égal à celui d'un adversaire des doctrines terroristes, de Laya, dont *l'Ami des lois,*
joué en pleine terreur, fut une protestation vigoureuse contre
les odieux principes des Jacobins. Ceux-ci, après leur chute,
devinrent naturellement l'objet de mille traits de satire au
théâtre. Mais le consulat, en modifiant les institutions dans un
sens entièrement opposé à la vie et à l'agitation politiques, fit
taire toutes les voix qui auraient essayé de prolonger le sou-

venir des anciennes luttes. La scène ne vit donc plus de ces
comédies passionnées, aristophanesques : les mœurs publiques
de la France ne semblent pas d'ailleurs les réclamer, bien que
de notre temps encore un théâtre de Paris ait renouvelé contre
les utopistes du jour les invectives les plus directes : le masque
d'un publiciste non moins célèbre que paradoxal a paru, en
effet, dans *la Foire aux idées* (1850). Mais il faut le redire,
ces fantaisies sont généralement peu encouragées par l'esprit
public, qui ne se lasse pas moins vite de ce qu'on nomme des
pièces politiques de circonstance. De toutes celles qui ont salué
depuis soixante et dix ans la naissance ou les phases heureuses
des divers gouvernements, pas une seule ne conserve de prix
dans l'histoire de l'art. Aucune n'a laissé même le souvenir
de son titre, si ce n'est dans les vieilles collections de journaux.

Ce n'est pas à dire pour cela que la politique soit absente de
toutes les pièces importantes au point de vue littéraire, que
nous offre cette dernière période ; mais la politique s'y est toujours dissimulée et n'y est entrée, en quelque sorte, que de
biais. Ainsi, dans les pièces si nombreuses et si gaies de Picard, dans ses *Capitulations de conscience,* ses *Marionnettes*
(1806), l'esprit de satire contre les intrigants, dont la complaisance est la perte comme elle est l'apanage de tous les ré-
gimes, la flétrissure de ces caractères de caméléons est originale, honnête, parfois animée ; mais l'auteur se renferme,
malgré tout, dans une ligne de prudence. Il a soin de respecter
le pouvoir et n'immole que des individus sans consistance, des
traîtres de bas étage ; encore les coups qu'il leur adresse sont
fort ménagés. M. Scribe, dans les jolies comédies qu'il a fait
jouer au Gymnase pendant la Restauration, avait bien une pensée
politique, mais il ne l'avouait pas nettement. Ses aimables co-
lonels de l'empire étaient fort discrets sur le chapitre de leurs
affections napoléoniennes. Le peu qu'ils en laissaient aper-
cevoir pouvait passer sans trop choquer les censeurs officiels.
Dans cette mesure, les regrets donnés à la gloire d'un autre
règne caressaient néanmoins et satisfaisaient l'esprit d'opposition.
Après 1850, le même écrivain, dans *Bertrand et Raton* (1855),

dans *la Camaraderie* (1837), déguisait d'une manière transparente, mais déguisait encore ceux que l'opinion publique accusait, à tort ou à droit, d'exploiter les passions populaires ou de livrer le gouvernement à des coteries. Ainsi encore, Casimir Delavigne consacrait sa comédie de *la Popularité* à l'apologie d'un ministre fameux, mais en évitant les peintures trop reconnaissables et les traits d'une exactitude trop avouée. Mme de Girardin fut regardée comme osant beaucoup, il y a quelques années, lorsqu'elle mit des journalistes sur la scène : cependant, elle n'y fit paraître que des types de convention. Nous sommes donc fondés à prétendre que depuis plus d'un demi-siècle la comédie politique est restée presque toujours fidèle, soit à un sentiment de convenance, soit à une réserve, qu'elle avait rejetés pendant la révolution et dont précédemment même elle se dégageait volontiers. Il y a plus de personnalités dans les pièces antiphilosophiques de Palissot que dans aucune de celles qui ont paru depuis le temps de Napoléon Bonaparte. A la vérité, tous les gouvernements qui se succèdent en France mettent bon ordre à cette liberté d'attaque par le théâtre, qui commencerait par frapper les particuliers, pour monter plus haut ensuite, et se prendre aux chefs mêmes du gouvernement. S'ils veillent à prévenir ce mal et s'ils y réussissent, c'est évidemment de l'aveu du public, et néanmoins ce même public, qui voit avec une sorte de plaisir réprimer et même prévenir les attaques franches et nominales à la manière du théâtre d'Athènes, raffole des allusions dramatiques contre le pouvoir. Tant il est vrai qu'il y a en général plus de malice que de haine au fond du caractère français : il supporte ses maîtres, pourvu qu'il puisse rire un peu à leurs dépens. C'est bien le peuple dont Mazarin disait : « Ils chantent, mais ils payeront. »

L'accommodant aventurier acceptait en homme d'esprit cette disposition de ses administrés : tous les gouvernements ne sont pas aussi débonnaires.

Sous le premier empire, Brunet, l'excellent acteur comique, alla plus d'une fois en prison pour s'être permis quelques railleries à mi-voix contre les entreprises du souverain ; Napoléon ne put jamais pardonner à Népomucène Lemercier d'avoir écrit

Pinto (1800). Pinto est ce confident du duc de Bragance,
l'adroit secrétaire qui, arrachant ses compatriotes au joug espagnol, plaça sur la tête de son maître la couronne de Portugal.
Lemercier avait admirablement retracé le courage, la souplesse,
la fécondité de moyens que l'histoire prête à cet heureux conspirateur. La pièce fut interdite : il ne convenait pas au premier consul que l'on vît au théâtre l'image d'un pouvoir tyrannique renversé, malgré tous les obstacles, par le seul amour de
l'indépendance et de la patrie.

Sous la Restauration, la contrainte et la surveillance exercées
sur le théâtre furent aussi très-rigoureuses. Voilà, sans doute,
pourquoi la France compte en ce siècle un si petit nombre de
comédies réellement politiques, quoiqu'elle ait vu jouer sur la
scène du monde tant de choses dignes d'être traitées par un
Aristophane. En revanche, elle possède une incroyable quantité
de pièces ou simplement bouffonnes, ou qui sont la peinture de
ridicules populaires et bourgeois : depuis quatre-vingts ans,
combien n'a-t-on pas vu de centaines de ces productions aussi
amusantes que légères! Viennent ensuite, en nombre aussi prodigieux, les comédies d'intrigue. Quant à ce qu'on appelle au
théâtre *les caractères marqués*, il faut pour les reproduire,
même faiblement, beaucoup de patience et d'étude : en outre,
les plus importants ont depuis longtemps trouvé leurs peintres.
On ne doit donc pas s'étonner que ce genre ait été moins cultivé. On voit néanmoins qu'il tente parfois encore le courage
d'un écrivain. Ainsi, le jeune et spirituel auteur de *la Ciguë*,
M. Émile Augier, a voulu mettre en scène *l'Aventurière* du
grand monde, caractère que Mme de Girardin a ensuite abordé
avec plus de succès dans *Lady Tartufe*. Tout récemment encore, M. Ponsard nous montrait, dans une estimable comédie,
l'Honneur et l'Argent, le vieil antagonisme du devoir et de
l'intérêt. M. Galoppe d'Onquaire avait retracé précédemment ce qu'est une *Femme de quarante ans*, c'est-à-dire une
femme entrée dans cette seconde jeunesse que la galanterie et la
vie artificielle du monde permettent d'ajouter à la vraie jeunesse, à celle que donne la nature. Au total, les essais remarquables dans la grande comédie de caractère sont devenus peu

communs, et *l'École des Vieillards*, qui date déjà de 1823, reste
la meilleure pièce de ce groupe : au moins, c'est la plus généralement estimée, pour la conduite de l'action, le charme des
vers et le dessin des différents personnages. On ne peut d'ailleurs oublier en la relisant que Delavigne trouva, pour cette
œuvre, deux interprètes accomplis, Talma et Mlle Mars.

Si la période du théâtre comique, que nous avons fait dater
de Beaumarchais, s'achève ainsi au milieu d'une moindre abondance pour la comédie de caractère, s'il n'est plus guère permis
d'ajouter aux œuvres citées plus haut que le *Mercadet* de Balzac
(1851), étonnante peinture de l'homme d'affaires besoigneux, au
contraire, il y eut dans les trente premières années de cette
période un grand nombre de poëtes comiques qui prétendirent
à l'honneur difficile de représenter des types moraux. Avouons
que là, comme partout, les créations durables ont été clair-
semées. Cependant, pourrait-on ne pas citer avec estime *l'Op-
timiste* et *les Châteaux en Espagne* (1788), ainsi que *le Vieux
Célibataire* (1792), de Collin d'Harleville, trois productions
pleines de grâce, d'esprit et de raison, auxquelles l'auteur pré-
ludait, en 1784, par *l'Inconstant*, que Diderot appelait « une
pelure d'oignon brodée en paillettes d'or et d'argent. » L'aimable
talent de Collin manque un peu de nerf : ce fut, au contraire,
la qualité dominante d'Étienne dans sa comédie des *Deux Gendres* (1811). Le fond de cette pièce ressemblait à celui d'une
comédie jouée, vers 1710, sur le théâtre des jésuites de Rennes
avec ce titre : *Conaxa ou les Gendres dupés;* mais, malgré la
politesse de langage et l'adresse inventive familières aux auteurs de la Compagnie à l'époque où écrivait le révérend père
(c'est le temps des la Rue, des Porée, des Tournemine, etc.,
de ces maîtres célèbres qui employèrent souvent leurs loisirs à
composer des tragédies ou des comédies de collége), le jésuite
de Rennes écrivait mal, tandis que le style d'Étienne a de la
correction, de la gaieté, de la force. Il y a moins d'élévation,
mais de la finesse et de la verve, dans deux autres comédies
d'Étienne : *la jeune Femme colère* (1804), *Brueys et Palaprat*
(1807), que l'on joue encore quelquefois. En avouant leur infériorité sous le rapport du style, il faut reconnaître beaucoup

de charme et de naturel dans les comédies de *genre* que l'on doit à Picard (*M. Musard, les Deux Philibert*, etc.), à M. Scribe (*le Mariage de raison, le Mariage d'argent*, 1828, etc.) et tant d'autres badinages où s'est égayé le bon sens des écrivains français, *le Ci-devant Jeune Homme* (par Merle et Brazier, 1812), *Monsieur Vautour*, par Désaugiers, *Monsieur Jovial, le Bénéficiaire*, tout l'aimable répertoire enfin des petits théâtres de l'Empire et de la Restauration, les *Variétés*, les *Nouveautés*, le *Gymnase* ou le *Vaudeville*, dont les beaux jours datent du commencement de ce siècle. Alors florissaient les Boufflers, les Piis, les d'Avrigny, les Gouffé, les Ségur, Cailhava et Laujon, un peu plus âgés, mais non moins vifs, les Creuzé de Lesser, les Wafflard et les Fulgence. C'était aussi le temps d'un poëte facile mais correct, ingénieux mais philosophe, de l'auteur des *Etourdis*, l'aimable Andrieux, qu'il est impossible d'omettre quand on a nommé ses deux amis, Collin d'Harleville et Picard.

Depuis, la comédie de genre n'a pas été sans succès ; ne peut-elle pas nous offrir les délicieuses *scènes populaires* de Henri Monnier, observateur attentif et sincère, inventeur d'un type aussi bouffon que vrai, *Joseph Prudhomme?* Moins inoffensifs sont *les Saltimbanques* et toutes les figures créées par les Dumersan, les Varin. Cynique et sombre dans ses âpres dérisions de l'homme et de la société, paraît enfin le redoutable *Robert Macaire*, accompagné de son ami *Bertrand*. Quand les regards se sont arrêtés sur ces deux effrayants personnages qui tiennent du forçat, du charlatan, du proxénète et du chiffonnier, on aime à se reporter aux peintures naïves et fraîches que met sous nos yeux George Sand, moins heureux sans doute dans l'idylle dramatique que dans le roman, mais qui pourtant force une génération blasée à se prendre d'affection pour les natures agrestes et villageoises, comme les contemporains de la Révolution se plaisaient aux *arlequinades* de M. de Florian et aux petites pièces sentimentales de M. Collot d'Herbois, oui de Collot d'Herbois, aussi vertueux au théâtre que sanguinaire dans ses fonctions de proconsul. Nous reverrons sans doute aussi quelques-unes de ces bonnes et grosses physionomies, si

naïves, si franchement bêtes et si réjouissantes (les *Cadet Rous-*
sel, les *Jocrisse,* les *Bobèche* et *Galimafré*), qui égayaient nos
pères. Nous avons eu, il est vrai, cet étonnant Debureau, ce
Gilles enfariné, si fin, si naïf, si balourd, mais si fourbe, et qui
faisait trembler parfois, tant il y avait d'éclairs dans ses yeux,
de brutales menaces dans ses manches profondes, de terrible
agilité dans toute sa personne. Mayeux aussi, le mystificateur,
le facétieux bossu, avec son rire strident et sauvage, ne semblait pas un voisin rassurant : tant de sensualité unie à tant
d'audace, est-ce donc de quoi faire rire librement les honnêtes
bourgeois? Ah! qu'ils sont mieux à l'aise avec Arnal! Lui, du
moins, n'est qu'un philosophe morose et ridicule dans ses mille
infortunes. Mais surtout qu'il y a de charme dans cette sensibilité souriante, ingénue et naïve du grand acteur Bouffé!

Par une pente insensible, nous arrivons à substituer ici des
noms d'acteurs ou de types à ceux d'écrivains dramatiques : tel
est en effet le caractère des petits genres ; ils donnent plus de
popularité aux créations qu'aux créateurs, aux interprètes qu'à
ceux qui font parler les artistes. A peine sait-on comment s'appellent beaucoup de ces poëtes dont une pièce amuse la nation
pendant dix ou quinze années. C'est qu'à vrai dire, ils ne sont
guère que la voix de la nation même qui se parle, qui se met
en scène, qui s'égaye des faces diverses de sa propre indivi-
dualité.

Au contraire, plus une œuvre est recommandée par le style
ou par l'agencement de l'action, ou par le talent de l'intrigue,
plus le poëte conserve de droits sur son œuvre. C'est dans ces
productions que s'empreint avec netteté l'esprit propre à chaque
auteur : Alexandre Duval y sera un peu lourd, mais énergique;
Scribe, sceptique, merveilleusement habile et véritablement créateur en son genre; Dumas, passionné, vigoureux, plein de
mouvement et d'entrain; Alfred de Musset, subtil comme Marivaux, mais plus gracieux et aussi élégant que lui; Augier,
spirituel plutôt que profond; Ponsard, un peu grave; Alexandre
Dumas fils, sensuel ; Sandeau, inventif; Bayard, plus drôle que
discret.

Ces noms et d'autres encore mériteraient à bon droit un

examen plus étendu des pièces dont la comédie française s'est
enrichie de nos jours, mais il suffira, pour notre dessein, de
les avoir groupés à leur place et de rappeler que si tous ces
écrivains ont leur caractère propre, ils dérivent presque tous
cependant, par une filiation plus ou moins évidente, de l'auteur
du *Mariage de Figaro*. Comme lui cherchant l'effet, pressés de
l'obtenir, même par des surprises et des coups de théâtre, courant de leur mieux au dénoûment, ils doivent à ce modèle une
partie de leurs qualités et, disons-le aussi, de leurs défauts.
Enfin, c'est de Lemercier et de Rœderer (quoique celui-ci, en
publiant de remarquables comédies vers 1825, ne les ait pas
destinées à la représentation) qu'ils ont appris à revêtir leurs
personnages de costumes historiques : heureux toutefois, quand
ils ont réussi sur ce point à éviter les péchés d'ignorance et
quand ils n'ont pas travesti en mascarades de mauvais goût les
grandes figures du passé !

CHAPITRE XXIX.

La tragédie, chez les successeurs de Racine et de Corneille, la comédie, depuis Molière, s'étaient proposé toutes deux un but nettement défini ; l'une voulait plaire par un ton de perpétuelle gaieté, l'autre par un air toujours soutenu de noblesse et d'élévation. Entre ces deux genres opposés, on avait eu précédemment la tragi-comédie et la comédie héroïque où pouvaient se fondre les tons et les couleurs et qui, par suite de ce mélange, comportaient l'emploi de teintes adoucies : le comique y entrait en s'atténuant ; le tragique, en s'humanisant.

Mais peu à peu la tragi-comédie et la comédie héroïque avaient disparu sans que rien les remplaçât, et l'absence d'un genre mixte, analogue à l'ensemble de la vie elle-même, se faisait sentir. Le sort de l'homme n'a rien en soi d'assez continu, il est, dans le plaisir comme dans la peine, trop inégal à lui-même, pour que l'imitation, objet de l'art, fût complète et suffisante, si l'on ne rétablissait quelque mode intermédiaire. C'est à ce besoin que le drame, en tant qu'œuvre spéciale et tel qu'il existe aujourd'hui, doit manifestement son origine. En 1741 fut représentée sur le Théâtre-Français une pièce, *Mélanide*, de laquelle on date ordinairement la naissance de cette subdivision de l'art. L'auteur, Nivelle de la Chaussée, qualifiait sa pièce de comédie; mais comme elle prêtait peu à rire et que néanmoins le public y prit goût, les critiques s'évertuèrent à trouver un nom pour cette œuvre qui sortait de la classification établie: l'un voulut l'appeler *comédie larmoyante*; l'autre, *tragédie bourgeoise*; l'abbé Desfontaines, considérant qu'elle se rapprochait du roman intime, proposa le terme ridicule de *romanédie*; enfin, quelqu'un hasarda le nom de *drame*. Cette dernière désignation a prévalu pour les ouvrages du genre, plutôt renouvelé que nouveau, dont nous venons de définir le caractère et le rang.

La Chaussée n'était pas à ses débuts dramatiques, quand il composa *Mélanide*; mais, si déjà, dans *la Fausse Antipathie* (1734), dans *le Préjugé à la mode*, dans *l'École des Amis* (1737), on pouvait trouver des indices assez clairs de son système dramatique; si déjà Voltaire, s'essayant à l'emploi des mêmes ressorts, avait fait représenter une pièce, *l'Enfant prodigue* (1756), où le sérieux se tempérait par quelques spirituels accessoires, le succès de *Mélanide* est néanmoins le point de départ le plus apparent et le mieux en vue.

Lorsque l'on songe à toutes les imputations d'immoralité qui de nos jours sont dirigées contre le drame et qui ne manquent pas de quelque fondement, on ne découvre pas sans un peu de surprise que, dans la pensée de son inventeur, le drame eut d'abord un but presque catéchétique : Piron appelait *Mélanide* un *sermon du révérend père la Chaussée*, et Piron n'avait pas tort. Cette pièce, comme les suivantes du même auteur, *l'École des Pères* (1744), *la Gouvernante*, etc., sont de véritables prédications philosophiques. Il y a déjà moins de ce caractère dans le drame en prose, *Cénie*, qui fut joué en 1750, sous le nom de Mme Graffigny seule, bien qu'elle eût eu plusieurs collaborateurs ou auxiliaires.

Une année auparavant, Voltaire avait fait représenter *Nanine* : lui qui refaisait les tragédies de Crébillon, pour marquer à d'odieuses cabales la distance qui l'élevait au-dessus de leur idole, il voulut sans doute démontrer de même aux admirateurs enthousiastes de la Chaussée que la poésie peut être, même en un drame, correcte et spirituelle. On lui reproche, il est vrai, ce vers cacophone, échappé à la rapidité de la composition :

« Non, il n'est rien que Nanine n'honore. »

Mais dans une multitude de scènes, la versification est frappée à ce coin inimitable que Voltaire sait mettre à toutes choses. *Nanine* est pleine de grâce et d'intérêt. En outre, Voltaire ne pouvait pas se tenir, comme l'auteur de *Mélanide*, à quelque moralité banale. Celle de sa pièce est une attaque hardie et habile contre un préjugé puissant alors, le préjugé de la naissance.

Gresset, dans son *Sidney* (1745), fut le premier peut-être qui entreprit de rendre sur la scène le suicide intéressant, thème dangereux et qui trop de fois a tenté l'imagination de nos dramaturges. Gresset, par la beauté continue de son style, s'est fait du moins pardonner l'imprudence qu'il y a toujours à poétiser le dégoût de la vie.

C'est aussi un péril pour les mœurs publiques de présenter complaisamment, comme l'a fait Diderot dans *le Père de famille* (1761), l'amour exalté jusqu'au dédain des convenances domestiques. Un second drame, *le Fils naturel* (1771), semble défiguré par l'emphase et la déclamation, écueils ordinaires de ce talent vigoureux.

Il n'était pas possible que Diderot essayât d'un genre de composition, sans vouloir en tracer une poétique originale. Aussi a-t-il donné un long appendice de commentaires à chacun de ses deux drames. Le fond des idées qu'il développe est que le drame doit être essentiellement une imitation de la vie commune dans ce qu'elle peut offrir de touchant et de pathétique. Jusqu'à l'apparition de l'école romantique, cette vue a été presque constamment, après Diderot, après Mercier, son admirateur et son copiste, celle des poëtes qui se sont engagés dans la carrière où il avait pris rang.

Ainsi, le *Béverley* (1768) de Saurin est un tableau émouvant des funestes effets qu'entraîne la passion du jeu. *Le Philosophe sans le savoir* (1765), par Sedaine, offre une protestation tout à la fois éloquente et ingénue contre le duel. Sedaine, en faisant jouer cette pièce, obtint le succès qui ne lui échappa presque jamais dans sa carrière dramatique. Encouragé par les applaudissements donnés à son *Philosophe*, il voulut s'engager dans une voie ouverte récemment par Hénault, l'auteur célèbre d'un *Abrégé chronologique de l'histoire de France*. Le spirituel président avait essayé, en 1747, de mettre en action le règne de *François II*. Sedaine fit de même, en prose, une tragédie de *Maillard ou Paris sauvé*. Voilà les premiers débuts du drame historique, qui devait arriver à une si grande fortune vers 1830. Mais cette nouveauté, l'audacieuse entreprise de faire parler la tragédie sans le secours des vers, scandalisait les amis de la tradition. L'un des plus distingués assurément, Lekain, refusa de *prostituer* (ce fut son expression) son talent d'artiste à une telle profanation. Sedaine ne put faire représenter sa pièce : Hénault, prévoyant l'orage, n'avait pas voulu porter la sienne aux comédiens et ne l'avait même fait imprimer qu'avec peu d'espoir qu'elle fût bien reçue du public. On ne trouve, il est vrai, dans *François II*, qu'un petit nombre de qualités dramatiques; mais l'idée première était originale comme celle de l'*Épiménide*, du même auteur, cette ingénieuse comédie dont nous avons déjà dit un mot, et qui nous offre la piquante surprise d'un homme endormi pendant un siècle et qui, à son réveil, trouve, comme on l'imagine, le monde singulièrement changé.

Repoussé dans son excursion sur le domaine de l'histoire, le drame fut plus heureux en continuant ses démonstrations de morale : il se fit surtout accueillir merveilleusement comme auxiliaire du parti philosophique, dont il épousa volontiers la cause. De même que les polémistes du temps, les dramaturges s'appliquèrent, par exemple, à combattre l'institution des vœux monastiques irrévocables. La Harpe, dans sa *Mélanie* (1791), Arnaud Baculard, dans sa pièce d'*Euphémie*, Monvel, dans *les*

Victimes cloîtrées, puis en 1795, Marie-Joseph Chénier, en faisant jouer son *Fénélon*, aidèrent au mouvement de l'opinion qui s'était prononcée contre les cloîtres. Le drame à cette époque est donc militant, il se passionne pour les thèses brûlantes qui occupent et enflamment les esprits, il plaide pour l'affranchissement des esclaves ; il prend parti contre les émigrés, il se fait l'apologiste de l'exécution du roi : flatteur des goûts populaires, il prodigue les phrases sonores, les tirades pompeuses, si chères aux esprits peu formés ; mais comme le sentiment reste ordinairement chez le peuple vif et bon, le drame fait étalage de sensibilité, de *sensiblerie* même. Ce dernier moyen est une recette en quelque sorte immanquable que les dramaturges se transmettent et dont les éléments sont toujours une victime innocente et persécutée, un niais, un homme vertueux et un traître en manteau traînant. Depuis Mercier jusqu'à nos contemporains, Élie Berthet, Dennery, Bouchardy, ces ingrédients se sont plus ou moins déguisés, mais ils subsistent. Et pourtant, au milieu du fatras des quelques centaines de drames représentés depuis quatre-vingts ans, on distingue de temps à autre des éclairs de génie. Ce même Mercier, ce *singe* de Diderot, ce prolixe et banal auteur de plus de soixante pièces, a trouvé par intervalles les plus remarquables inspirations. Dans sa *Natalie* (1771), il y a des passages cruellement vrais sur l'amour, sur la tyrannie des passions qui peuvent égarer l'homme jusqu'au mépris des lois les plus saintes de la famille. Son *Jenneval* fournit l'exemple des malheurs auxquels conduit l'amour d'une femme méprisable. *La Brouette du vinaigrier*, qu'il fit jouer en 1775, est la première et peut-être la meilleure de ces nombreuses pièces de théâtre où l'on voit un honnête artisan, dépositaire de quelque secret, détenteur inconnu d'un trésor, se révélant tout à coup comme le sauveur d'une famille intéressante. Son *Déserteur* (1782) eut la gloire de faire restreindre l'application de la peine de mort prononcée jusque-là indistinctement pour toute absence illégale d'un militaire.

Malheureusement les pièces de Mercier, comme celles d'une foule de ses successeurs, sont d'une incorrection, d'une vulgarité, d'une platitude de style, qui semblent, en quelque ma-

nière, la loi ancienne du drame français, puisque ces mêmes
défauts honteux se retrouvent jusque chez Beaumarchais, dans
son *Eugénie* (1767), œuvre émouvante néanmoins, dans *la
Mère coupable* (1792), suite lugubre de ces deux brillantes
merveilles, *le Barbier de Séville* et *le Mariage de Figaro*. *La
Mère coupable*, malgré les défauts du genre, offre plus encore
qu'une intrigue habile, c'est le spectacle animé des profondes
agitations qui suivirent, au sein des familles, la révolution de
l'État. Au travers des phases d'une tragédie domestique retentit
l'écho frémissant des orages qui bouleversent la nation tout
entière, comme le *Calas* de M.-J. Chénier (1791), *l'Honnête
Criminel*, par Fenouillot de Falbaire (composé en 1767, joué
en 1790) rappelaient au public l'infamie et les périls de l'arbi-
traire laissé aux mains de juges iniques. La fièvre de réforme
se manifestait ainsi par le drame comme par les mille voix des
journaux, des clubs, de l'assemblée nationale, et Schiller dut
être un peu surpris de voir ses poétiques brigands, les fils de
sa juvénile ardeur, ces jeunes hommes enivrés de paradoxe et
non de carnage, monter sur la scène française, en 1793 (*Robert,
chef de brigands*, par Lamartelière), pour y réclamer, en prose
exécrable, l'institution d'un tribunal révolutionnaire, pour préparer l'esprit des masses à l'établissement de cette nouvelle et
sanguinaire inquisition.

En 1799 eut lieu d'Allemagne en France une autre importation, de moins funèbre mémoire (grâce au ciel !). Mme de Val-
livon, connue au théâtre sous le nom de Julie Molé, copia presque textuellement de Kotzebue un drame, qu'elle fit représenter
sous le titre de *Misanthropie et Repentir*; mais quoique discrète et d'assez bon goût, cette imitation amena la mode d'une
affectation de mélancolie contre laquelle protestait vainement
la petite comédie spirituelle de Jouy et Delongchamps (*Comment
faire ? ou les Épreuves de misanthropie et repentir*).

On peut juger de la manie d'attendrissement dont fut saisi
le public quand on songe au triomphe qu'obtint le fade, incor-
rect et déplaisant ouvrage de Bouilly, intitulé *l'Abbé de l'Épée*
(1800). Après l'accueil flatteur dont fut l'objet une pareille
composition, on ne s'étonne plus de voir prospérer, sous l'Em-

pire et dans les premières années de la restauration, un genre
maintenant bien déchu, le mélodrame, dont Schlegel disait en
1808 : « Sur la scène française, on n'entend pas par *mélodrame*
une pièce dramatique où les monologues sont entrecoupés de
musique instrumentale, mais une pièce en prose emphatique,
où l'on représente quelque chose de merveilleux, une aventure
fabuleuse ou réelle, avec un grand fracas de spectacle, de
changements de décorations, etc. » L'ingrate postérité ne se
souvient déjà plus des Sophocles populaires et des Euripides
de boulevard qui eurent nom Boullaut, Thuring, Bonel, Boirie,
Lamey, la Roche, Dupetit-Méré, Guilbert de Pixérécourt,
Hapdé. Qui pourrait dire cependant combien excitèrent d'admiration, de surprise et d'émotion *Bélisaire, ou le Grand Homme
et le Malheur* (1802), *Malvina, ou l'Ermitage des Cyprès*
(1803), *Tippo-Saëb ou la Prise de Seringapatam* (1804),
*Storb et Verner ou les Suites d'un duel, Ramire ou le Fils na-
turel* (1805), *les Frères à l'épreuve* (1806), *Isaurine et Wal-
bourg ou la Révolte de Coperberg* (1815), *le Mont Sauvage ou
le Solitaire* (1816)? Avec ces lourdes pièces sont tombées également dans l'oubli une multitude de compositions badines et
légères, œuvres pétillantes de la malice française, qui protestait
par d'innombrables parodies contre l'aveuglement et le déplo-
rable goût de la foule.

Au mélodrame a succédé, vers 1825, une variété nouvelle
du drame qui ne ressemble tout à fait ni au *comique larmoyant*,
ni à la *tragédie bourgeoise*, ni aux autres espèces connues, mais
qui, comme les précédentes, a fait constamment et fait encore
la fortune des théâtres secondaires. Cette variété, disons-nous,
n'est pas facile à définir : on pourrait cependant l'appeler la
tragédie des plébéiens. La terreur et la pitié y sont les ressorts
habituels que modère parfois un peu d'esprit comique : les
coups de théâtre, les déclamations banales, les poses préten-
tieuses, les sentiments forcés n'y sont pas rares ; mais on doit
cependant reconnaître chez les auteurs de cette sorte de compositions une extrême habileté dans l'agencement des parties,
une entente souvent admirable des moyens d'agir sur l'imagination, une adresse merveilleuse à construire des fables compli-

quées. Depuis Victor Ducange, qui peut être considéré comme
le créateur de cette espèce d'œuvres, jusqu'à cette année, on
citerait aisément vingt auteurs, Alexandre Dumas, Frédéric
Soulié, Félicien Mallefile, Félix Pyat, Auguste Luchet, Noël
Parfait, Dennery, Comberousse, Élie Berthet, Bouchardy, etc. [1],
qui, sur les scènes peu nobles de l'*Ambigu*, de la *Gaieté*, de la
Porte-Saint-Martin, ont déployé des ressources infinies d'invention et de sagacité pour émouvoir, attendrir, étonner le
parterre et le *paradis* où s'entassent les artisans et les petits
bourgeois, admirateurs naïfs et facilement impressionnables, et
les loges où même les beaux esprits et les oisifs viennent chercher
quelques rudes émotions pour leurs sens blasés. Là, on traite
sans façon l'histoire, on fait de l'archéologie fantastique, de la
morale plus imprégnée d'un esprit de paradoxe que tous les
traités des stoïciens et même des épicuriens antiques, de la
politique singulièrement capricieuse : mais là aussi, on sait
comment il faut toucher le cœur humain, on taille en quelque
sorte à coups de hache des caractères vigoureux ou saisissants.
L'imagination du public se prête d'ailleurs avec une facilité
incroyable soit à comprendre des intrigues en apparence inextri-
cables, soit à compléter pour elle-même les traits que les auteurs n'ont souvent qu'ébauchés. Ajoutons que ces œuvres,
même quand elles sont informes, rencontrent, plus qu'on ne
l'attendrait en ces lieux, des interprètes, non-seulement passionnés, mais habiles, éloquents et d'une intelligence aussi souple que forte. Les Frédérick Lemaître, les Bocage, les Mélingue,
les George, les Dorval et tant d'autres laisseront une réputation d'artistes consommés, de même que l'on n'oubliera de
longtemps des pièces telles que *Antony*, *la Tour de Nesle*, *le
Chevalier de Maison-Rouge*, *Gaspardo le Pêcheur*, *le Pacte
de famine*, etc.

Au *Théâtre-Français*, à l'Odéon et par intermittence au
théâtre de la *Porte-Saint-Martin*, le drame a reçu un caractère
particulier : moins émouvant peut-être, mais aussi plus litté-

---

[1] M. de Lamartine même pourrait figurer sur cette liste par son drame
nègre de Toussaint Louverture (1850).

raire, il rappelle les noms illustres des Victor Hugo, des De
Vigny, des Delavigne. A. Dumas s'est également marqué là,
comme partout, une place brillante. Si M. Mérimée, par la publication du livre intitulé *Théâtre de Clara Gazul* (1825), donna
l'idée d'un renouvellement des formes dramatiques ; si l'honneur d'avoir commencé la fortune de ce qu'on pourrait nommer
le drame littéraire revient à Victor Hugo, qui dès l'an 1827 faisait imprimer son *Cromwell* et soutenait de son éloquence, dans
une préface célèbre, les théories aventureuses d'une école nouvelle ; si M. de Vigny, affrontant le premier les périls de la scène,
risqua une bataille rangée contre les ennemis de Shakespeare
en donnant au théâtre une belle traduction d'*Othello* (1829),
A. Dumas remporta la première victoire lorsqu'il fit jouer
Henri III et sa cour (11 février 1829). Néanmoins, les secta-
teurs des anciennes doctrines littéraires ne se tinrent pas pour
définitivement battus, et l'*Hernani* de Victor Hugo (septem-
bre 1829) fit éclater tout à la fois l'obstination des vieux
classiques, l'emportement juvénile des romantiques, le génie,
la témérité, la force et la faiblesse d'un grand poëte. La cause du
drame littéraire resta indécise, même après la représentation de
Marion Delorme et de cette autre pièce étrange, *le Roi s'amuse*.
Elle fut gagnée, on peut le dire, par Casimir Delavigne. Partisan un peu timide, mais par cela même prudent et modéré,
des innovations, imitateur ingénieux de Shakespeare et de Byron, écrivain sage, correct et spirituel, il neutralisa, en quelque
sorte, dans d'heureux mélanges les excès de toutes les doctrines
dramatiques. Assez novateur pour ne pas déplaire aux romantiques, assez fidèle aux traditions savantes de la scène française
pour contenter les défenseurs modérés du système classique,
il vint fermer, si l'on peut s'exprimer ainsi, les luttes dont le
drame littéraire avait été l'occasion, par le succès de son *Don
Juan d'Autriche* (1835). Sans trouver dans les cinq actes en
prose de cette pièce la vérité historique à laquelle avaient prétendu Walter Scott pour le roman, et, en France, M. Vitet,
écrivain plus habile que le président Hénault (voir p. 215), dans
ses deux remarquables essais dramatiques, *les États de Blois* et
les Barricades ; sans y admirer la facilité de talent naturelle à

Dumas ou la hauteur quelquefois outrée de Hugo, l'on ne peut
s'empêcher de reconnaître dans cette pièce une facture assez
vive, une rare dextérité, plus de chaleur, de naturel et de
grâce que dans les drames du directoire, du consulat, de l'empire. Comparés au *Don Juan* de Delavigne, le chef-d'œuvre de
Julie Molé ou celui d'Alexandre Duval, *la Jeunesse du duc de
Richelieu* (1796), paraissent sur-le-champ des compositions
surannées. Cependant, on doit avouer que cette charmante
pièce, bien que le style en soit pur, n'a pas non plus en elle les
caractères d'une beauté durable : elle a vieilli déjà. C'est d'ailleurs la destinée des drames de perdre assez vite l'air de
jeunesse comme de se multiplier à l'infini. Expression des
sentiments passagers d'une époque, ils les reproduisent jusqu'à
la satiété ; mais bientôt le mobile esprit de la France se prend
à des affections nouvelles, les œuvres populaires des faiseurs
de drames disparaissent dans les abîmes de l'oubli, entraînées
du même mouvement que les partis politiques et les idées de
la veille. Nul n'y songe, même parmi ceux dont elles ont le
plus vivement enflammé l'imagination.

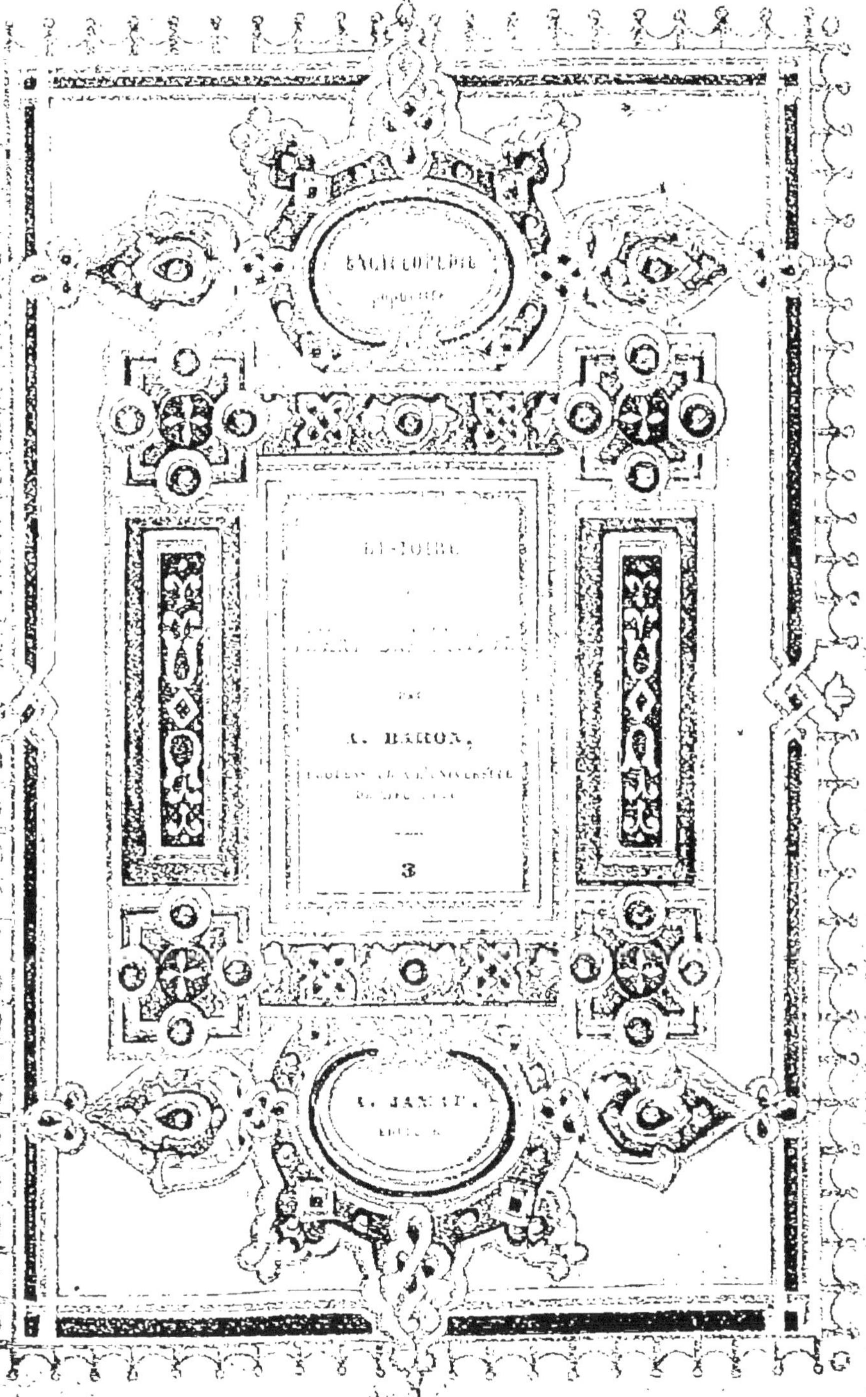

ENCYCLOPÉDIE
POPULAIRE
HISTOIRE
PAR
A. BARON,
PROFESSEUR À L'UNIVERSITÉ
DE LIÉGE
3
L. JANET
ÉDITEUR

HISTOIRE

DE

L'ART DRAMATIQUE.

SHAKSPEARE

HISTOIRE

DE

L'ART DRAMATIQUE

PAR

A. BARON,

PROFESSEUR A L'UNIVERSITÉ DE LIÉGE, MEMBRE DE L'ACADÉMIE
ROYALE DE BELGIQUE, ETC.

III

BRUXELLES,

Sociéte pour l'émancipation intellectuelle.

A. JAMAR, ÉDITEUR.

CHAPITRE XXX.

APERÇU DE L'HISTOIRE DU THÉATRE EN ITALIE PENDANT
LE MOYEN AGE ET JUSQU'AUX PREMIÈRES ANNÉES DU
XVIe SIÈCLE.

De tous les théâtres modernes, celui dont nous devions
d'abord parcourir les annales était le théâtre français ; il réclame le premier rang par son incomparable richesse et par les
magnifiques développements que lui ont donnés tant d'hommes
d'un mérite supérieur. N'oublions pas cependant ce qu'il doit à
d'autres pays et spécialement à l'Italie. Les poëtes dramatiques
italiens ont ouvert la route où se sont élancés ensuite des émules
et des disciples plus grands qu'eux-mêmes. Devenue, dès la fin
du xve siècle, la proie des étrangers, l'Italie, comme autrefois la
Grèce vaincue, a conquis les barbares ; elle leur a communiqué
son amour pour les œuvres antiques et son ardeur à les reproduire dans d'ingénieuses imitations. L'influence de son génie
est manifeste dans toute la littérature des peuples de l'Occident
au xvie siècle. Aucun n'en a mieux reçu l'empreinte que l'art
français, et la France ne s'est montrée alors, en aucun genre
plus volontiers qu'au théâtre, l'élève fidèle des poëtes d'au delà
des monts. Si nous avons attribué aux Français le premier

rang, l'Italie doit venir immédiatement après eux. En outre, l'histoire du théâtre français n'est pas tout entière dans celle des divers genres que nous avons esquissés : il reste à parler d'un genre dont l'origine et les destinées se mêlent sans cesse aux souvenirs de la scène italienne, l'opéra. Un aperçu des caractères de l'art dramatique en Italie se rattache donc de très-près à l'examen des théâtres de France et doit même servir de préparation à toute une famille de leurs grandes compositions. Mais, avant d'arriver à l'époque où l'Italie devient, par ses poëtes, l'institutrice de toute l'Europe lettrée, — où ses comédies exercent déjà tant d'empire, que la spirituelle Marguerite de Navarre, sœur de François Ier, s'essaie à en composer de semblables dans la langue même d'Arioste et du Trissin, — où Catherine de Médicis, mariée au jeune prince qui fut plus tard Henri II, amène à sa suite une troupe florentine, objet d'admiration pour la cour de son beau-père, — nous dirons quelles furent les formes plus anciennes du théâtre italien.

On a vu précédemment (chap. XVI) que, à partir du xive siècle, l'imitation latine du théâtre des anciens avait commencé en Italie, et qu'elle s'y était étendue dès lors avec une rare fécondité dans les deux genres tragique et comique. A côté des productions de cet ordre et pour un autre public, on continua de représenter des pièces d'un goût moins nouveau et qu'inspirait la religion : elles se mêlaient aux carrousels et à tous les jeux aimés de la foule. Ainsi l'on signale antérieurement aux premières pièces latines d'un caractère profane, en 1243, à Padoue, la représentation en italien de *la Passion de Jésus-Christ*. Dès 1264, il se formait à Rome même, sous le nom de *Compagnia del Gonfalone*, une société pour représenter les Mystères. Ces pièces, écrites successivement dans tous les dialectes de la péninsule, l'étaient également dans la langue liturgique, le latin. On déployait dans ces spectacles pieux un appareil et une magnificence extraordinaire. Longtemps, le théâtre qui leur était destiné fut dressé dans l'église même. « On y faisait jouer de grandes machines. Les perspectives ou décorations changeaient souvent. Le nombre des comparses ou de

ceux qui formaient le cortége des acteurs principaux était immense. Des joutes, des tournois, des batailles, des fêtes données à la cour, des banquets royaux, des bals et des concerts
paraissaient tour à tour sur la scène. » (GINGUENÉ, *Histoire
littéraire d'Italie*, t. 3, p. 513.) — L'histoire a noté comme
une merveille la représentation de *Saint Jean et Saint Paul*, à
Florence, du temps de Laurent de Médicis. Le poëme, écrit
tout entier en octaves et chanté en partie, répondait à la richesse de la mise en scène : il avait pour auteur Laurent lui-
même, et offrait encore un singulier attrait de curiosité, si,
comme on l'a prétendu, ce maître de la république monta sur
le théâtre et joua l'un des rôles principaux qu'il avait rendu
plus piquant par de transparentes allusions aux affaires de
l'État.

Le goût des mystères se perpétua même après la naissance
de la véritable tragédie. Il existe des *miracles* de la Vierge
Marie imprimés, en 1469, dans la ville de Florence, qui conserva plus vivement qu'aucune autre le goût de ces compositions. Depuis *Abraham et Isaac*, par Feo Belcari, donné en
1449, jusqu'aux tragédies saintes de Lottini, qui écrivait à la
fin du xvie siècle, et dont la vie et la carrière dramatique
s'étendirent dans le siècle suivant, on compte un grand nombre
de ces sortes de spectacles. Quelques-uns des poëtes adonnés à
ce genre ne furent pas sans mérite sous le rapport du style, mais
les traits de simplicité, de crédulité, le mélange des idées et des
tons, donnent à presque tous ces drames un air suranné; leur
lecture n'est plus guère supportable que dans un intérêt historique et philologique.

L'histoire particulière de l'art dramatique moderne s'attache
plus curieusement aux imitations latines du théâtre ancien
qui furent faites en Italie, à partir de la seconde moitié du
xve siècle. Jusque-là tous les écrivains que nous avons cités
ailleurs (*V.* chap. XVI, p. 122) et ceux dont nous aurions pu
donner en outre le catalogue composaient leurs pièces, non pour
la représentation, mais pour la lecture : ils paraissaient, comme
tant de poëtes romains de l'Empire, dans une assemblée réunie
pour entendre déclamer. On ne *jouait* nulle part leurs drames.

Au contraire, vers 1455, des indices assez significatifs, à défaut de preuves formelles, donnent à présumer que ces imitations latines eurent véritablement des acteurs pour interprètes. Environ vingt ans plus tard le fait se trouve certifié par de nombreux témoignages. Un des savants professeurs de ce temps, un fanatique de l'antiquité, Pomponius Lætus, avait réuni, sous le nom d'*académie*, de jeunes nobles qu'il dirigeait : il jouait avec eux, dans les palais des cardinaux, des comédies ou de Plaute, ou de Térence, ou de quelque auteur moderne. Le cardinal Riario fit représenter, en 1473, avec une pompe inouïe, *la Vie de sainte Suzanne :* le fond était bien celui d'un mystère, mais la forme se ressentait déjà, comme dans d'autres pièces composées et jouées sous l'inspiration du même prélat, des progrès de l'érudition classique. La même influence de la poésie ancienne s'unit encore au génie catholique dans la *Passion*, écrite en latin pour la scène, et dont l'auteur est Bernardino Campagna. Ce sujet de la *Passion* revient, à cette époque, sous la plume érudite du Trévisan Tommaso da Prato. Si Pierre Riario aimait et favorisait les pièces sacrées, son neveu avait plus de goût pour les représentations profanes. Protecteur déclaré de Pomponius et de sa troupe académique, il lui amenait pour spectateurs les prêtres les plus marquants et même le pape Sixte IV. En 1484, un autre pontife, Innocent VIII, se laisse de même conduire à la représentation d'une pièce latine. Ce qui rend moins extraordinaire la présence du souverain pontife, c'est que l'œuvre tragique célébrait un prince cher à l'Église, Constantin. En mai 1492, dans le palais du cardinal Raphaël, on vit encore C. Verardi, de Césène, chambellan et secrétaire du pape, donner une pièce latine en prose, dont le sujet, traité sous le titre d'*Histoire Bétique,* n'était rien moins qu'un des événements les plus glorieux pour le catholicisme au xve siècle, la prise de Grenade. Là, comme dans un si grand nombre de compositions italiennes du même âge, les emprunts aux anciens sont perpétuels, et chaque tirade dans la prose de l'*Histoire Bétique* est inspirée par Sénèque, ou même par Tite-Live et Salluste. Verardi traça ensuite le plan d'un autre drame, *Ferdinand sauvé;* mais ce drame, à la différence du précédent, fut écrit en vers (un neveu de l'auteur, Marcelin Verardi, se chargea du soin de le mettre sous cette forme). *Ferdinand sauvé* prit le titre devenu fameux depuis de *tragi-comédie*. Là, comme dans les pièces françaises du même temps et malgré l'imitation de l'antiquité, l'imagination, qui s'attache à mettre en scène des personnages sacrés, ne manque ni de mouvement, ni de naturel. Du reste, les Italiens, tout en conservant le latin au théâtre, n'excluaient pas encore, comme ils l'ont trop souvent fait depuis, les sujets modernes. Par exemple, le chevalier de Jérusalem, ou plus simplement Laudivio, écrit en vers ïambiques une tragédie sur *la captivité et la mort de Jacques Piccinino*, un condottiere célèbre que Ferdinand le Catholique trompa indignement, comme tant d'autres, et qu'il mit ensuite à mort. De tels personnages appartenaient réellement au drame ; leurs aventures lui donnaient au moins un intérêt de curiosité, comme les sujets tirés de la tradition légendaire pouvaient à leur tour passionner plus aisément les esprits que n'eussent fait des compositions d'un caractère en quelque sorte tout intellectuel et abstrait. Que l'on ne s'étonne pas d'ailleurs de voir l'Italie conserver familièrement le latin dans des représentations dramatiques : les lettres anciennes sont, à cette époque, cultivées par toute la société polie, et la langue savante est entendue sans difficulté de tous les spectateurs. Ainsi, en 1495, un prêtre, P. Domizio, fait jouer avec un très-grand succès, à Ferrare, une tragédie latine, *la Conversion de saint Augustin* ; vers le même temps, Harmonio charme les beaux esprits de Venise, la ville des richesses, par la peinture de l'avarice, dans sa comédie de *Stephanium* ; à Venise encore, en 1504, la *Dolotechne* de Bartolommeo Zamberti est reçue avec admiration ; en 1505, on imprime à Rome les comédies latines de Gallus Ægidius Romanus, que l'auteur et quelques-uns de ses amis représentent au milieu de vifs applaudissements : tant était vraie et commune la popularité donnée par les littérateurs aux études érudites ! Les hommes qui pouvaient, comme Maffeo Vegio, écrire purement une suite de l'Énéide dans la langue de Virgile, comme Ant. Codro Urceo, créer pour l'*Aululaire*, tronquée dans les manuscrits, un dénoûment dont Plaute n'aurait peut-être pas désavoué le style, ces hommes n'étaient pas réduits à des succès de collége : on comprenait vulgairement ces doctes écrits, et leurs pastiches étaient goûtés comme auraient pu l'être des créations originales.

Cependant les modes ont une fin, et non-seulement le peuple préférait toujours à ces œuvres académiques les *bagatellieri* (saltimbanques) et les *burattini* (marionnettes), mais encore, à la fin du xve siècle, les lettrés, surtout en Lombardie, commencent à déserter les représentations latines. En 1472, le savant Politien met sur un théâtre, à Mantoue, une sorte de drame bucolique en langue italienne, *Orphée*. Dès 1486, les princes de la maison d'Este encouragent la représentation de comédies traduites de Plaute ou qui s'inspirent de son esprit, comme le *Céphale*, de Nicolo de Correggio. Boïardo, le modèle fameux de l'Arioste, arrange librement pour le théâtre du duc de Ferrare et transcrit en *terza rima* un dialogue de Lucien, *Timon le Misanthrope*. A Milan, à Vérone, partout enfin où quelque cité, quelque prince ambitionne la gloire soit d'attirer les étrangers, soit d'occuper les esprits par des plaisirs délicats, des théâtres s'élèvent, et l'art dramatique italien cherche à se produire.

A peine le xvie siècle vient-il de naître, que les imitations latines disparaissent brusquement et presque sans retour devant les compositions originales. Les académies se forment en grand nombre et rivalisent de zèle sur les théâtres qu'elles ouvrent. On commence à voir, à côté des artistes-amateurs, des acteurs de profession qui tireront un gain légitime de leur talent. Le cours des choses amène un rapide essor de l'art même de la composition dramatique. Vers 1508, le cardinal Bibbiena compose la première comédie régulière en langue italienne ; et à peu près à la même date, Trissin donnait la première tragédie régulière.

CHAPITRE XXXI.

———

Entre les premières années du XVIe siècle et la fin du XVIIe se trouvent comprises pour l'Italie les phases diverses d'un système dramatique qui naît, grandit, se développe, puis s'affaisse, agonise et meurt. Sans avoir l'éclat de quelques autres genres, le théâtre régulier des Italiens, durant les beaux jours de cette période, a du moins son mérite et son originalité, et à l'époque de son déclin, son appauvrissement même est utile à notre instruction, en nous donnant une nouvelle preuve de cette vérité, qu'une nation perd ordinairement sa valeur littéraire et se consume en de vaines productions, lorsqu'une fois elle laisse défaillir en elle le sentiment de la liberté politique. Dans le cours du XVIe siècle, l'Italie, quoique torturée par les barbares, garde au moins une énergie secrète et proteste encore contre la force brutale, dont elle n'accepte que plus tard l'avilissante domination. Tant qu'elle reste grande par le cœur et supérieure aux humiliations infligées par la fortune, elle produit encore des hommes illustres : quand elle semble désespérer de son in-

dépendance, on n'y rencontre plus que des talents avortés.
L'excès des maux lui rend plus tard, au xviiie siècle, quelque
noblesse : l'aspiration patriotique fait naître un Alfieri, qui présage la renaissance de cette fermeté, jusqu'à nos jours encore
malheureuse, mais noble et respectable, des Italiens opprimés.
Ce serait un travail intéressant de suivre ce mouvement parallèle du génie littéraire et de l'esprit national; mais les limites
de notre cadre ne permettant pas des développements de cette
nature, il faut nous contenter de les indiquer au lecteur et nous
restreindre à tracer les progrès et la décadence de la comédie,
de la tragédie, et d'un troisième genre, le drame pastoral, en
Italie.

§ 1. La comédie.

Aucune nation n'offre plus que l'Italie de distinctions constantes et profondes entre les œuvres nées de l'esprit populaire
et celles qu'a produites la classe lettrée pour un public limité.
Il est même remarquable que les deux littératures ne brillent
pas également aux mêmes époques. Ce fait exige qu'on traite à
part de ces deux ordres de compositions. Réservant le premier
pour une étude spéciale, je vais parler du second, en commençant par la comédie. Ce genre est, du reste, facile à caractériser
dans la littérature savante de l'Italie pendant la période qui
nous occupe : il porte l'empreinte continue de l'imitation, et
tous les auteurs se présentent comme les disciples, souvent
comme les copistes serviles des deux maîtres latins, Plaute et
Térence.

Le premier poëte auquel on attribue une comédie classique
et régulière est Bernardo Divizio, cardinal Bibbiena. Quelques
années avant lui, Arioste avait donné à Ferrare deux pièces du
même goût que celles de Bibbiena : seulement elles étaient
écrites en prose, composées négligemment, et quand l'aimable
poëte les publia retouchées et mises en vers, le cardinal avait
déjà conquis, par le succès retentissant de la *Calandria*, le nom
de fondateur de la comédie italienne régulière. Ce fut en 1508,
à la cour du duc d'Urbin, que B. Divizio, alors simple prêtre,

fit jouer son œuvre pour la première fois : plus tard, elle fut représentée à Rome en présence de Léon X, pontife spirituel et de mœurs faciles, qu'amusaient les jeux de la scène. Léon avait même appelé auprès de lui l'académie des *Rozzi* de Sienne, qui s'étaient acquis une certaine célébrité par l'enjouement de leurs pièces, où, selon le caractère de leur ville, ils mêlaient à plaisir les dictons populaires et les équivoques grivoises. Le pape encouragea son secrétaire, qu'il avait créé cardinal, à faire mieux encore que les Siennois. Bibbiena réussit en effet à mettre dans sa comédie plus d'art et même plus de licencieux propos que les facétieux académiciens de Sienne. La *Calandria* prend son titre du nom de Calandro, l'un des personnages : c'est un libertin imbécile qui devient amoureux d'une prétendue amie de sa femme, d'une soi-disant jeune personne nommée Santilla ; mais Santilla est un jeune homme introduit sous un déguisement féminin auprès de la femme de Calandro. Ajoutez à cette donnée première une histoire d'enfants enlevés par des pirates, des scènes de valets comme on en trouve dans Plaute, et des gravelures plus hardies encore que celles du latin, vous aurez la *Calandria* du favori de Léon X.

En 1494 ou 1495, Arioste, encore étudiant, avait composé, ainsi qu'on l'a vu, deux comédies en prose : *la Cassaria*, et *I Suppositi*. Quinze ou seize ans plus tard, avant la publication du *Roland furieux*, il les fit reparaître en vers non rimés, de cette mesure que l'on nomme *versi sdruccioli* et qui ont toute la liberté des *iambi senarii* du théâtre latin. Imitées de Plaute, elles ont de la vivacité, du naturel, et, dans trois autres qui les suivent, *la Lena*, *il Negromante*, *la Scolastica*, on retrouve comme dans celles-ci la gentillesse, la liberté satirique, l'élégante légèreté du style, mais aussi trop souvent les fantaisies obscènes qui caractérisent le chantre de Roland.

Machiavel, dont le nom évoque de si lugubres souvenirs, écrivit avant 1520, et pour charmer par la poésie la disgrâce de l'homme d'État, une pièce plus obscène encore que les précédentes, mais la plus brillante qu'ait vue le théâtre comique des Italiens. On y admire des caractères touchés avec une singulière adresse, une intrigue bien conduite, un dialogue plein de pureté et de trait. Sa *Mandragola* est un chef-d'œuvre, s'il peut y avoir des chefs-d'œuvre sans moralité. Qu'on ne nous demande pas ce que c'est que cette *Mandragore* : notre siècle ne permet plus d'indiquer, même par une allusion, les sujets qu'on traduisait au jour de la scène, sur le théâtre de Léon X. Moins indécente, mais plus faible, est la *Clizia*, autre pièce de Machiavel, à qui l'on attribue encore une petite pièce en trois actes si effrontée dans son intrigue et dans sa prose savante, que les éditeurs n'ont pas osé l'appeler autrement que la *Commedia sine nomine.*

Au-dessous des pièces de Bibbiena, d'Arioste, de Machiavel, viennent se placer, dans le xvie siècle, de nombreuses comédies qu'on regarde comme étant du second ordre, mais dont quelques-unes se distinguent encore par la peinture des caractères, la force d'intrigue, le sel de la plaisanterie et du comique. Il est à peine nécessaire d'ajouter qu'elles accusent une extrême dépravation. Comment pourrait-il en être autrement, puisqu'elles sont d'une époque où le débordement des mœurs arrivait à son comble en Italie et où florissait Pierre Arétin? C'est lui, c'est ce scandaleux auteur des *sonetti lussuriosi*, qui se présente le premier avec cinq comédies, les mieux écrites de toutes ses productions : *il Marescalo, la Cortigiana, l'Ipocrito, la Talanta, il Filosofo.* Elles abondent en traits de caractère, d'esprit et de situation, mais les détails scabreux et le génie indépendant du poëte résistent à toute analyse. Ce qui frappe plus encore, à la lecture, c'est, comme le dit Ginguené, « que l'Arétin put nommer et désigner impunément, comme il le fait, des princes vivants, des littérateurs distingués, des villes, des gouvernements, des monarchies, des corporations civiles et religieuses, donnant aux uns le blâme, aux autres la louange, selon son caprice, ou plutôt selon le bien ou le mal qu'il en avait reçu, et les présents ou les refus qu'ils lui avaient faits. » C'est plutôt l'audace d'Aristophane que l'agréable liberté de Plaute.

Le plus fécond et l'un des plus distingués d'entre les auteurs comiques de ce siècle fut Giovammaria Cecchi. Nous n'avons de sa main que dix comédies, mais il en avait composé un nombre

beaucoup plus grand. Cinq sont tirées de Plaute et de Térence ;
l'imitation y prend un tour facile et léger. Les cinq autres sont
ou de pure invention ou fondées sur des aventures récemment
arrivées à Florence, à Pise, à Sienne, et qui n'en paraissaient
que plus piquantes aux compatriotes du poëte, aux Florentins.
Il règne dans toutes ces comédies une telle franchise de mauvaises mœurs qu'on ne conçoit pas comment elles ont pu paraître au jour. Et cependant Léon X fit représenter à Florence,
en 1515, une des plus vives, l'*Assiuolo* (*le Hibou*), dans le
même temps que la *Mandragore*. On cite comme une particularité bizarre que dans la salle où le pape vint prendre place,
il y avait deux théâtres sur lesquels on jouait alternativement
un acte de l'*Assiuolo* et un autre de Machiavel.

Au Grazzini appartiennent sept comédies ; Agnolo Firenzuola
en a donné deux ; Louis Dolce, auteur universel, cinq. Elles
renferment tout à la fois des souvenirs de la littérature latine,
des inventions romanesques et des traits multipliés d'une gaieté
sans scrupules d'aucun genre. Les mêmes caractères se retrouvent ensuite dans Girolamo Parabosco, Ercole Bentivoglio,
Francesco d'Ambra, celui-ci poëte de génie dans la conduite
d'une intrigue, Nicolo Secchi, Cornelio Lanci, Bernardino
Pino da Cagli, et dans un recueil dû à la collaboration des académiciens *Intronati* de Sienne.

On juge, par cette énumération d'auteurs qui ont tous leur
originalité et leur mérite, du développement que reçut alors le
théâtre comique. Que serait-ce si nous ne réservions pas pour
une étude spéciale les poëtes qui ont écrit dans les dialectes
provinciaux ? Que serait-ce encore si nous transcrivions la liste
des écrivains qui ont eu, non pas un *théâtre*, comme les précédents, mais une pièce unique jouée sur la scène ? Il suffit pour
ces derniers de dire qu'ils ont, comme poëtes, la même physionomie que les précédents ; leur ton est le même. Un d'eux mérite cependant d'être mentionné, c'est ce Lorenzino de' Medici
qui, cachant sous des goûts aimables et même frivoles une âme
de conspirateur, tua le duc Alexandre, le chef de sa maison, le
dernier descendant du grand Cosme (1537).

La fin du XVIe siècle est marquée en Italie par l'établissement d'un système universel d'oppression : la maison d'Autriche fait peser sur tous les États qui lui sont alors soumis le joug le plus rude. Aussi, quoique les poëtes comiques continuent d'abonder, quoique les académies, multipliées sur la surface entière de la Péninsule, donnent sans cesse des représentations dramatiques, l'art dépérit, et le seul asile ouvert encore au génie se trouve dans les théâtres grotesques, dans la *Commedia dell' arte*. Il va de soi que sur les scènes populaires, où la gaieté se réfugie, domine une censure rigoureuse qui ne permet qu'une chose : la peinture des ridicules particuliers aux classes inférieures de certaines villes. Et cependant, même sous la surveillance ombrageuse des dominateurs, même dans l'espace restreint qui lui est laissé, la comédie de l'art trouve encore assez de ressources pour créer quelques types impérissables. Qu'aurait-ce été si l'Italie eût gardé son indépendance et si la force de son génie natif se fût développée sans entraves! Mais loin de là, de tant de poëtes académiques, esclaves résignés au milieu de l'affaissement public, aucun ne mérite peut-être d'avoir un nom dans l'histoire.

§ 2. La tragédie.

Les œuvres tragiques de la période qui nous occupe n'ont pas en elles-mêmes une importance comparable à celle qu'obtinrent d'autres genres de composition; mais, par leur rapport avec le système français, par l'imposition qu'elles lui ont faite de leur propre caractère, elles acquièrent indirectement une valeur nouvelle. C'est à l'exemple des Italiens, en suivant comme eux les pas des tragiques grecs, que Jodelle et Garnier composèrent pour la France des pièces qui familiarisèrent les esprits avec l'imitation des anciens. Ginguené a remarqué avec raison que si Mairet et les poëtes de son temps empruntèrent des Espagnols le goût des conceptions romanesques, ils furent contenus, par le souvenir de leurs prédécesseurs, dans les limites de la vraisemblance et de l'unité. De la combinaison de l'art espagnol avec ce reste de goût antique que la France devait aux Italiens, naquit le système dont Corneille fit la première et savante application. Tel est donc l'intérêt que nous offre l'ancienne tragédie italienne : elle a préparé la tragédie française. Mais ce mérite est le principal, le plus relevé qui lui appartienne. Aussi passerons-nous rapidement sur son histoire.

Nous avons dit que l'on attribue au Trissin l'honneur d'avoir composé la première tragédie régulière. La *Sofonisba* du Trissin ne fut cependant imprimée qu'en 1524, et l'on trouve, avant cette époque, qu'une autre *Sophonisbe*, dont l'auteur est Galeotto del Carretto, avait été présentée en 1502 à la marquise de Mantoue ; qu'une *Pamphila*, par Antonio da Pistoja, avait été imprimée à Venise en 1508 ; enfin la *Rosmunda* de Ruccellaï fut représentée à Florence en 1515. Mais Ruccellaï lui-même reconnaît que la *Sofonisba* de son ami Trissino, dédiée à Léon X dans cette même année, précéda sa propre tragédie et lui en donna l'idée : sur ce témoignage, et malgré les prétentions qu'on pourrait établir en faveur de G. del Carretto ou d'Antoine da Pistoja, le Trissin est universellement regardé comme le plus ancien auteur tragique de l'Italie.

La *Sofonisba* est rigoureusement divisée comme une tragédie grecque : les divisions n'y sont pas marquées par actes, mais seulement par les odes du chœur. Les pensées, quoique peu neuves, ont du naturel et de la dignité, et si généralement les discours sont trop longs, les descriptions trop communes, le style trop nu, il y a, du moins dans la dernière partie, quelque chose de simple et de pathétique. Formée sur le modèle d'Euripide et de Sénèque, dont les procédés sont combinés avec quelque bonheur, l'œuvre entière ne manque pas d'intérêt, et le dialogue, souvent coupé par vers qui se répondent un à un, fait songer aux formes brèves et brusquement alternées de quelques grandes scènes du théâtre de Corneille.

Ruccellaï conserva le chœur, mais en adoptant la division par actes. C'est l'*Antigone* de Sophocle qu'il imite dans sa *Rosmunda*. Supérieur au Trissin pour la diction, Ruccellaï a moins bien rendu le mouvement des passions. De plus, il ouvrit la porte à ce débordement de détails horribles et repoussants qui, après lui, caractérisent pendant un siècle le genre tragique.

Sperone Speroni, Martelli, Giraldi Cinthio parurent ensuite :

pour eux Sénèque représenta généralement la Melpomène antique. Aussi n'ont-ils guère appris, à cette école, la délicatesse et le goût ; mais ce sont vraiment des poëtes. L'*Orbecche*, de Cinthio, est remplie de passion, et Riccoboni, l'un des historiens du théâtre italien, dit quelque part en parlant d'une scène de cette pièce : « Si une scène suffisait pour décider la question, l'*Orbecche* serait la plus belle pièce du monde. » Le sujet d'*Orbecche* est d'ailleurs de l'invention du poëte.

Les cinquante dernières années du xvie siècle furent extrêmement fécondes pour la tragédie italienne. On distingue dans la foule la *Mariane* et la *Didon* de Lodovico Dolce, l'*Œdipe* d'Anguillara, la *Mérope* de Torelli, la *Sémiramis* de Manfredi, toujours modelées sur les anciens ; mais d'autres auteurs se sont montrés plus libres : ainsi Gioto dans l'*Hadriana*, Decio da Orto dans l'*Acripanda*, Tasse dans le *Torrismond*. Toutes ces pièces renferment de grandes beautés de style, mais les critiques y blâment la continuité d'un ton fleuri et poétique, les sentiments déclamatoires, la langueur de l'action, l'accumulation des moyens horribles : Tasse lui-même, malgré la placidité habituelle de son esprit, ne résiste pas, comme poëte dramatique, à la contagion de ce dernier défaut. On voit, au dénoûment de sa pièce, trois personnages principaux se poignarder l'un après l'autre.

Dans la première moitié du xviie siècle, Andreini dans l'*Adamo* (qui, selon certains auteurs, aurait fourni à Milton l'idée du *Paradis perdu*), Bonarelli dans le *Solimano*, Campeggio dans le *Tancredi*, Rocco, Carlo Dottori surpassèrent les poëtes encore nombreux qui composaient des tragédies italiennes : ils surent trouver la couleur tragique qui manquait à leurs émules. Un drame de Testi, *l'Ile d'Alcine*, eut quelque réputation ; mais dans cette pièce, l'auteur, introduisant des morceaux de chant, empiéta sur les limites d'un art rival.

A partir de 1650, toutes les cours, tous les théâtres regorgent en Italie de poëtes tragiques ; mais qui d'entre eux est aujourd'hui connu ? Ils ne savent peindre ni les caractères ni les mœurs ; leur style est ampoulé selon le faux esprit du siècle ; ils ne peuvent ni animer un personnage ni créer une idée. Au-

dessous de ces misérables écrivains on n'imagine pas qu'il puisse
y avoir rien. Tout est grand, comparé à leur impuissance, tout,
même le genre secondaire dont nous allons parler.

§ 5. Le drame pastoral.

Dans les idylles de Théocrite et dans quelques autres églogues de l'antiquité, on trouve parfois une action plus ou moins
marquée, une forme qui se rapproche jusqu'à un certain point
du drame. De même le xve, le xvie siècle et les précédents
offrent des dialogues bucoliques d'où l'on a fait aisément en
Italie le drame pastoral. Nous ne suivrons pas dans ses phases
diverses le passage du premier de ces deux genres au second : il
suffit de constater que l'honneur d'avoir donné au théâtre le premier exemple d'une véritable fable pastorale appartient à Agos-
tino Beccari, de Ferrare : sa pièce, intitulée *Il Sagrifizio*, fut
jouée à la cour de cette principauté en 1554. Du reste, le mérite de la priorité dans ce genre paraît avoir été le plus grand
de cet écrivain.

L'Anglais Hallam, qui a étudié avec soin le drame pastoral,
constate qu'après une ou deux insignifiantes imitations de Beccari, cette forme, agréable quoiqu'un peu efféminée, arriva,
vingt ans plus tard, à sa perfection : c'est l'*Aminta* de Tasse qui
en offre le modèle complet. Tasse s'y est peint lui-même dans
le personnage de Tircis, et paraît, quelque part, faire allusion à
cette mélancolie dont les progrès devinrent si funestes à son
repos. En général, le style de l'*Aminta* est trop uniformément
fleuri, trop travaillé pour exprimer la passion, trop peu dramatique. Ce sont là des défauts que ce genre a conservés aussi
longtemps qu'il a prospéré dans la littérature italienne. Ils re-
paraissent évidemment dans le *Pastor fido* que Guarini fit
représenter pour la première fois à Turin en 1585. Cette pièce
fut accueillie avec transport, quoique, à tout prendre, elle soit
seulement une heureuse imitation de l'*Aminta*.

A son tour, Bonarelli, dans la *Filli di Sciro*, combina l'étude
de Tasse et celle de Guarini. L'œuvre de Bonarelli, publiée
en 1607 à Ferrare, eut un grand nombre d'éditions, et, malgré

l'affectation, le mauvais goût dont elle est remplie, malgré l'allure guindée, l'agencement pénible des personnages et de la fable, obtint pendant tout le siècle, même au delà des Alpes, une admiration passionnée. Son succès prouve à quel point les saines idées littéraires avaient dégénéré en Italie, et confirme l'appauvrissement de la veine poétique à cette époque de l'histoire de la malheureuse Péninsule. Cependant ce qu'il faut remarquer dans la *Filli di Sciro* et le *Pastor fido*, c'est leur étroite parenté avec l'opéra, le genre italien par excellence. Nous aurons à y revenir bientôt.

CHAPITRE XXXII.

———

Les Italiens voient dans le talent de l'improvisation, qui leur
est naturel, un art profond, mais libre, qu'ils opposent aux
moyens laborieux de l'art poétique proprement dit. Sous le nom
de *commedia dell'arte*, ils ont créé toute une littérature dramatique dont la fortune, longtemps rivale de celle du théâtre régulier, présente quelques phases singulièrement brillantes.

Ce phénomène d'un double courant du génie dramatique chez
un même peuple, ne peut se comprendre que par l'observation
d'un fait analogue offert à nos yeux par la vie même de la langue
italienne.

Si l'on en croyait les Florentins, cette langue ne serait autre
que le toscan ; suivant d'autres, c'est l'ensemble purement conventionnel de toutes les expressions que les grands auteurs ont
employées. Mais quel que soit le système que l'on adopte à cet
égard, il n'est pas moins vrai que l'esprit local a conservé autour d'une multitude de petits centres des patois énergiques et
persistants dans lesquels ont été composés des œuvres char-

mantes. Les poëtes des patois ont admis généralement la prétention des Florentins ; mais, reléguant avec une humilité suspecte l'italien à Florence, ils ont réclamé et se sont assuré le droit d'écrire dans leur propre dialecte. Dès lors, ce fut pour chacun d'eux chose toute simple et facile d'écrire à son gré, tandis qu'à partir du XVIIe siècle, la simple rédaction d'une lettre devint pour les puristes une affaire d'importance. Par une destinée fâcheuse, ces derniers offrirent le spectacle ou de gens sans idées qui devenaient célèbres, ou d'hommes de génie condamnés à n'être que de mauvais écrivains. Au contraire, les poëtes municipaux, presque inconnus hors de leur ville, atteignirent en grand nombre à la perfection de l'art : imagination, gaieté, fécondité, rien ne leur manqua. C'est à eux qu'appartient tout entière la *commedia dell'arte*, dont il est temps de parcourir l'histoire ; ici, les remarquables travaux de J. Ferrari sur la littérature populaire en Italie nous serviront surtout de guide.

La *commedia dell'arte* est principalement d'origine lombarde et fille du moyen âge. A cette époque, la mascarade était une parodie gigantesque qui se joignait à toutes les représentations sérieuses : des sociétés, considérables par le nombre de leurs membres et par leurs ressources, la jouaient d'après des traditions qui remontaient parfois jusqu'à l'antiquité romaine, et gardaient avec amour le langage, les masques, les costumes propres aux caricatures locales. De cette première période, il ne reste que des souvenirs conservés par les annalistes des diverses villes.

Dans la seconde époque, la mascarade monte sur les tréteaux, se recrute de tous les types grotesques, demande son inspiration à plusieurs patois, cesse d'être un divertissement propre au carnaval, parcourt les théâtres de toute l'Italie, paraît même dans les jardins de Léon X, et va jusqu'à Corfou et Candie égayer les garnisons vénitiennes. Telle que la comédie régulière, elle représente des intrigues de courtisanes, des enlèvements de jeunes filles ou des aventures d'étudiants, mais elle brode ses improvisations de tours de force, de culbutes et d'accessoires sans règles ni mesure. Elle emprunte des valets à Milan, à Messine, à Bergame; à Venise, le seigneur Pantalon; à la Romagne, les amoureux et les crocheteurs; à Naples, Polichinelle et le Capitaine, le redoutable Matamoro. A tous les incidents de ses pièces se rapportaient des personnages qui représentaient, par un type, quelque contrée, quelque ville de l'Italie. Plusieurs comédies de cette époque existent encore. On en a cinq de Calmo, fils d'un gondolier, le plus célèbre des vieux poëtes de Venise, la ville du carnaval, le centre de la *comédie de l'art*. Calmo est bavard, effronté, mais plein de verve, coloré, pittoresque. Ruzzante est auteur de cinq comédies imprimées. Il s'était pénétré du langage et du caractère des paysans qu'il excellait à mettre en scène. Ruzzante a été le premier, dit-on, à introduire les rôles d'Arlequin et de Pantalon. Il était lui-même, au théâtre et même dans la vie commune, le plus grand bouffon de Padoue. Molino, dont on a également des pièces, n'a pas mené une existence aussi plaisante, mais lui aussi devint auteur en jouant des rôles sur de petits théâtres.

En 1560 commence la troisième période qui correspond à une époque de compression systématique et sombre exercée sur l'Italie. La comédie impromptu devient moins hardie et plus bénigne; cependant elle fleurit encore dans le déclin du théâtre littéraire; elle augmente aussi le nombre de ses personnages. Pasqualigo introduit dans la fable pastorale des *Intricati* (1581) le Capitaine espagnol et Gratien, docteur bolonais, homme d'érudition, homme à grandes phrases, mais aussi stupide que pédant. Guidozzo (en 1610), dans une autre pastorale, inventa Burattin et le Capitaine allemand; — Cimilotti (1619) égaie sa pièce des *Faux dieux* par la présence du rusé Scapin

Vers 1610, le théâtre populaire entre dans une phase nouvelle. Les directeurs des troupes municipales de comédiens, devenus, comme le public même, grands admirateurs d'un copiste prétentieux des Espagnols, du Napolitain Marini, donnent accès aux imitations du théâtre de Madrid. Tous les héros, les saints, les fées, les démons, les prodiges que Lopez et Caldéron ont empruntés aux légendes de leur nation, font invasion en Italie. Arlequin et Polichinelle ouvrent les bras pour accueillir ces nobles étrangers; ils leur livrent la place d'honneur, mais se tiennent d'un air grotesque et quelquefois goguenard sur le second plan. Cette période fut l'âge d'or du théâtre vénitien; il régnait sans partage; ses acteurs étaient de véritables écrivains. Flaminio Scala imprimait cinquante canevas pour la comédie de l'art; Andreini publiait une foule de drames écrits sous l'influence espagnole; d'autres comédiens encore se signalaient par leurs productions.

Soixante et dix ans après que l'Espagne eut commencé de fournir des sujets et des modèles aux théâtres municipaux, l'influence française se fit sentir à son tour. On compose des canevas avec des pièces de Molière, de Corneille et de Racine; on improvise d'après ces canevas, en conservant les personnages, les masques et les patois de la comédie de l'art. Mais la correction des modèles qu'on imite laisse moins de liberté au génie improvisateur. Les comédiens chargent leur mémoire de longues tirades; Arlequin lui-même prépare ses lazzi. Le personnel bouffon se transforme: plus de docteur, plus d'avocat bolonais; Pantalon, jadis magnifique et généreux, change d'humeur et devient avare, jaloux; Scaramouche remplace le capitaine espagnol, dont la rondache n'est plus de saison. Les caractères s'affaiblissent et les individualités comiques perdent de leur netteté. Le seul personnage un peu caractérisé de cette époque est créé par un Milanais, Maggi. Devenu, de mauvais littérateur italien, excellent poëte de comédies familières, Maggi mit sur la scène Meneghino, valet marié, chargé d'enfants, toujours prudent et toujours trompé: c'est un type resté populaire encore aujourd'hui à Milan.

Au milieu du xviiie siècle, il s'opère dans presque toutes les branches de la littérature italienne une renaissance inattendue. Vers 1748, la comédie de l'art, qui se trouvait en pleine crise, est ranimée elle-même par Goldoni et Charles Gozzi. Goldoni a donné au théâtre français—nous l'avons dit ailleurs (p. 191) — une comédie qui figure encore au répertoire. Ce n'est pourtant ni par cette pièce, ni par ses comédies plus régulières qu'il peut être compté au nombre des poëtes de génie. Ces dernières passent même, aux yeux des meilleurs critiques, pour des com-

positions vulgaires et sans style. Mais dans le patois vénitien,
Goldoni est admirable de variété, de finesse, de profondeur
même : ses tableaux de Venise ont un mouvement et une multiplicité de sujets, comme de personnages, vraiment extraordinaires. On peut croire néanmoins que de cette même main qui
rendait tout son lustre à la comédie populaire, il en détruisit
le principe, lorsqu'il imposa aux acteurs l'obligation de jouer
ses pièces exactement comme il les écrivait : d'un genre jusque-là
fort libre, il bannissait l'improvisation personnelle, l'interprétation spontanée de l'artiste. C'était, au fond, donner un coup
mortel à un genre de composition souvent décousu, grossier,
invraisemblable, mais qui recélait les richesses les plus vraies
du théâtre italien ; c'était, comme le remarque judicieusement
Sismondi, interdire cette originalité de gaieté, ce nerf, cette
vivacité dont lui-même avait profité en les fixant. La troupe
dont Goldoni était directeur prospérait néanmoins, et même la
manière du maître était si goûtée qu'on tolérait jusqu'aux
sottes imitations de l'abbé Chiari, le plus insipide des copistes
serviles. Un homme infiniment spirituel, le comte Charles
Gozzi, se portant comme le défenseur de la vieille comédie nationale, dessina, en 1761, pour une compagnie d'habiles
improvisateurs que réduisait à la misère le succès des comédiens de Goldoni, le canevas des *Trois Oranges*, parodie mordante du théâtre en vogue : il abandonna son œuvre aux bro-
deries de ces bouffons ingénieux, qui, jaloux de reconquérir
leur position perdue, se surpassèrent eux-mêmes. Du reste,
Gozzi avait prodigué dans cette pièce toutes les folies de l'imagination. La scène, qui se passait d'abord à la cour du roi de
carreau se terminait par des féeries et des prestiges. La représentation fut un triomphe pour le nouvel auteur : il pouvait
à peine croire que des contes de vieille réussissent à ce point ;
mais la veine ayant paru heureuse, il l'exploita dans huit pièces
également féeriques. Seulement, habile à soutenir son succès,
il joignit à ses grotesques des personnages sérieux ; pour ces
derniers, il écrivit les rôles en ïambes et ne permit plus à l'improvisation de se donner carrière que dans les cinq rôles mas-
qués de Pantalon, Brighella, Tartaglia le Napolitain, Truffa-

dino, et de la sœur de celui-ci, Smeraldina. Après ces compositions qu'il appelle *fiabe* (fables), Gozzi arrangea quelques pièces espagnoles à l'usage de la compagnie Sacchi, et renoua ainsi, par un autre genre de succès, avec les traditions d'une époque précédente.

Cependant Gozzi lui-même tombait dans le défaut qu'il avait reproché amèrement à son rival : en effaçant les caractères traditionnels des anciens personnages, il altérait les ressources du talent d'improviser. Ce n'est pourtant ni à l'un ni à l'autre, c'est aux malheurs de Venise, qu'il faut attribuer la décadence de la comédie de l'art dans cette ville, à la fin du XVIIIe siècle. Nous retrouverons ailleurs en Italie ce genre populaire, mais à Venise même il n'a plus jeté d'éclat.

Les improvisateurs italiens, dont nous venons de raconter la gloire ancienne, ne s'étaient pas renfermés dans leur patrie : ils se répandirent dans toutes les capitales de l'Europe et jusque dans les petites comédies anglaises dont *Punch* est le héros, la trace de leur influence est visible. On n'a peut-être pas oublié l'alliance des *bouffes* avec le théâtre de la Foire (voir p. 187) : ils apportèrent dans cette fraternelle association la franchise, la désinvolture de leur improvisation, et prirent en retour quelques leçons de goût. La niaiserie d'Arlequin se raffina dans les pièces de Legrand, de Desportes, de Marivaux, de Florian, etc. Scapin se transforma en Mezetin, personnage plus corrompu sans doute, mais moins grossier ; Polichinelle eut un successeur dans Pierrot. En s'appropriant les masques italiens, la France fit de la comédie de l'art, suffisamment modifiée, un genre nouveau de son théâtre. Elle enleva de plus à leur nation Riccoboni, Romagnesi et d'autres acteurs qui n'auraient probablement jamais pu faire paraître une parodie écrite dans la langue de leur municipe.

CHAPITRE XXXIII.

Vers la fin du xviie siècle, l'imitation du théâtre espagnol
dominait en Italie. Girolamo Gigli, de Sienne, chercha ses modèles ailleurs : il fit jouer au théâtre de Rome deux pièces imitées de la scène française. *Don Pirlone* est calqué sur le *Tar-
tuffe* de Molière; *I Litiganti*, ce sont *les Plaideurs* de Racine.
On ne pouvait choisir sans doute des originaux plus dignes
d'être imités; Gigli n'en causa pas moins un grave dommage au
théâtre régulier, qui allait renaître et qui fut étouffé sous l'imitation française. En vain le savant et spirituel Maffei combattit
cette tendance nouvelle des grands théâtres italiens. *La Cérémonie et le Raguet* sont restées comme deux comédies élégam-
ment dialoguées, mais froides : les critiques dirigées par Maffei
contre les copistes des Français ne changèrent rien à la situation, et s'il réussit dans un genre où Aristophane et Molière
sont restés incomparablement les maîtres, s'il combattit avec
quelque bonheur les ridicules littéraires, ce fut plutôt par son
Cruscante devenu fou : c'est une satire plaisante des puristes

de l'académie de la Crusca. Giulio Cesare Becelli, en faisant, comme Maffei, la guerre au pédantisme ne se garantit pas lui-même de ce travers : *I falsi letterati, I poeti comici, L'Ariostista, Il Tassista* sont des comédies sans intérêt.

Nous avons vu Goldoni briller dans la comédie populaire : ce qu'il y eut de meilleur et de plus vif dans son esprit, c'est là qu'il l'a porté. Les lettrés italiens et lui-même attachèrent beaucoup plus de prix à ses imitations de Molière ou des imbroglios espagnols ; mais la postérité, loin d'en juger de même, n'a guère vu que maladresse, prétention et caricature dans ce théâtre soi-disant régulier, à propos duquel Voltaire, infiniment trop complaisant cette fois, avait écrit au poëte : *O che fecondità, mio signore! che purità! Avete riscattato la vostra patria dalle mani degli arlechini. Vorrei intitolare la vostra commedia : l'Italia liberata da Goti.*» Goldoni, imitateur de Molière, servit lui-même de modèle à une foule d'écrivains ; mais cette école ne compte point dans l'histoire de l'art. C'est seulement en se rapprochant, soit par le sujet, soit par la manière de le traiter, du genre des comédies populaires, que certains poëtes y ont obtenu un succès mérité : tels sont le comte Giraud, Sografi, Federici.

Le comte Giraud réunit deux qualités précieuses, la bonhomie et la finesse. L'une des plus piquantes de ses comédies est celle du *Précepteur dans l'embarras (l'Aio nell' imbarazzo)*. La scène où l'abbé-précepteur veut dérober aux yeux du père de son élève l'existence d'un petit-fils que le vieux gentilhomme ne se connaissait pas, est charmante de mouvement et de gaieté. La comédie des *Larmes de la veuve* n'est pas moins plaisante. Cependant Giraud sait exciter également la sympathie et l'intérêt. Dans sa comédie du *Prieur de Cerreto* les situations les plus bouffonnes se mêlent à l'expression des sentiments les plus tendres et ne la dégradent pas.

Federici, qui s'est fait un nom par les drames bourgeois, n'a pas dans la comédie la facilité légère du comte Giraud ; il plaisante avec moins de grâce, mais ses intrigues sont habiles. Il y a du mordant, sinon de la profondeur, dans ses *Faux honnêtes gens* et dans les *Préjugés des petites villes. Elvire de Vitry* ou *le Chapeau parlant* est une jolie pièce : les caractères y sont nobles, les sentiments délicats et bien nuancés.

Sografi a peint d'une manière admirablement comique l'intérieur et les mœurs des troupes dramatiques italiennes (*Le Convenienze teatrali, le Inconvenienze teatrali*). Il a fait ressortir avec un naturel parfait, mais sans trivialité, les ridicules de la prima donna et du mari de cette dame, du maestro, de la première ballérine et du ténor allemand Guglielmo Knollemanhilverdinchsprachmaester. Ce sont bien des êtres vivants que nous montre Sografi.

Moins francs et moins vifs sont les personnages dessinés par Alberto Nota, que les critiques italiens mettent cependant au premier rang des poëtes comiques. Homme de talent, sans doute, Nota a quelque chose de vulgaire dans ses peintures et de commun dans son style qui rend plus insupportables encore ses prétentions à l'élégance. On trouve, il est vrai, dans ses nombreuses comédies le dessein d'atteindre tout à la fois à la correction et à la vérité; mais de ce louable dessein jusqu'à la verve comique, il y a, comme on sait, fort loin. En outre, Nota, depuis la première de ses pièces qui ait attiré l'attention (*I primi mali al mal costume*, 1808, imitée dans l'*École des vieillards* de Casimir Delavigne), jusqu'à ses dernières productions, se distingua plutôt par des succès que par des progrès réels.

Du reste, malgré les efforts de quelques poëtes, l'opinion commune et fondée est que l'Italie n'a plus de haute comédie. Rien de plus fastidieux que les platitudes colportées maintenant par de malheureux auteurs de Milan et de Venise à Florence et à Naples. Le comique larmoyant du goût le plus niais, et, dans un autre genre, des coups de bâton à recevoir ou à donner pour quelque grosse somme d'argent, voilà les ressources ordinaires de la comédie *académique*. Et comment ferait-elle mieux? Les ciseaux de la censure coupent impitoyablement les ailes de tout poëte qui voudrait s'élever un peu. Aussi, désespérant de trouver eux-mêmes quelque chose de supportable, les auteurs ordinaires des théâtres comiques se jettent sur quelque méchante pièce française, la tronquent au hasard et l'exposent ensuite sur la scène. C'est à peine si ce misérable livret obtient les honneurs d'un petit nombre de représentations consécutives que le public réuni par ton dans les loges, et s'y livrant aux conversations les plus bruyantes, n'écoute ni ne regarde. Quant à la foule, elle ne vient pas au théâtre noble : le peuple va demander l'oubli de ses misères, l'allégement de ses ennuis aux bateleurs qui continuent la tradition de la comédie de l'art. A Florence, il se pâme de joie devant les mésaventures de Stentarello (*le souffre-douleur*), son favori, son indispensable bouffon, celui dont le visage blafard, la perruque roussâtre à longue queue, la galanterie effrénée, la gourmandise et les quolibets égaient toutes les farces du théâtre de Borgo d'*Ognisanti*. Stentarello est de même le bienvenu à Bologne, à Milan, à Turin; là il se mêle à la respectable société d'Arlequin, de Meneghino, de Girolamo. L'héroïque Pulcinella est le roi du théâtre napolitain; Cassandrino, le vieillard coquet, frétille sur les scènes populaires de Rome.

Ainsi, chaque grande ville italienne a ses types bien-aimés dont l'éternelle et lucrative reproduction est toujours reçue par le public avec une complaisance désespérante pour les auteurs *académiques* aussi inconnus qu'abandonnés.

Le théâtre sérieux a beaucoup souffert des derniers événements politiques; néanmoins il offre quelque chose de moins terne que la comédie régulière, et l'on peut augurer favorablement encore de son avenir. Son histoire, depuis le commencement du xviiie siècle, ne manque d'ailleurs ni de grandeur ni d'intérêt.

On a signalé avec un étonnement qu'il est facile de comprendre un véritable phénomène : c'est que vers 1710, sans aucune amélioration importante dans le sort des Italiens, leur littérature sembla prendre, après plus d'un siècle de stupeur et de dépérissement, une jeunesse nouvelle. Au théâtre, cette renaissance, quoique avec un peu d'indécision, se marque non par les imitations que le professeur Pierre-Jacob Martelli essaya des procédés scéniques et même du vers alexandrin des Français, mais par la célèbre *Mérope* (1713) du marquis véronais Scipion Maffei. Dans ses comédies, dont nous avons parlé, Maffei se

montre un critique spirituel ; sa *Mérope* fait reconnaître en lui
de la grâce, de la sensibilité, en même temps qu'une certaine
hardiesse. « Il fut le premier, — dit Voltaire, imitateur de sa
Mérope,—dans un siècle où l'art des Sophocle commençait à être
amolli par des intrigues d'amour ou avili par d'indignes bouffonneries, qui eut le courage et le talent de donner une tragédie sans galanterie, une tragédie digne des beaux jours d'Athènes, dans laquelle l'amour d'une mère fait toute l'intrigue et où
le plus tendre intérêt naît de la vertu la plus pure. » Avouons
cependant que l'intérêt, dans *Mérope*, est celui d'une intrigue
plutôt que d'une tragédie : trop d'aventures peu vraisemblables
se croisent, et les événements sont trop fortuits ; enfin le style,
qui veut être simple, devient quelquefois prosaïque, trivial.
Ces défauts s'exagérèrent encore dans les nombreuses imitations
italiennes de la *Mérope*, et les illisibles copies qui en furent
faites semblèrent accuser de nouveau une irrémédiable décadence. La faiblesse de l'école de Maffei n'est nullement compen-
sée par les éclatants triomphes de Métastase dans un genre qui
bientôt nous occupera plus spécialement, l'opéra. Des critiques
peu clairvoyants se sont mépris sur le génie de cet heureux
librettiste : il n'est rien moins qu'un poëte tragique. « Métastase, dit judicieusement M. Villemain, Métastase, poëte *césa-
réen*, comme il s'appelait, poëte lauréat de la cour de Vienne,
presque toujours exilé de sa patrie, dont il parle si bien la
langue mélodieuse pour amuser des maîtres étrangers, Métastase, avec ses opéras charmants, ses pièces si régulières et si
parfaitement invraisemblables, les mœurs factices de son théâtre, la mollesse contagieuse des sentiments qu'il exprime, ne
ferait voir dans l'Italie qu'une immense et ingénieuse académie,
occupée du charme plutôt que du génie des arts, et livrée à ces
distractions frivoles, à cette vie oiseuse qui l'avaient fait descendre du haut rang où le XVIe siècle l'avait élevée. Ce qui nous
intéresse, ce que nous cherchons, c'est le travail de l'Italie pour
sortir d'une telle langueur, et Métastase, à cet égard, n'a rien
à nous apprendre. »

Le rénovateur attendu, l'esprit ferme et fier qui change et
rajeunit l'aspect de la littérature italienne, c'est le comte Vitto-

rio Alfieri d'Asti (1749-1803), le poëte tourmenté, mais chaleureux et convaincu, l'âpre ennemi du despotisme, le patriote enfin à qui, selon le mot de madame de Staël, chacune de ses œuvres tragiques doit être comptée comme une belle action.

Jaloux de voir l'affranchissement de sa patrie, Alfieri poussa la haine de l'étranger jusqu'à prodiguer aux chefs-d'œuvre de la scène française l'injure et le mépris; mais telle est l'influence inévitable qu'ils exercent sur toute âme bien douée, que le hautain Piémontais fut secrètement, et à son insu, le disciple de ces génies qu'il insultait. Il eut d'eux la correction savante, la discipline dans l'imagination, l'unité de conception et de plan, la sagesse du dessin, en un mot la beauté artiste. Dans les nombreuses tragédies d'Alfieri (*Philippe II, Polynice, Antigone, la Conjuration des Pazzi, Brutus premier, Brutus second, Agis*), il n'est pas un procédé de composition que Racine ait ignoré ou qu'il eût désavoué; mais elles respirent une mâle austérité, une passion ardente et franche, dont l'auteur italien n'a trouvé la source qu'en lui. Faisant sortir la tragédie des salons de cour, il l'a transportée dans les conseils, sur la place publique; il a fait de la plus noble production de l'esprit poétique un émouvant appel aux grands intérêts du genre humain. Par là, il s'élève à côté des grands penseurs italiens de son siècle, les Vico, les Filangieri, les Beccaria, tout en se séparant de ces généreux, mais paisibles esprits, par la fougue de ses mouvements. Dans son rhythme original, brisé, souvent rude et grondant, éclate la fierté du cœur, la bizarrerie indomptable du caractère, les secousses douloureuses d'une âme sans repos.

L'originalité est encore, chez Alfieri, dans une visible tendance à se rapprocher de la vérité historique, qu'il saisit imparfaitement, sans doute, mais qu'il rêve au moins et voudrait traduire toute vivante sur la scène.

Ranimée par ce génie puissant, l'Italie lettrée a vu surgir toute une légion de poëtes nouveaux; le théâtre sérieux particulièrement est devenu le champ où des esprits d'élite se sont créé les voies les plus heureuses. On y distingue, dans la tragédie proprement dite, la *Ginevra di Scozia, Adelina et Ro-*

berto (une image fidèle et lugubre des Pays-Bas sous le duc d'Albe), par Jean Pindemonte, la *Rotrude* de Pepoli, l'*Arminius* d'Ipolito Pindemonte, l'*Aristodème*, le *Caius Gracchus*, le *Galeotto Manfredi* de Monti.

A côté de ces poëtes, qu'on peut appeler les disciples directs d'Alfieri et dont les élèves, Marenco, Brofferio, Giacometto se sont malheureusement trouvés des esprits médiocres, l'illustre Manzoni s'est fait le promoteur du drame national. Déjà Silvio Pellico avait excité profondément l'émotion par une tragédie dont le sujet appartient à Dante, *Francesca da Rimini*; mais Pellico n'eut guère le nerf tragique; dans cette œuvre, comme dans les autres du même auteur, *Eufemio di Messina*, *Esther d'Engaddi*, *Thomas Morus*, on chercherait en vain le combat des passions, le mouvement, l'action. Cette muse mélancolique, dévote et tendre du chantre des *Prisons*, n'était pas faite pour la scène.

Manzoni fut doué plus vigoureusement; ses deux drames de *Carmagnola* et d'*Adelchi* doivent être regardés comme des monuments : jamais auparavant, le dialogue, sur le théâtre sérieux de l'Italie, ne s'était déroulé avec autant de souplesse et de naturel, jamais les passions n'y avaient été aussi profondément analysées. Peut-être cet esprit analytique, qui donne tant d'intérêt à la lettre célèbre de Manzoni *sur les trois unités du drame*, peut-être cette fécondité d'aperçus, qui fait la gloire de l'illustre écrivain comme critique, a-t-elle nui à la puissance tragique, à la vivacité de ses conceptions théâtrales. Néanmoins, l'Italie n'oubliera jamais l'exemple éclatant qu'il a donné à ses compatriotes en unissant les recherches de l'étude, la connaissance des principes comme celle de l'histoire, à la pensée créatrice.

Giuseppe Revere, dans son *Lorenzino de' Medici*, Turotti, dans le *Comte d'Anguissola*, se sont inspirés de ce noble modèle. Malheureusement, s'ils ont l'un et l'autre la même passion patriotique que Manzoni, s'ils ont, comme lui, voulu interroger et faire parler l'histoire, ils ont exagéré deux défauts assez graves de sa manière : le premier est d'écrire avec si peu de respect pour les proportions de la scène, d'étendre à tel point le nombre des petits événements et des personnages secondaires que leurs drames, en supposant même l'absence de la censure politique, ne sauraient être représentés ; le second, c'est d'attacher peut-être à l'histoire, comme ressource et comme appui du drame, une importance excessive. Il y a là deux excès que Battaglia, auteur estimé de *Louise Strozzi,* a sans doute entrevus, mais qu'il n'a pas suffisamment évités.

Dans une voie intermédiaire entre l'école d'Alfieri et celle de Manzoni se place Giov. Bapt. Niccolini qui, par les œuvres de ses débuts (*Polyxène* en 1810, *Ino e Temisto, Edipo, I sette a Tebe*), semblait vouloir s'attacher uniquement aux modèles grecs, mais qui ensuite changea de système. Avec *Nabucco,* Niccolini entra dans cette guerre d'allusions dont l'*Ajax* de Ugo Foscolo avait donné l'exemple. Cette pièce étrange de *Nabucco,* où Caulaincourt, Carnot, Marie-Louise, Pie VII et Napoléon figurent sous des noms assyriens, est remarquable pour la vigueur du style et la hardiesse des idées.

Niccolini entra plus franchement encore dans la lutte contre les oppresseurs de l'Italie en faisant de chacune de ses tragédies un appel direct à la liberté. *Mathilde,* œuvre médiocre sans doute, accuse cependant, dès 1815, la volonté formelle de l'auteur.

A cette date commence en Italie le même mouvement littéraire qui agita la France pendant les règnes de Louis XVIII et de Charles X, et sous cette ardeur pour les arts se dissimule mal le désir d'une rénovation sociale. Niccolini, sans se signaler par une audace extrême, s'associe néanmoins au progrès. Il donne au théâtre, en 1827, le drame de *Toscarini;* en 1850, *Jean de Procida. Lodovico Sforza* fait frémir la fibre patriotique, *Rosmonda* est une libre et vivante imitation du drame anglais, *Beatrice Cenci* offre le tableau de toutes les hardiesses nouvelles, et si, par sa tragédie d'*Agamemnon,* il revient aux pures conceptions du génie grec, *Arnaldo di Brescia* est, sous la forme d'un drame shakespearien, une invective émouvante contre les nouveaux guelfes et les nouveaux gibelins qui prétendent ressusciter des doctrines surannées, les uns au profit du pouvoir spirituel, les autres en faveur du joug impérial ou royal.

Des œuvres telles qu'*Arnaldo di Brescia* seraient, pour toute littérature, des titres à l'estime. L'Italie peut donc s'enorgueillir encore de ses poëtes dramatiques, artistes convaincus et chercheurs, si honorablement préoccupés de trouver dans l'art des voies nouvelles. Ceux même qui, placés moins haut, s'inspirent, comme Romani et Bon, du drame français des boulevards, restent encore assez libres dans leurs imitations pour donner à des copies un cachet original.

Du reste, pourquoi s'en étonnerait-on? L'Italie, après tant de longues infortunes, reste encore jeune et féconde. Elle qui n'a manqué autrefois d'aucune gloire, ne pourrait-elle pas retrouver un jour tous les dons du génie?

CHAPITRE XXXIV.

ESQUISSE DE L'HISTOIRE LITTÉRAIRE DE L'OPÉRA ITALIEN
ET FRANÇAIS.

J'ai différé jusqu'à présent de parler de l'Opéra, soit en
France, soit en Italie. Ce genre a ses lois à part, il doit donc
être envisagé séparément. Ce n'est pas que les transformations
auxquelles ont été soumises les diverses parties qui le consti-
tuent ne soient liées aux idées littéraires de chaque époque;
mais cette considération n'a pu prévaloir sur le désir de ras-
sembler sous un même point de vue les phases diverses du spectacle magique et charmant

> « Où les beaux vers, la danse, la musique,
> L'art de tromper les yeux par les couleurs,
> L'art plus heureux de séduire les cœurs,
> De cent plaisirs font un plaisir unique. »

Mais aussi, et précisément à cause de la variété d'un tel
sujet, il faut être plus sobre encore de développements. Quelques remarques préliminaires sont néanmoins indispensables

pour déterminer la vraie nature de l'opéra et le point de vue auquel je veux me placer.

J. J. Rousseau définissait l'opéra « un spectacle dramatique et lyrique, où l'on s'efforce de réunir tous les charmes des beaux-arts dans la représentation d'une action passionnée, pour exciter, à l'aide des sensations agréables, l'intérêt et l'illusion. » Il ajoutait : « Les parties constitutives d'un opéra sont le poëme, la musique et la décoration. Par la poésie, on parle à l'esprit ; par la musique, on parle à l'oreille ; par la peinture, aux yeux ; et le tout doit se réunir pour émouvoir le cœur et y porter à la fois la même impression par divers organes. »

Notre auteur pouvait dire en outre que la danse est un accessoire fréquemment employé. Notons enfin que la définition du genre n'embrasse ni l'opéra buffa, ni l'opéra-comique, et se tait sur la mise en scène.

Qu'il y ait dans la danse un côté dramatique, qu'elle soit un art, on ne saurait le nier. Elle a même ses ressources à elle, des moyens qui lui appartiennent si bien en propre, qu'au théâtre elle a pu quelquefois se montrer seule ou uniquement soutenue par la musique. La danse a eu ses historiens spéciaux. On a raconté ce qu'elle fut chez les Hindous, chez les Grecs ; on a rassemblé les anecdotes esthétiques et biographiques que les Latins nous ont conservées sur le talent, les mœurs et les succès des pantomimes de Rome ; on a passé de là aux danses scéniques d'époques plus voisines. Qu'il nous suffise de dire ici, en général, que la danse a été tantôt ramenée régulièrement par les poëtes à certaines places convenues dans les opéras, et tantôt bannie, ou rendue à elle-même. Aujourd'hui, les ballets sont sacrifiés au drame, ou deviennent, en quelque sorte, à eux seuls des drames : en tout cas, on dirait que l'opéra moderne aime mieux s'en priver, faute de savoir les disposer convenablement, et parce que les poëtes ont graduellement méconnu les lois anciennes du genre. Quel librettiste, esclave des musiciens, se soucie d'étudier comment la danse peut être une poétique traduction de sentiment ? Il est vrai que beaucoup de danseurs célèbres ne s'en doutent guère et ne comprennent pas cette exclamation naïve, mais au fond judicieuse, d'un chorégraphe qui a dit :

« Que de choses dans un menuet! » On a donné, de nos jours, au luxe de la décoration d'opéra un développement peut-être excessif. Mais avant les Feuchères, les Séchan, les Philastre, les Cambon, l'Italie avait eu ses décorateurs fameux. De même la mise en scène est aujourd'hui fort dispendieuse, sans que la prodigalité qu'on y déploie ait rien de nouveau. Avant qu'on fît défiler le cortége d'un empereur, dans *la Juive*, bien des directeurs s'étaient ruinés en frais de costumes et d'accessoires. Le génie a quelquefois présidé à la disposition de ces édifices et de ces paysages en détrempe qui embellissent l'opéra, au dessin de tous les oripeaux sous lesquels se redressent artistes et figurants; mais ce n'est là encore, de même que l'art des Camargo, des Vestris, des Taglioni, des Elssler et des Cerrito, qu'une partie très-indirecte du sujet que nous voulons traiter.

C'est, au contraire, une question de premier ordre, au point de vue littéraire, que d'examiner comment la musique se joint à la poésie, par quel lien elles s'appellent l'une l'autre.

L'imitation de la nature par le chant a dû être une des premières qui se soient offertes à l'imagination. On a chanté d'abord sans paroles ; ensuite on a cherché à adapter au chant quelques paroles conformes au sentiment qu'il devait exprimer. Mais l'homme de génie ne se borna pas longtemps à des chansons nées de la simple nature. Il conçut un projet plus noble et plus hardi, celui de faire du chant un instrument perfectionné d'imitation. « Il s'aperçut bientôt, dit le baron de Grimm, que nous élevons notre voix, et que nous mettons dans nos discours plus de force et de mélodie, à mesure que notre âme sort de son assiette ordinaire. En étudiant les hommes, il vit que chaque passion, chaque affection de l'âme avait son accent, ses inflexions, sa mélodie et son chant propre. De cette découverte naquirent la musique imitative et l'art du chant, qui devinrent une sorte de poésie, une langue, un art d'imitation dont l'objet fut de rendre par la mélodie et à l'aide de l'harmonie toute espèce de situation, de sentiment, et d'imiter jusqu'à des effets physiques. »

La musique est une langue. Elle a sur celle du poëte l'avantage d'être universelle. Un poëte ne parle que l'idiome de son siècle et de son pays; le musicien est intelligible pour tous et partout.

Il faut cependant établir une réserve. Toute langue universelle a pour caractère, d'abord, d'être vague, ensuite, de n'exprimer que le sentiment et les passions. Aussi le musicien, pour préciser les effets de son art, a besoin du poëte. Seul, il rendrait, si l'on veut, la douleur, le délire et tant d'autres états de l'âme; mais ce n'est pas assez pour ravir et fixer les cœurs de ceux qui l'écoutent. Nous ne sommes pas faits pour éprouver longtemps des affections sans but, et des mouvements dont l'objet n'est pas déterminé fatiguent l'imagination sans la satisfaire. Le poëte est donc venu en aide au musicien; il a fait servir la parole à marquer de quelle personne la souffrance, la passion, la croyance s'exprimaient sous les formes incomplètes de l'œuvre musicale. Ainsi est né le poëme lyrique, et quand chez les modernes il s'est dramatisé pour paraître sur le théâtre, il s'est appelé l'opéra. Le nom qu'il a pris alors indique assez que cet art est d'origine italienne; non sans doute que les Italiens n'eussent pas eu de prédécesseurs. Il est vrai que la mélopée grecque, dont parlent les érudits, était si bien perdue qu'on dispute encore sur son caractère. Ce serait plutôt le rituel chrétien, avec ses augustes cérémonies où l'action dramatique se mêle au chant, qui aurait fait naître l'idée de donner à des sentiments différents de ceux de la foi un mode de s'exprimer néanmoins analogue. L'opéra serait alors, dans ses origines les moins éloignées, la profane transformation des drames mystiques de l'Église.

A la naissance de l'opéra, ceux qui l'avaient créé voulurent dissimuler ce qu'il y avait d'artificiel et d'étranger à la vie humaine dans l'union de la musique au discours. Pour y parvenir, ils transportèrent leur drame dans les cieux ou dans les enfers. La magie et les prodiges firent le fonds de leurs poëmes, dont ils soutinrent et relevèrent l'invraisemblance par des accessoires ingénieux ou recherchés.

Cependant, les chansons des nymphes, les hymnes des prêtres, les cris des guerriers, les hurlements infernaux ne remplissaient pas tellement ces créations primitives, qu'il ne s'y trouvât quelqu'un de ces instants d'intérêt et de situation où le spectateur ne demande qu'à s'attendrir. Bientôt on commença à sentir que, indépendamment de la déclamation musicale, le choix du mouvement, de l'harmonie et des chants n'était pas indifférent aux choses qu'on avait à dire. La mélodie, qui ne s'était d'abord séparée de la poésie que par nécessité, tira parti de cette indépendance pour se donner des beautés absolues et purement musicales : l'harmonie découverte et perfectionnée lui ouvrit de nouvelles ressources ; et la mesure, affranchie, dans de certaines limites, de la gêne du rhythme poétique, acquit aussi une sorte de cadence à part, qu'elle ne tenait que d'elle seule. La symphonie même apprit à parler sans le secours des paroles.

« Alors, dit Marmontel, qui le premier a observé ces progrès de l'opéra et les a nettement appréciés, alors, en commençant à se dégoûter de tout le clinquant de la féerie, du puéril fracas des machines, et de la fantasque image des choses qu'on n'a jamais vues, on chercha, dans l'imitation de la nature, des tableaux plus intéressants et plus vrais. Ainsi, dès que la musique eut appris à peindre et à parler, les charmes du sentiment firent bientôt négliger ceux de la baguette ; le théâtre fut purgé du jargon de la mythologie, l'intérêt fut substitué au merveilleux ; les machines des poëtes et des charpentiers furent détruites ; les dieux furent chassés de la scène, quand on sut y représenter des hommes, et le drame lyrique prit une forme plus noble et moins gigantesque.

« Les nouveaux poëmes que le génie avait créés et que lui seul pouvait soutenir, écartèrent sans effort les mauvais musiciens. Les Vinci et les Pergolèse, s'ouvrant une nouvelle carrière, la franchirent rapidement et se trouvèrent au but presque dès les premiers pas. »

Mais par une révolution que Marmontel lui-même n'a pu que présager et qui est parvenue de nos jours à son dernier terme, la musique, qui primitivement n'avait été que l'auxiliaire docile et discret de la poésie, et qui plus tard s'était contentée encore de partager également ses succès, la musique, devenue impérieuse, envahissante, réduisit les poëtes à n'être plus que ses esclaves. Que sont aujourd'hui les librettistes d'opéra? Des manœuvres, ou peu s'en faut, qui obéissent aux ordres du maestro, et quand par hasard un homme de talent, comme Scribe ou Victor Hugo, maintient les droits de son art, c'est merveille s'ils ajoutent quelque chose à leur gloire en contribuant à celle du musicien. Auprès des grandes œuvres de Bellini, de Rossini ou de Meyerbeer, qui songe à s'occuper de l'inventeur du cadre poétique ou du plan destiné à faire valoir et à faire comprendre ces orgueilleuses partitions? Il est résulté de là que les poëtes ont cessé tout à la fois et d'obtenir et de mériter une véritable importance. Le drame lyrique, en tant que drame, n'est plus qu'une insignifiante rapsodie, ordinairement formée des débris de quelque roman, d'une tragédie ou même d'une pièce infime empruntée, sur les indications de la mode, à des théâtres de boulevard.

Cette humble condition du poëte s'est trouvée de tout temps et presque sans réserve celle des infortunés *impresarii* qui travaillèrent pour l'opéra-buffa, contre-partie aimable et riante du grand opéra, invention heureuse que les Italiens rencontrèrent dans les premières années du xviiie siècle. Une foule de musiciens, parmi lesquels se distinguent les grands noms de Vinci, de Pergolèse, de Piccini, de Guglielmi, de Paisiello, de Cimarosa, ont diverti par leurs créations bouffonnes l'Europe qu'ils avaient émue et frappée d'admiration par de sérieux accents. Aucun d'eux n'a daigné élever au niveau de sa réputation un seul des versificateurs, ses acolytes ; aucun n'a fait rejaillir sur le *parolier* le moindre rayon de sa gloire.

Il n'en est pas de même de l'opéra-comique français. Soit que les auteurs de poëmes en ce genre aient eu plus d'habileté que leurs confrères du grand opéra, soit que l'esprit français ne possède pas la faculté de comprendre les intentions spirituelles d'une musique badine, s'il n'est dirigé, éclairé par des bons mots articulés clairement, il n'est pas moins vrai que, pour l'opéra-comique, les Sedaine, les Hoffman, les Scribe, les Panard, les Saint-George ont une valeur distincte de celle des musiciens. Leurs noms et quelques autres représentent positivement à notre mémoire des hommes de beaucoup d'esprit, qui

23.

vivent sans être absorbés par la renommée, toute grande qu'elle soit, des compositeurs du théâtre de l'opéra-comique. Duni, Philidor, Monsigny, Grétry, Cherubini, Méhul, Hérold, Boïeldieu sont goûtés sans doute sur ce théâtre; mais les hommages du public ne s'adressent pas à eux seuls. Il en revient une part aux écrivains. Le compositeur amuse les sens et l'imagination; le poëte fournit à l'intérêt et dessine les situations que l'autre exploite ensuite. Tous deux peuvent, en France, être récompensés par une égale célébrité et recevoir des honneurs égaux.

Après ces remarques, l'histoire littéraire n'offre plus de difficulté. Les caractères généraux que, successivement, a revêtus l'opéra ont été exposés : il ne reste plus qu'à reconnaître brièvement les plus estimables d'entre les poëtes qui se sont adonnés à ce genre.

Je commence par les Italiens.

L'opéra naquit chez eux vers la fin du xvie siècle : on l'appela d'abord un mélodrame, quelques années après que Palestrina eut donné à la musique d'église une suavité, une grandeur inconnues. Le goût, rapidement formé par les chefs-d'œuvre religieux de ce maître, ne put souffrir davantage les anciens modes de la musique profane; on innova avec tant de zèle et de succès que, dans les fêtes splendides offertes par les Médicis et les d'Este, les artistes exécutants devinrent des personnages indispensables. Déjà l'on avait adapté des chœurs aux représentations dramatiques; des intermèdes en musique et des morceaux destinés à l'accompagnement soit des chants, soit des danses et des pantomimes, furent écrits spécialement pour le théâtre. Les pièces pastorales, — dont la plus grande vogue coïncide avec cette époque, où parurent l'*Aminta* de Tasse et le *Pastor fido* (1585) de Guarini, — furent représentées avec un grand luxe d'accompagnement musical. Mais dans toutes ces compositions, la musique n'était encore qu'accessoire. En 1594, pour la première fois, cet ordre fut renversé. Ottavio Rinuccini, Florentin, moins remarquable par l'invention poétique que par la délicatesse de son oreille, sentit combien le langage offrait de ressources pour s'unir à l'harmonie. Associé avec trois musiciens, Peri, Jacob Corsi et Caccini, il composa un poëme mythologique, *Dafne*, pour lequel il emprunta leur concours et celui de tous les beaux-arts. Peri et Caccini unirent intimement le récitatif à la poésie, de sorte qu'il n'y eut plus dans l'opéra rien de parlé. Le succès qu'obtint une première tentative détermina Rinuccini à composer ce qu'il intitula une tragédie en musique, sur le sujet d'*Eurydice*. Cette pièce fut représentée, au milieu de l'enthousiasme universel, dans les fêtes données à l'occasion du mariage de Marie de Médicis avec Henri IV (1600). L'heureux poëte donna ensuite une *Ariane* qui n'excita pas de moindres transports. « La gloire de l'opéra était assurée; toutes les cours s'empressèrent d'imiter celle de Florence; on perfectionna le premier travail; on donna plus d'action aux pièces de théâtre, plus de variété à la musique, où l'on entremêla l'ariette au récitatif; on inventa les duos et les morceaux d'ensemble. » (Sismondi.) Cependant la poésie, dans cette alliance avec la musique, avait pris un autre caractère. Ne pouvant plus admettre de longs développements, elle re-chercha les effets, elle hâta ou ralentit sa propre marche, non plus selon le progrès naturel des idées, mais selon la nature des mouvements que le compositeur pouvait rendre; et pour lui donner plus d'aisance, elle se fit un style à périodes paralléli-ques, mais coupées. Il y avait là un danger; c'était qu'à force de compatir aux nécessités musicales, le poëte n'en devînt l'es-clave. Deux hommes d'une extrême habileté, le Vénitien Apo-stolo Zeno et Métastase, conservèrent encore la balance égale entre le drame et la musique. Zéno (1669-1750), sans posséder beaucoup de sentiment et de grâce, eut cependant cette harmonie rêveuse qui s'accorde si bien avec le chant et les in-struments. Cette faculté fit le mérite principal des imitations, qu'il donnait sous forme d'opéras, des grandes tragédies fran-çaises, et contribua au succès d'une innovation qu'il avait tentée en substituant aux pièces mythologiques des sujets tirés de l'histoire. Métastase (1698-1782), dans la carrière d'un art limité, surpassa tout ce que sa nation elle-même, tout ce qu'au-cune autre nation a produit de plus distingué en ce genre. Sans se rendre compte peut-être de ce qu'il y avait d'efféminé dans cette sorte de poëmes, il s'abandonna au mouvement de son cœur qui le portait vers un épicurisme délicat et ennobli, du moins à ses yeux, par le secours de l'héroïsme, de la gloire et de l'amour. La mobile sensibilité de son imagination, toutes les grâces et toutes les élégances du langage réunies dans ses drames lyriques, furent pour les musiciens une excitation et un frein. Il échauffa lui-même en eux le sentiment, et ne permit pas que la voluptueuse réserve de sa pensée fût débordée par leurs entraînements. *Didone abbandonata* (1724), *Hypsipyle*, l'*Olympiade*, *Démophon*, *la Clémence de Titus*, etc., furent, à ce point de vue, des œuvres sans rivales. Mais s'il fut le plus grand, il fut aussi le dernier poëte d'opéra en Italie. Depuis Métastase, les librettistes n'ont pas manqué; mais qu'est-ce qu'un écrivain de cette classe déprimée auprès d'un *maestro?* Un esclave, un servant obscur, un misérable fournisseur à gages.

Il est fâcheux de voir que, à part certaines exceptions glorieuses, tel devient graduellement le rôle des poëtes qui travaillent pour l'opéra, même ailleurs qu'en Italie. Ce n'était pas là sans doute ce que voulaient ni Gœthe, ni Schiller, lorsqu'ils écrivaient pour les musiciens, leurs compatriotes, ni Victor Hugo quand il découpa pour la scène lyrique (*la Esmeralda*, 1858) les plus belles situations de son roman de *Notre-Dame de Paris*. Les premiers auteurs qui travaillèrent pour l'académie française de musique ne se considéraient pas non plus avec toute humilité comme de si minces coopérateurs dans la tâche commune entre eux et le compositeur.

On sait que l'opéra s'est montré pour la première fois en France (1645), sous les auspices de Mazarin. Trois ans après, nous voyons P. Corneille écrire dans ce genre, que les Italiens apportaient tout créé, *Andromède*, tragédie mêlée de chants. C'est lui encore qui donna *la Toison d'or* au marquis de Sourdéac, célèbre amateur de l'opéra qui lui enleva la meilleure partie de sa fortune. En 1669, Sourdéac, associé avec Perrin, poëte, et Cambert, musicien, obtint pour l'exploitation d'un théâtre lyrique des lettres patentes qui passèrent ensuite (1673) à Lulli. Alors même, Quinault, bien que mal partagé sous le rapport de la richesse, s'arrangeait pour ménager à la poésie le beau rôle, la part principale. Dans *les Fêtes de l'Amour et de Bacchus* (1672), dans *Cadmus, Alceste* (1674), *Thésée* (1675), *Atys* (1676), *Isis* (1677), *Persée* (1682), *Armide*, son chef-d'œuvre lyrique (1686), etc., Quinault maintint les droits de son talent. Il bannit de la scène les bouffonneries et les jeux de mots, eut une marche certaine, une ordonnance noble dans ses plans, de l'harmonie et de l'élégance dans ses vers. Les modèles qu'il avait laissés furent imités par Danchet, Roy, Lamotte, Bruère; et si, pour rendre le spectacle plus varié, on réunit sous un titre commun trois ou cinq petits poëmes dont chacun formait un acte, cette première concession n'eut pas d'abord de conséquences fâcheuses ; elle laissait encore le poëte en possession de son génie, ou sérieux ou comique. Les progrès de la musique, vers le milieu du xviiie siècle, changèrent ce que cette position avait encore d'honorable : il fallut des canevas et non plus des pièces, du moins au grand opéra. Dans l'opéra-comique seulement un homme d'esprit put être impunément tel; c'est là que Sedaine, Hoffman et quelques autres purent encore conquérir pour eux-mêmes quelque gloire à côté du compositeur. Nous en appellerions, au besoin, à M. Scribe, qui a mis sur les deux scènes lyriques tant de poëmes différents. Est-ce à la composition de ses grands opéras ou de ses opéras-comiques qu'il dut ses succès les plus flatteurs ?

Maintenant si l'on demande à qui est la faute, aux poëtes, aux musiciens, au public, il est évident qu'elle est surtout aux poëtes. On a toujours tort d'avoir peu de génie ou peu de fermeté quand on s'intitule poëte : en ce cas, on descend au-dessous de sa condition naturelle, et l'on n'est plus qu'un fournisseur de vers, un humble parolier.

CHAPITRE XXXV.

Aucun théâtre n'a été plus diversement jugé au dehors que
celui de l'Espagne : ses titres à l'estime de la postérité ont été
tour à tour exaltés ou dépréciés, suivant les variations du goût
et les doctrines littéraires qui ont successivement prévalu en
Europe. Au commencement du xviie siècle, l'Espagne régnant
encore par sa langue dans les cours qu'elle cessait de dominer
par sa politique, on admirait universellement les œuvres dramatiques de ses poëtes. A peine Lope de Vega, Calderon ou
même quelques poëtes moins illustres avaient-ils publié à Madrid une production nouvelle, qu'elle était, en deçà des Pyré-
nées, lue avidement, traduite sans retard, imitée avec zèle,
transportée sur un autre théâtre. C'est à la lecture des Espagnols que Corneille, jeune encore, échauffait son imagination ;
c'est dans la méditation de leurs écrits qu'il trouvait le magnifique sujet et les plus belles parties du Cid.

A la fin du règne de Louis XIV, les choses changent de face.
C'est la France qui devient un foyer de lumière. L'Espagne

elle-même, malgré son orgueil, répudie ses anciennes admirations, adopte sans contrôle la poétique de Paris, abandonne avec dédain les comédies historiques ou héroïques, et ne conserve que le genre de comédie familière nommé comédie de cape et d'épée. Voilà pour les poètes : les critiques souscrivent à ce jugement, ou s'ils s'arrêtent encore, s'ils ne sacrifient pas l'honneur littéraire de leur nation, ils se font archaïstes et préconisent comme des modèles d'obscurs écrivains nés avant le grand siècle du théâtre espagnol.

Plus tard, une protestation élevée avec force par l'Allemagne contre le système classique français amène un changement remarquable dans les opinions de l'Europe lettrée : Schlegel, qui relève la statue de Shakespeare, réhabilite également le théâtre espagnol. Cette réaction, faite avec bruit au nom du romantisme, n'a manqué ni d'éloquence ni d'exagération. Mais aujourd'hui c'est une tâche plus facile de remettre les faits à leur point de vue, sans outrer ni méconnaître le mérite de cette mine féconde d'où sont sortis tant de riches trésors. Il est, d'ailleurs, un point de vue d'où le théâtre espagnol se recommande dès l'abord, c'est qu'il se montre profondément national : le caractère du peuple auquel il appartient s'y dessine avec une entière vérité. Longtemps les auteurs dramatiques ont puisé leurs inspirations dans les seules légendes populaires, dont le recueil (*romancero*) présente la première image vivante et spontanée des mœurs indigènes. La romance octosyllabique, en tirades assonantes et monorimes, est la première forme que la poésie affecta dans la Péninsule aussitôt que se fut formée la langue vulgaire. Le rhythme de ces sortes de compositions fut transporté, comme les sujets mêmes, sur le théâtre.

Personne ne s'étonnera de ce que, parmi ces légendes, celles qui, le plus anciennement, furent transformées en scènes dramatiques, aient été tirées de la vie des saints : la foi chrétienne est en quelque sorte au moyen âge le génie de l'Espagne. C'est par le catholicisme que le peuple de la péninsule Ibérique se maintint contre l'incessante affluence des Arabes et des Africains ; c'est par l'enthousiasme religieux et l'exaltation dévote qu'il reprend, après des luttes opiniâtres, la pleine possession de son territoire. Aussi l'Espagne, plus naturellement encore que les autres nations de l'Europe, dut voir le théâtre commencer dans les églises ; et c'est chez elle que les drames religieux en langue vulgaire ont été le plus longtemps représentés. Encore maintenant, le jour de la Fête-Dieu, on donne à Valence, sur un théâtre mobile appelé *Roca de la santisima Trinidad*, un jeu d'Adam et d'Ève dont le langage est tout à fait archaïque. Que la religion trouvât toujours son compte à sa présence dans les choses du théâtre, il est permis d'en douter. On peut en croire ce que dit l'auteur des *Origines du théâtre espagnol*, Moratin : « Les licences de la scène altérèrent les cérémonies religieuses ; les mêmes prêtres qui prêchaient dans la chaire et qui sacrifiaient sur l'autel, amusant les fidèles avec des bouffonneries et des grimaces, quittant l'habit ecclésiastique pour se déguiser en ruffians, en prostituées, en matassins, en arlequins, présentaient aux yeux une anomalie aussi absurde qu'irrévérencieuse. »

Vers 1275, ces représentations liturgiques cessèrent d'avoir lieu dans les églises et se continuèrent sur des théâtres assez grossiers : encore les tréteaux des acteurs ne purent pas se soutenir pendant les règnes orageux de Sanche IV, Ferdinand IV et Alphonse XI. Il est seulement fait mention, dans l'histoire de cette période, de jongleresses et de jongleurs sur lesquels on a très-peu de renseignements.

Le plus ancien ouvrage que l'on connaisse comme écrit en langue vulgaire dans la forme dramatique est la *Danza general en que entran todos los estados de gentes* (la Danse générale dans laquelle entrent tous les états et conditions). On place vers 1356 la composition de cette petite pièce, qui est ordinairement attribuée au juif Rabi don Santo. Quelques années plus tard, don Pedro Gonzalez de Mendoza écrivit plusieurs pièces ornées de danses et de chants pastoraux : elles sont perdues, mais on sait qu'elles étaient destinées aux plaisirs de la société aristocratique. Il en fut de même d'une pièce allégorique, composée en 1414 par don Henri de Villena, lors du couronnement de don Fernando, élu roi d'Aragon. Mais ces pièces et les autres du même caractère, que firent les poëtes de cette époque pour les cérémonies de cour sont ou perdues ou presque oubliées. On signale quelque mérite de style dans les deux compositions dramatiques de Rodrigo de Cosa, intitulées l'une : *Dialogue entre l'Amour et un vieillard*, et l'autre : *Couplets de Mingo Revulgo*, dialogue amèrement satirique entre deux bergers.

Avec le règne de Ferdinand et d'Isabelle commence pour la littérature, comme pour la monarchie espagnole, une ère de grande prospérité. Alors le théâtre devient réellement un art. Juan de la Encina (1468-1534) montra, par ses églogues religieuses et profanes, quel parti on pouvait tirer du dialogue sur la scène. Le célèbre roman de la *Célestine*, si rempli d'impudeur et de vérité, est écrit sous forme de dialogue. Trop long pour être représenté, il exerça du moins une influence considérable sur le théâtre, car on trouve jusqu'au xviie siècle une multitude d'imitations dramatiques de cette œuvre due au cynisme audacieux de Fernando de Rojas.

Pendant que Francisco de Villalobos, Perez de Oliva et d'autres savants humanistes s'efforcent, mais infructueusement, de faire accepter par l'Espagne le système et l'imitation des comédies classiques, qu'ils défigurent par leurs traductions, un prêtre espagnol, Bartolomé de Torres Naharro, fait faire de grands pas à l'art dramatique. Quittant la manière timide de Juan de la Encina, il donne à ses pièces plus d'intérêt et d'extension ; il les divise le premier en cinq *jornadas* (journées) ; il augmente le nombre des personnages et devient, en un mot, l'un des maîtres de l'art. Ses pièces sont au nombre de huit ; celle qu'il a intitulée *Serasina* est écrite en quatre langues, castillan, valencien, italien et latin. Cristoval de Castillejo (né vers 1494) marcha heureusement sur les traces de Naharro, et le surpassa même de beaucoup par l'invention et l'intérêt ; mais, immoral dans le choix de ses sujets, il est affecté dans son style et prélude déjà aux écarts des concettistes du xviie siècle. Vasco Diaz Tanco composa bientôt après les trois premières tragédies écrites en castillan, *Absalon, Aman, Jonathas*. Dans le genre de Naharro et de Castillejo, divers auteurs anonymes composèrent des comédies dont quelques-unes sont restées célèbres :

ainsi *la Thébaïde*. On accorde moins d'estime à celles que signèrent dans le même temps, c'est-à-dire pendant la première moitié du xvie siècle, Pedro de Altamira, Esteban Martinez, Juan Pastor, Jaime de Huete, Zebrero, Navas, Prado.

Vers le milieu de ce même siècle, l'Espagne compte quelques poëtes dramatiques d'un grand mérite. Indiquons-les rapidement, en prenant surtout pour garant de nos appréciations l'opinion d'un critique versé dans cette partie de la littérature, M. Eugenio de Ochoa.

Le premier sous tous les rapports est un batteur d'or de Séville, Lope de Rueda, qui, devenu acteur et auteur, écrivit en prose d'amusantes comédies, sans négliger les caractères généraux (il réussissait particulièrement dans ceux de vieillards et de niais). Lope de Rueda fit sa principale étude de la complication de l'intrigue, ce qui est resté la grande préoccupation de ses imitateurs, Juan de Timoneda, Alonso de la Vega, et d'un second Naharro, comédien, à qui le théâtre doit beaucoup de progrès matériels. Naharro introduisit le premier, dans la mise en scène, les nuages, le tonnerre, les éclairs, les combats et les batailles. C'est à lui que revient aussi l'idée de mettre au devant de la rampe la guitare, qui jusqu'alors avait grincé inaperçue derrière les tréteaux. Le Portugais [1] Gil Vicente (mort en 1577), dans ses œuvres castillanes, abandonnant la trace de Saa de Miranda (1495-1558), qui s'était modelé sur la comédie latine, travailla plus librement. Vicente, par le charme du style, surpassa de beaucoup la plupart de ses contemporains. Sa *comedia Rubena* et son *paso* ou *entremés* [2] du *Viudo* (*le Veuf*) sont charmants de poésie; mais l'action y est trop simple; elle languit partout. Berrio, Juan de la Cueva, Juan de Malara, Cisneros, Loyola, Moralès, Guevara et une foule d'autres parurent dans la seconde moitié de ce siècle.

---

[1] La littérature portugaise est riche en œuvres poétiques d'un grand mérite; mais parmi ces œuvres, l'art dramatique n'occupe qu'un rang secondaire. Aussi ne consacrerons-nous pas au théâtre portugais une étude séparée : nous unissons son histoire à celle de la scène espagnole, dont on peut la considérer comme une simple annexe.

[2] On désigne sous ces noms des scènes comiques qui participent de l'apologue par l'intention morale et du proverbe par la forme familière.

Leurs pièces sont généralement intéressantes et bien versifiées,
mais d'une irrégularité inouïe. On pardonnerait à ces écrivains
de déserter, comme ils l'ont fait, l'école d'Aristote et d'Horace ;
mais ils rompent de gaieté de cœur même avec le bon sens.
Cervantes trouva le théâtre livré à tous les caprices de la fantaisie. Si l'on juge de son talent dramatique par sa tragédie de
Numancia, on imagine que l'auteur de *Don Quichotte* aurait
pu être l'Eschyle de l'Espagne. Un génie doué de la vigueur
qu'il déploie dans cette pièce aurait dû réformer la scène ; mais
Cervantes était pauvre, et la misère le contraignit de suivre le
goût désordonné du public. Encore ne retira-t-il que bien peu
de profit de cette complaisance forcée. Comme lui, Virués,
Ortiz, Cozar, Fuentes n'osèrent pas résister à l'entraînement
commun. Lupercio de Argensola, Pedro Simon Abril, Cristo-
bal de Virués, Gabriel Laso de la Vega et quelques autres se
montrèrent, il est vrai, partisans de l'ordonnance classique, mais
leurs efforts furent stériles soit par défaut de talent, soit par
manque de goût dans l'imitation. Il faut cependant accorder
une mention à Geronimo Bermudez, auteur de deux tragédies
écrites sur un sujet moderne (*Inès de Castro*) à la manière antique, avec un chœur et une savante simplicité d'action. Malheureusement, des morceaux d'une fatigante et plate monotonie
en refroidissent le pathétique.

Nous arrivons ainsi à Lope de Vega, et nous nous écrions,
comme ses contemporains, quoique avec un peu moins d'abandon dans l'enthousiasme : « Place au prodige de la nature, au
phénix des esprits, à l'heureux, au glorieux Lope Felix de Vega
Carpio ! »

CHAPITRE XXXVI.

A la fin du xvie siècle, l'Espagne conservait encore son influence sur le monde entier et n'avait pas renoncé à lui imposer des lois. Tout, dans ce vaste empire, était monté au ton de
la grandeur. Aussi, selon la remarque d'un critique distingué,
c'est par l'imagination surtout que brillent alors les compositions
espagnoles. L'exaltation de la foi, l'amour du merveilleux, la
fougue spiritualiste, le chevaleresque héroïsme des sentiments,
l'audace et la liberté d'une aventureuse fantaisie, dont la nation
se montrait inspirée dans les faits eux-mêmes, étaient les éléments naturels de sa littérature, et inspiraient le génie créateur
de ses poëtes.

Si jamais cette noble qualification de créateur appartint à un
homme, Lope de Vega la mérite assurément. Expression complète du génie espagnol, Lope a, pour le fond comme pour la
forme, véritablement créé un théâtre. Il est le père d'une comédie toute nouvelle, qui n'est pas satirique et débordée comme
celle d'Aristophane, ni épigrammatique et licencieuse comme

celle des Italiens; elle n'a pas non plus de ressemblance avec
la comédie latine : le sens exquis d'un Térence ou la fougueuse
gaieté de Plaute ne se voient pas chez Lope; mais il est surtout
et avant tout un admirable peintre de mœurs. Il faut l'étudier,
avec Cervantes et les romanciers, si l'on veut connaître l'Espagne de 1580 à 1650, ses mœurs, ses coutumes, ses usages,
ses idées, ses préjugés même; elle est là, comme la France
du XVIIᵉ siècle est dans les *mémoires*.

La variété des couleurs de Lope égale d'ailleurs leur vivacité, et comme il peint avec une même complaisance les hommes
des classes les plus élevées et ceux des classes les plus hum-
bles, son théâtre offre une immense galerie de personnages, de
passions et d'intérêts. Le mélange des genres résulte de cette
multiplicité en même temps que de l'indépendance de son génie : les unités aristotéliques n'existent pas plus pour Lope
que pour Shakespeare son contemporain. (Il commença à écrire
pour le théâtre de 1590 à 1592, Shakespeare vers 1595.) En
lui, tout n'est pas admirable, mais tout porte un caractère original, jusqu'à sa manière de composer. Assurément aucun des
grands poëtes n'a écrit avec une telle fertilité d'invention ni une
telle facilité de versification. « Une pièce en trois actes, versi-
fiée en redondilles entremêlées de tercets, de sonnets et d'octaves, riche en intrigues, ou en prodiges, ou en situations, ne
lui coûtait ordinairement que vingt-quatre heures de travail.
C'est grâce à cette étonnante facilité qu'il put fournir au théâtre plus de deux mille pièces, dont, à la vérité, il n'y a guère
plus de trois cents qui aient été imprimées. Il n'avait pas encore
eu le temps de relire la pièce qu'il venait de faire que les directeurs de spectacles la lui avaient déjà arrachée et que d'autres
se présentaient pour le supplier de leur en faire une autre. »
(LORD HOLLAND.) L'empressement, on pourrait dire l'engouement, que supposent ces importunités des directeurs de spectacles, disent assez de quelle faveur Lope jouissait auprès du
public. Durant toute sa vie, sa gloire fut immense, et sa popularité a duré jusqu'à notre temps. Les honneurs aussi lui arri-
vaient de tous côtés : le pape Urbain VIII lui envoya la croix
de Malte et le diplôme de docteur en théologie; le saint-office

se l'affilia ; et lorsque des malheurs de famille l'eurent décidé à se faire prêtre, la confrérie de Saint-François le nomma son chapelain. Le 26 août 1635, jour de sa mort (il était né en 1562) fut pour sa patrie un jour de deuil, et trois évêques officièrent aux pompeuses funérailles du *phénix espagnol*.

Moins de vingt années auparavant, était mort sans honneurs et dans la misère un autre homme de génie, Cervantes. D'où vient donc cette différence entre deux destinées presque contemporaines, entre deux hommes égaux par le talent? C'est dans la diversité même de leurs facultés que se trouverait l'explication de cette anomalie. Cervantes est moins l'homme de l'Espagne que celui de toutes les nations : son ironie profonde et contenue, son bon sens suprême, sa pénétration exquise étaient de ces mérites qui disparaissent devant ceux d'un auteur plus exclusivement national. Toutes les nations voudraient revendiquer Cervantes : Lope ne peut réellement appartenir qu'à l'Espagne. Il est à elle, parce qu'il a célébré la gloire et le triomphe du catholicisme, parce qu'il s'est plié au goût de ses compatriotes, avides d'intrigues romanesques et galantes, avides d'amusements dramatiques plutôt que d'instruction, de leçons morales et d'exemples. Lope (et c'est là son originalité comme peut-être aussi son défaut) n'a point fait de comédies avec une intention esthétique, encore moins avec une intention morale; il n'aspire même pas à peindre entièrement des caractères : il ne veut que nouer une intrigue, raconter au peuple ses propres légendes locales en les dramatisant, transporter sur la scène la pompe et les dogmes de l'Église, rendre visibles, palpables, le ciel chrétien et ses habitants, charmer enfin par la variété d'un spectacle où passent tour à tour les princes, les rustres et les farceurs. Dans ses comédies proprement dites, telles que *la Villana de Xetafe*, *la Viuda de Valencia*, reviennent invariablement les rôles du vieillard, du galant, de la dame, du valet, du gracioso. Mais qu'importe ce perpétuel retour des mêmes masques, puisqu'ils amusent toujours? Un intérêt puissant anime ses comédies héroïques et fait oublier l'inégalité d'un style trop rapide, le mélange des tons, les disparates d'un dialogue tantôt emphatique et tantôt vulgaire. Celle de toutes les pièces de ce genre qui offre le moins ces contrastes, pénibles pour le goût quand ils sont prodigués et lorsque le sujet ne les comporte pas nécessairement, est *l'Estrella de Sevilla,* dont quelques données rappellent le sujet du *Cid* de Corneille. Lope, par un trait conforme à l'esprit castillan, évite de laisser entrevoir la possibilité, pour Estrella et pour don Sancho Ortiz, d'un rapprochement que Corneille semble promettre à Rodrigue : Estrella s'enferme dans un cloître pour ne jamais revoir son amant, devenu le meurtrier d'un frère qu'elle a perdu, et l'amant va guerroyer chez les Mores pour dissiper ses regrets.

Les pièces religieuses (*Comedias divinas*) que Lope de Véga a faites sur le modèle des anciens mystères se subdivisent en *Vidas de Santos* et en *Autos Sacramentales.* Dans les premières, on voit ordinairement, comme dans la vie de *Nicolas de Tolentino,* un pieux personnage, qui traverse une série d'aventures héroïques ou burlesques pour arriver à la béatitude. Dans les secondes, les personnages principaux sont ordinairement des êtres allégoriques, tels que le Péché, le Démon, la Terre, le Temps, la Justice, la Charité. Ce sont autant de discoureurs impitoyables qui étalent avec complaisance leur science théologique. Assemblage bizarre de conceptions fantastiques et de sentiments dévots, les *autos* transportent sur les planches du théâtre les mystères de la religion catholique. De ferventes prières et des imprécations encadrées dans des sonnets y coupent souvent le dialogue et mêlent le lyrisme au drame. Il semble, à la lecture de ces œuvres étranges, que dans un siècle d'ardentes croyances l'état monastique donnât un caractère de noblesse et de grandeur à toutes les idées qu'on y attachait : aussi le poëte exploite-t-il à outrance les légendes monacales et les dispositions de son auditoire. Après Lope, les drames religieux resteront ainsi pendant longtemps empreints du même caractère d'audacieuse et confuse liberté qu'il leur avait imprimé.

Il a composé aussi des *loas,* espèces de prologues ou monologues comiques, des *saynetes* et des *entremeses.* Ces deux derniers genres de pièces ont leur analogue, les *entremeses* dans les vaudevilles burlesques des petits théâtres de France, les *saynetes* dans d'autres vaudevilles, ceux où le chant et la danse se mêlent au dialogue.

Lope n'appartient à notre sujet que comme poëte dramatique. C'est là que se trouve encore, malgré le mérite de ses travaux dans d'autres genres, son premier titre à l'admiration; non qu'il faille louer son goût et la profondeur de son art, mais le tact merveilleux avec lequel il a su se plier au goût de sa nation : tant il peut y avoir d'originalité dans une habile imitation de la nature et des mœurs!

Lope eut pour contemporains ou pour successeurs immédiats : le docteur Ramon, le licencié Miguel Sanchez, le docteur Mira de Mescua, le chanoine Tarraga, Guillen de Castro, Velez de Guévara, Alarcon, etc. De cette foule nous ne voulons tirer que deux noms, celui de Guillen de Castro et celui d'Alarcon. Corneille emprunta au premier l'idée du *Cid*. Il ne doit rien à Diamante, qu'on représente ordinairement comme ayant fourni un modèle que le père de la scène française aurait suivi pas à pas, tandis que, au contraire, c'est Diamante qui a composé son *Cid* d'après celui de Corneille. Alarcon inspira au poëte français la charmante comédie du *Menteur;* nous avons signalé (page 161) cette obligation que Corneille accepte lui-même; nous avons marqué également ce que d'autres poëtes contemporains de ce grand homme durent à la scène espagnole.

Après la période où Lope se montre entouré du cortége que nous venons de replacer autour de lui, commence une série de talents d'élite qui portèrent l'art au plus haut point qu'il ait pu atteindre en Espagne. Calderon, Moreto, Rojas, Tirso de Molina, don Juan de la Hoz, Mendoza, Belmonte, Coello, Enciso.

Calderon a plus d'un point de ressemblance avec Lope. Réfugié comme lui dans les ordres sacrés après une vie mondaine, il eut le même goût pour les *autos*, les mêmes moyens d'agir par le drame, soit religieux, soit héroïque, sur l'esprit de sa nation. Aussi fécond que son devancier, il a le même feu et passe avec une aisance égale du burlesque au grandiose. Dans ses comédies d'aventures, ou, comme parlent les Espagnols, *de capa y espada,* les incidents se multiplient sans qu'il en résulte de confusion, et chacune d'elles offre un tableau de l'Espagne : galanterie, jalousie, promptitude à ressentir l'insulte, quelquefois esprit de sombre vengeance. Son langage est ordinairement poétique, mais quelquefois jusqu'à l'abus : le luxe des métaphores, le retour perpétuel des mêmes figures, les faux brillants de l'imagination nous rappellent trop souvent que l'Espagne n'est point le pays de la sagesse et de la discrétion littéraires. Sous ce rapport, elle eût gagné beaucoup à produire quelques auteurs tels que Moreto.

Ce poëte, né vers 1600, termina ses jours à Tolède, en 1669, dans les fonctions ecclésiastiques : ainsi Lope et Calderón avaient achevé au service de l'Église une existence commencée sous des auspices différents. Doué d'un esprit plus sage que ces deux grands hommes, Moreto eut le goût plus sûr et un sentiment du naturel qui leur a souvent fait défaut. De là vient que sa réputation, sans avoir égalé la leur, ne subit pas la même éclipse lorsque eut lieu plus tard l'invasion des idées françaises. Un seul de ses drames tragiques, *le Roi vaillant et justicier ou le Rico Hombre d'Alcala,* mérite d'être placé à côté de leurs chefs-d'œuvre; mais il les surpasse habituellement dans ses drames comiques, ou plutôt, comme le dit un critique moderne, il a créé en Espagne la véritable comédie dont Lope n'avait eu qu'une idée très-vague, et que Calderón ne semblait même pas soupçonner, celle qui cherche ses moyens d'intérêt, non pas dans des aventures romanesques et extraordinaires, mais dans la peinture des travers et des ridicules de l'humanité. Molière, dans *la Princesse d'Élide,* a imité de Moreto une pièce intitulée *Dédain contre dédain ;* mais *la Princesse d'Élide* n'est qu'une ébauche hâtivement dessinée pour un divertissement de cour, tandis que l'œuvre espagnole est extrêmement soignée et que l'auteur a pu prendre le temps de conduire le dialogue avec une délicatesse ravissante. Quel que soit pourtant le prix de ce petit drame sentimental, c'est surtout dans la comédie *de cape et d'épée* que Moreto se montre original et nouveau, en substituant aux péripéties multipliées de Calderón des peintures et des situations tout à fait comiques. Le personnage principal d'une de ses pièces, *le Beau don Diégo,* est devenu en Espagne le type de la fatuité imperturbable et l'un des premiers modèles de ce genre qu'on a nommé la comédie de *figuron*, ce qui signifie un caractère ridicule, une espèce de caricature.

Don Francisco de Rojas a composé un drame, *Garisa del Castanar*, que les Espagnols mettent au premier rang de leurs productions en ce genre. Les Crispin et les Sganarelle du théâtre français ont énormément emprunté au valet Moscon, d'une des pièces de Rojas.

A Gabriel Tellez, qui prit le nom de *Tirso de Molina* (1570-1648), revient l'honneur d'avoir inspiré, par son *Convivado de Piedra*, le *Don Juan*, de Molière.

Sans appeler une attention particulière, Mendoza, Belmonte, Coello, Enciso, sont cependant très-dignes de l'âge auquel ils appartiennent. En conservant, comme Caldéron et ses émules, la forme consacrée du drame, ils associent dans une même combinaison scénique la comédie et la tragédie; mais en essayant de remplacer par une élégante réserve le tour désordonné de Lope, ils cherchent davantage la pureté du style et la perfection des divers genres.

Ainsi, pendant le règne de Philippe IV, la nation espagnole, malheureuse au dehors dans ses entreprises, trouva du moins quelques consolations dans la culture des arts, et le monarque lui-même, dans les fêtes du *Buen Retiro*, oubliait ses revers en improvisant quelques canevas à l'italienne.

Mais plus tard, lorsque l'Espagne eut perdu sa puissance et descendit au second rang parmi les États européens, quand la sève généreuse de l'héroïsme et du génie se fut glacée en elle; quand l'inquisition, achevant l'œuvre funeste de la mauvaise fortune, interdit à la pensée cette franchise de mouvements sans laquelle il n'y a ni transformations honorables, ni progrès, l'imagination des poëtes, n'ayant plus rien à exprimer, se réfugia dans de futiles amusements. A toutes leurs qualités natives ils substituèrent les défauts correspondants : à la pompe, l'enflure; à la fierté, la fanfaronnade; à d'ingénieuses idées, de subtiles affectations; à la vigueur exubérante, le *cultéranisme*. Ainsi, Gongora, l'inventeur de *l'estilo culto*, et son école mirent en usage un langage tellement pédantesque, des métaphores tellement forcées, des constructions tellement tourmentées, qu'en les lisant on s'écrie, avec lord Holland : « Il semble, avec eux, que les lettres ont été inventées non pour exprimer, mais pour cacher la pensée. »

L'art dramatique ne pouvait pas échapper à la contagion : il ne nous offre pas, sous Charles II, un seul nom digne d'être cité. Diamante, dont nous parlions plus haut, est un poëte tout à fait secondaire. La scène espagnole n'avait donc plus rien à perdre, lorsque, sous Philippe V et ses successeurs, l'influence des idées françaises se fit jour même au théâtre. Leur empire fut franchement accepté dans la Poétique d'Ignacio de Luzan. Montiano publia une dissertation en faveur des unités et composa, d'après toutes les règles observées par Racine, une *Virginie*, un *Ataulphe*. Luzan traduisit un des drames larmoyants de la Chaussée. Les adversaires mêmes du parti français ne dédaignèrent pas le théâtre de Paris. A leur tête, Huerta se présente comme interprète de la *Zaïre* de Voltaire. Toutes les pièces de Molière furent jouées à Madrid, et les principales tragédies de Corneille, sans excepter même *le Cid*, ont enrichi le répertoire castillan. Racine et Crébillon y figurent également, et tous les drames un peu connus de la fin du xviiie siècle ont passé du français en espagnol. Au milieu de ce zèle pour les productions d'une scène étrangère, don Leandro Fernandez Moratin (1760-1828), quoique galliciste, entreprit de créer une comédie nouvelle qui fût en même temps nationale et correcte. Il eut en outre la pensée de proscrire de la scène les mauvaises productions qu'un engouement ridicule faisait conserver encore au répertoire. Après avoir vivement déclaré la guerre aux poëtes routiniers dans sa *Comedia nueva ó el Cafe* (1792), il conquit lui-même un rang distingué en donnant *l'Hypocrite (la Mogigata)* et une charmante pièce, *le Oui des jeunes filles*.

Cependant les succès de Moratin eurent un caractère trop individuel pour qu'on fasse dater de cette époque la restauration de l'art en Espagne. Elle n'a commencé qu'après la guerre de l'indépendance, et c'est un des hommes éprouvés non-seulement sur les champs de bataille, mais encore dans les luttes politiques, le duc de Rivas, qui donna l'exemple d'essais hardis pour ranimer et pour épurer le génie du roman et du drame dans son pays. Déjà *le Bâtard more* avait porté très-haut le nom du duc, à côté même de celui de Walter Scott, lorsque en 1855, *Don Alvaro*, représenté sur la scène, fit tressaillir d'orgueil le patriotisme espagnol. Sans doute, quelques autres pièces avaient eu, dans les années antérieures de ce siècle, une valeur de circonstance, sans doute aussi d'autres œuvres, telles que l'*Œdipe* de M. Martinez de la Rosa, faisaient voir que la culture de l'esprit n'était point abandonnée; mais le *Don Alvaro* révélait un poëte comparable à ceux dont la France contemporaine s'enorgueillit : le duc de Rivas a comme un lien de parenté poétique avec Victor Hugo, et, par une singularité de plus, tous deux ont connu les douleurs de l'exil. Le talent du duc de Rivas s'est montré sous un autre aspect dans la comédie. *Le Prix de l'argent*, malgré le succès de cette pièce, n'est cependant qu'une diversion aimable, une preuve de la souplesse du talent : on retrouve mieux l'homme supérieur dans *l'Épreuve de la loyauté*, *les Consolations d'un prisonnier*, *la Morisca de Alajuar*. La critique estime, avec raison, que ces remarquables compositions dramatiques se rapprochent complétement des vieux modèles par l'ampleur, la liberté, le mouvement de la passion ou de la fantaisie.

Remarquons-le, avec M. Ch. de Mazade, — lorsque le duc de Rivas écrivait son roman du *Bâtard more* et *Don Alvaro*, il était presque seul ; aucune voix n'avait devancé la sienne. Partout il y avait l'instinct, le désir d'une rénovation littéraire, plutôt que le pouvoir de réaliser immédiatement ce noble vœu. Mais depuis sont venues des années fécondes. Tandis que MM. Mora, Espronceda, Pastor Diaz, Zorrilla relevaient la gloire de la poésie lyrique ou du poëme épique, — au théâtre, M. Gil y Zarate a fait représenter *Charles II*, *Rozmunda*, *Gusman le Bon*; M. Hartzenbusch a donné *les Amants de Teruel*, *Doña Mencia*; M. Garcia Gutierez, *le Troubadour*, *le Page* (deux pièces où se révélait un talent plein d'avenir); M. Breton de los Herreros a écrit cent pièces pleines de verve et de gaieté. M. Zorrilla, tout en continuant de briller dans une

autre carrière poétique, s'est signalé, dans celle-ci, par *le Save-
tier et le Roi, la Nuit de Montiel, la Loyauté d'une femme.*
— Voilà tout un ensemble d'ouvrages qui montrent combien la
poésie a été prompte à renaître en Espagne, et avec quelle ardeur l'école nouvelle embrassait les doctrines que le duc de
Rivas a proclamées le premier. Aussi l'on s'étonne que depuis
quelque temps le théâtre, de même que les autres genres, ait
subi un ralentissement visible dans ses progrès. La génération
nouvelle, qui donnait de grandes espérances, s'est jetée dans
les affaires industrielles ou dans la politique. Aussi la jeune
Espagne n'a-t-elle vu se produire, pendant les dix dernières
années, que deux talents dramatiques, M. Rodriguez Rubi et
Lopez de Ayala : encore ces deux écrivains se sont-ils recom-
mandés seulement, jusqu'à ce jour, par des œuvres estimables,
mais d'une valeur secondaire. Les nombreux théâtres de Madrid
invitent cependant les poëtes à se produire avec honneur et
liberté.

Le Portugal, de même que l'Espagne, a été agité par bien
des révolutions qui, au lieu de nuire à l'esprit littéraire, l'ont
ranimé puissamment, et qui ont rendu à la pensée quelque ressort. Si le succès des tentatives faites depuis vingt-cinq années
n'y égale pas celui qu'ont obtenu les Espagnols, il faut néanmoins applaudir au zèle de Castilho et de Corvalho pour donner
à leur patrie ce qu'elle n'avait pas eu jusque-là, un théâtre.
On doit surtout des éloges à un poëte, dont les débuts furent
marqués par des tragédies classiques (*Caton em Utica, Merope*),
M. d'Almeida-Garrett. On a dit de lui qu'il était plus qu'un littérateur, qu'il était une littérature entière, tant il y a dans son
talent de souplesse et d'universalité. Deux œuvres brillantes
sont venues ajouter à sa gloire : par *l'Auto de Gil Vicente* et
Frai Luix de Souza, il n'a pas seulement pris place au nombre des meilleurs dramaturges modernes, il a mérité le nom de
créateur du drame portugais.

CHAPITRE XXXVII.

En quittant l'Espagne pour passer en Angleterre, nous changeons assurément de zone et de climat. Mais ce changement exerce sur la littérature en général, et spécialement sur l'art dramatique, une influence beaucoup moins sensible qu'on ne l'imaginerait, quand il s'agit de deux peuples aussi opposés d'humeur et de génie. Anglais et Espagnols sont pareillement des schismatiques au point de vue des admirateurs du système grec tel qu'on le conçoit en France : c'est déjà un trait commun. Sans retrouver assurément les mêmes procédés dramatiques transmis d'un pays à l'autre, nous voyons les libertés du théâtre espagnol revivre sur la scène anglaise. Des causes différentes ont produit des résultats analogues.

L'origine du théâtre en Angleterre est la même qu'en Espagne et dans les autres États de l'Europe. Dans les premières années du xiie siècle, Geoffroy, plus tard abbé de Saint-Albans, étant instituteur à Dunstable, fit représenter dans cette ville un *miracle* de sainte Catherine. On ne saurait dire si ce fut là une tentative isolée ou non : c'est au moins la plus ancienne que constate l'histoire. L'opinion commune des critiques est d'ailleurs que, s'il existait précédemment, en Angleterre, des représentations dramatiques d'un ordre quelconque, celle-ci dut être une importation normande : Geoffroy était Français de naissance.

Les églises et les monastères offrirent seuls d'abord des jeux dramatiques et faisaient même quelquefois, paraît-il, une obligation pieuse d'y assister. Clément VI accorda mille ans d'indulgence aux personnes dévotes qui suivraient les représentations des pièces saintes à Chester. Les laïques se chargèrent ensuite des rôles. C'est ainsi que les drapiers donnèrent à Londres *la Création* : Adam et Ève parurent dans leur costume primitif. Des teinturiers jouèrent *le Déluge*. Noé y était représenté comme un époux mal obéi de sa femme. Elle refusait d'entrer dans l'arche et souffletait son mari. Les *mystères* étaient le drame populaire : on a imprimé celui de la *Chandeleur*, dont le massacre des Innocents est le sujet. L'auteur, qui s'appelait Jean Parfre, composa vraisemblablement dans les premières années de Henri VIII cette pièce, qui ressemble à beaucoup d'œuvres françaises du même temps. En 1640, un certain Georges Sandys faisait encore imprimer, non sans succès, un *mystère* de sa façon. On voit que le peuple anglais a gardé longtemps le goût de cette littérature religieuse.

Les grands seigneurs du xɪvᵉ et du xvᵉ siècle avaient leurs comédiens à gages. Ainsi l'usurpateur Richard III, quand il n'était que duc de Glocester, en entretenait une troupe. Henri VII en eut deux. Les libéralités qu'entraîne une dépense de ce genre étaient imitées assez communément par les maisons puissantes du royaume. Au temps de Henri VIII surtout, ce fut l'objet d'un luxe prodigue : ce roi donnait l'exemple de fêtes où figuraient en grand nombre les compagnons de *l'abbé de la joie* (*abbot of misrule*), c'est-à-dire les baladins et les comédiens.

Ce qui prévalait dans les pièces de cour, c'était le genre allégorique : il paraît avoir été introduit sous le règne de Henri VI. Composées ordinairement à l'occasion d'une circonstance particulière, ces *moralités* ne survivaient guère à l'événement qui les avait fait naître. Un très-petit nombre, parait-il, de celles qui se sont conservées remonte au delà de 1550. Quant à leur caractère général, il est uniformément le même : on y voit toujours un personnage spirituel, malin et dissolu, qui s'appelle *le Vice*, et qui amène à sa suite, très-ordinairement, le Diable. L'un et l'autre finissent par être accablés de coups. On ne tient plus grand compte, dans l'histoire de la littérature anglaise, de ces compositions en elles-mêmes peu dignes d'estime. Elles ont, néanmoins, préparé l'avénement d'un art plus recommandable. Comme le dit Collier (*Hist. of English dramatic poetry*), quelques déviations de leur forme originelle et la substitution des individualités aux abstractions personnifiées préparèrent, par une gradation naturelle et facile, les voies à la tragédie et à la comédie, représentations de la vie et des mœurs réelles.

Lorsque la grande crise religieuse du xviᵉ siècle agita les esprits, les *moralités*, qui déjà étaient passées du théâtre de la cour sur celui du peuple, devinrent pour ou contre les idées nouvelles un instrument de lutte. L'autorité, à ce qu'il paraît, s'alarma des moyens d'influence que l'art dramatique offrait à l'esprit d'opposition ; car, en 1549, le conseil d'Édouard VI rendit une ordonnance qui interdisait toute espèce de représentations théâtrales.

C'était cependant l'époque où venait de naître la véritable comédie anglaise. Un régent d'Eton, Udal, venait d'écrire, vers 1540, une pièce de quelque mérite, *Ralph Roister Foister*, qui contraste, par la gaieté, avec d'autres productions du même auteur. Udal avait composé pour ses écoliers des pièces latines que personne ne lit plus : elles ne sont probablement ni au-dessus ni au-dessous de toutes celles que les universités et les colléges anglais virent naître et jouer depuis l'époque où l'usage de ces représentations s'introduisit, c'est-à-dire depuis le xvᵉ siècle. *Ralph Roister Foister* est quelque chose de plus divertissant; c'est le tableau animé des mœurs des galants et des citadins de Londres, sujet fécond et souvent exploité jusqu'aux guerres civiles.

Collier a retrouvé quatre actes d'une autre pièce intitulée *Misogonus,* qu'il rapporte au commencement du règne d'Élisabeth ; mais une pièce plus célèbre est *l'Aiguille de la Commère Curton,* communément attribuée à Jean Still, qui plus tard fut évêque. Elle paraît avoir été représentée au collége du Christ, à Cambridge, vers 1565, et, par la nature des plaisanteries qu'elle renferme, ne donne pas l'idée la plus relevée du goût et des mœurs scolaires à cette époque. Dès l'année suivante, on jouait à Gray's Inn une traduction des *Suppositi* d'Arioste : un modèle de ce genre n'était pas non plus de nature à épurer beaucoup les mœurs. Il est vrai qu'on chercha en Italie d'autres guides moins éhontés. Sackville fit représenter à White-Hall, devant Élisabeth, en 1562, une tragédie de *Gorboduc,* dont le sujet, emprunté aux légendes fabuleuses de la Grande-Bretagne, est traité dans le goût de Trissin et de Giraldi Cinthio. En un point, pourtant, mais ceci est remarquable, Sackville abandonne les procédés classiques : il viole sans scrupule l'unité de temps. Par là même s'annonce une des tendances invincibles du théâtre anglais. J'ajoute que *Gorboduc,* malgré la netteté du dessin, la profondeur des pensées politiques, l'énergie du langage, fut reçu froidement, et l'art régulier de Sackville eut peu d'imitateurs. Pour plaire aux spectateurs, il fallait quelque chose de sensible, une action déroulée aux yeux plutôt qu'à l'esprit, des scènes où une excessive bouffonnerie vînt s'ajouter à l'intérêt le plus sérieux. C'est ainsi qu'Edwards traita le sujet de *Damon et Pythias,* Whetstone, vers 1580, celui de *Promos et Cassandra,* repris ensuite par Shakespeare d'une manière supérieure (dans *Mesure pour mesure*). Beaucoup d'autres pièces furent composées ensuite dans le même goût ; le théâtre devint une passion générale. La cour, à partir de 1546, eut un *maître des fêtes* chargé spécialement d'organiser, entre autres amusements, des représentations dramatiques. Hallam a pris soin de rapporter les preuves de l'accroissement de zèle que manifestèrent pour le théâtre les universités et divers autres établissements. Quoique ensevelies dans un oubli mérité, les œuvres produites d'abord préparaient le public : il put ensuite s'intéresser à des créations moins imparfaites, et les

25.

poëtes se formèrent. Bientôt parurent des hommes de talent : Marlowe (mort en 1593), Peele, Greene, Lily, Lodge, Vryd, Nash, et enfin le plus étonnant génie dramatique de l'Europe moderne, Shakespeare.

Le *Tamburlaine* de Marlowe est écrit avec une emphase que justifie peut-être la mise en scène d'un despote de l'Orient ; mais, quelle que soit l'opinion qu'on admette à cet égard, on reconnaît dans la facture du vers (le vers blanc) un rhythme juste et naturel. Le *Juif de Malte,* et surtout le *Faustus,* du même auteur, sont des conceptions vigoureuses et traitées avec assez d'adresse. En mettant le premier au théâtre le conte allemand de Faust, Marlowe a empreint la figure de Méphistophélès d'une sombre mélancolie. La gaieté sardonique que Gœthe prête à ce même personnage est d'un caractère plus profond peut-être, mais elle fait mal, et le vieux poëte anglais, avec infiniment moins d'art, excite encore une émotion très-vive. Marlowe doit être enfin considéré comme ayant, sinon créé, du moins illustré le premier le drame historique fondé sur les chroniques anglaises : Édouard II et Richard d'York furent évoqués par lui sur la scène.

Je n'insiste pas sur les œuvres des poëtes du même temps, car j'ai hâte d'arriver à Shakespeare, et, parmi les prédécesseurs ou les émules de ce grand poëte, Marlowe est le plus remarquable. Ce n'est pas que les autres soient indignes d'étude : Peele a de la richesse dans l'imagination, de la douceur dans le style ; Vryd a porté très-haut le pathétique et l'intérêt dans sa *Tragédie espagnole ;* Robert Greene et Lodge déploient de la verve comique lorsque, dans une pièce intitulée *le Miroir de Londres,* mettant leur esprit en commun, ils amènent le prophète Osée à Ninive, mais pour peindre, au sein de cette ville, des ridicules exclusivement anglais. Ces poëtes ont d'ailleurs un caractère qui permet de les juger tous sous un même point de vue : dans la comédie, ils sont généralement observateurs, habiles à représenter les mœurs vulgaires ; énergiques et faciles dans l'expression, mais licencieux et bouffons jusqu'à la grossièreté ; dans le drame, ampoulés, verbeux, abusant des formes bibliques, prodigues de détails horribles, ils savent pourtant

conduire une action et dessiner des caractères. Du reste, toutes
leurs qualités se retrouvent au plus haut point dans le maître
de la scène anglaise : heureux s'il ne se fût pas associé trop
souvent, avec un regrettable abandon, aux excès dont il trouvait l'exemple chez eux!

La vie de l'homme que les Anglais considèrent, non sans
raison, comme l'écrivain dont le nom les honore le plus, est
mêlée de beaucoup d'incertitudes et d'obscurité. On croit ordinairement que William Shakespeare, fils d'un marchand de
laines de Stratford-sur-Avon, vint se fixer à Londres vers
1587; il avait alors vingt-trois ans. Obligé, dit-on, de quitter
sa ville natale pour échapper à la vengeance de Thomas Lucy,
shérif du comté de Warwick, qu'il avait, comme braconnier et
poëte satirique, offensé dans sa double qualité de propriétaire
et de mari, Shakespeare entra dans une troupe dramatique de
la capitale. Il y brilla peu comme acteur, mais bientôt il amé-
liora sa fortune, soit en rajeunissant d'anciennes pièces du répertoire (*Périclès, Titus Andronicus*, peut-être *la Comédie des
erreurs, la Méchante Femme mise à la raison*), soit en com-
posant des élégies, des poésies amoureuses et des sonnets (son
poëme de *Vénus et Adonis* fut publié en 1593, et vers le même
temps il donnait, sous le titre du *Pèlerin passionné*, un recueil
de ses œuvres fugitives); soit enfin en produisant sur le théâtre des créations nouvelles, *les Deux Gentilshommes de Vérone, Travail d'amour perdu, le Songe d'une nuit d'été*
(1592?), *Roméo et Juliette* (1596?). Ces pièces, avec une ou
deux autres peut-être, représentent ce qu'on appelle la première manière de Shakespeare. Elles sont médiocres, à l'exception du *Songe* et de *Roméo*, qu'il faut déjà placer au premier
rang Il y a dans *le Songe* une éblouissante profusion de richesses poétiques, une légèreté admirable de style; les personnages féeriques y sont d'une grâce et d'une vivacité extrêmes.
Le sujet de *Roméo* est emprunté à une nouvelle italienne; mais
ce qui appartient à l'auteur anglais, ce sont les incidents rapides et variés, l'intérêt soutenu, et surtout l'emploi de ces contrastes savants qui laissent entrevoir, dès les premières joies
d'un amour jeune et brillant, les horreurs d'une fatale cata-

strophe. On regrette que les subtilités, l'euphuisme et les pensées fausses ôtent de leur prix aux premiers actes; mais à mesure que l'action avance vers le dénoûment, le style prend une
couleur plus grave et devient souvent d'une exquise beauté.

A la seconde période de la carrière dramatique de Shakespeare appartiennent ses pièces historiques et toutes celles qui
furent composées avant la fin du siècle ou avant la mort d'Elisabeth (1603). De ce nombre sont : *Beaucoup d'embarras
pour rien; le Marchand de Venise* (1597), qui est regardé
comme le chef-d'œuvre du poëte sous le rapport de la clarté du
plan, de la variété des caractères, du choix des incidents, de
l'heureuse veine de l'esprit. *Comme vous voudrez* (1600),
œuvre délicieuse, où s'unissent la pensée philosophique, la
grâce et la sensibilité. D'après le jugement d'un des plus sages
critiques contemporains, de Hallam, la versification est plus
soignée dans ces pièces que dans celles où se reconnaît la première manière de Shakespeare; les transitions y sont ménagées
avec plus d'art; le style a plus de vigueur et de sobriété. En
outre, une expérience plus profonde du cœur humain, une conception plus nette, en un mot la maturité du génie, s'y manifestent hautement. Il n'y a rien dans les œuvres précédentes
qu'on puisse comparer, sous ce rapport, avec les deux Richard, avec Shylock le juif, avec Falstaff, le colossal et facétieux parasite.

Mᵐᵉ de Staël, tout en reconnaissant la popularité constante
obtenue en Angleterre par les drames que Shakespeare a consacrés à l'histoire nationale, les regarde comme très-inférieurs
en général aux pièces qu'il a tirées tout entières de son imagination; mais les Anglais eux-mêmes sont d'un autre avis. Ils
lui savent infiniment de gré de l'exactitude de ses tableaux; ils
le louent de n'avoir admis dans *Richard III* et dans *Henri VII*
aucun personnage imaginaire. Ce qu'ils aiment surtout, c'est
qu'il fait énergiquement ressortir l'originalité et la vigueur des
caractères. Fiers à juste titre de leurs anciennes luttes, comme
d'une preuve de l'énergie des âmes façonnées à l'indépendance,
ils ne se lassent pas de voir leur poëte disposant avec une variété sans confusion et faisant mouvoir à leur place des hommes

libres de toute classe. Un juge excellent, M. de Barante, a partagé, quoique Français, le sentiment des compatriotes de Shakespeare. Suivant lui, le poëte qui avait trouvé l'Europe toute sanglante encore et agitée des convulsions du xv⁰ siècle, qui avait pu entendre raconter aux vieillards de son temps les combats de la Rose Blanche et de la Rose Rouge, Warwick, Richard III, Marguerite, Charles le Téméraire et Louis XI; le poëte contemporain, ou à peu près, de Luther et de Calvin, de Henri VIII et de Charles-Quint, de François Ier, des Guise, d'Élisabeth et de Henri IV, ne devait pas, quelque philosophe qu'il pût être, affaiblir l'action de la volonté et des passions. C'est sa gloire d'avoir donné à ses personnages historiques un caractère entier et complet.

La Douzième Nuit, qui paraît devoir être reportée à 1600, est une pièce médiocre. *Les Joyeuses commères de Windsor*, qui viennent ensuite, bien qu'elles se distinguent par *l'humour* et qu'elles offrent une peinture vivante des classes moyennes de la province, ne le disputent pas aux productions qui leur succédèrent dans l'ordre du temps.

Dans *Mesure pour mesure* (1603), à côté de grands défauts, se sent déjà le caractère qui domine les œuvres de la troisième et dernière manière du poëte : la pénétration profonde des replis de l'âme, l'observation douloureuse de la vie. Cette faculté se manifeste avec une puissance extrême dans *le Roi Lear*. L'égarement du prince, la rupture successive des fils qui retenaient encore sa faible raison de vieillard, les éclairs dont s'illumine par instants son intelligence pour retomber dans une nuit plus noire, tout cela révèle ou la pitié ou le dédain du poëte pour la créature humaine, mais aussi la science la plus clairvoyante et des études morales d'une sagacité inouïe. C'est au même coin original et vrai que sont marquées les figures de *Timon d'Athènes*, d'*Hamlet*, de *Macbeth*, de *J. César*, de *Coriolan*, d'*Othello*, et de la multitude de personnages qui se pressent autour d'eux. Les misérables flatteurs de l'opulence de Timon, ces parasites qui l'abandonnent froidement le jour où il leur découvre sa ruine, n'inspirent pas la même horreur tragique que les filles de Lear ; mais dans le cœur de l'Athénien comme dans celui du vieux roi, le poëte découvre un même fond de caractère, la même générosité naturelle, la même fureur sous l'aiguillon de l'ingratitude, un égal soulèvement de puissances qui sommeillaient, d'abord inconnues, dans les replis de l'âme. Hamlet, si étrange, si tendre et si cruel, cet Oreste railleur et désespéré, dont la raison finit par s'éteindre sous le masque d'une folie factice, Hamlet peut passer pour une création unique dans l'histoire de l'art : jamais on n'a suivi avec autant d'adresse et de sagacité les égarements progressifs d'une ardente imagination qui se dévore elle-même, d'une conscience torturée par le doute et le devoir. Quelle autre peinture est plus savante et plus sombre que celle des remords du roi d'Écosse ? Quelle physionomie plus énergique que celle de lady Macbeth ? On trouver plus d'orgueil et plus d'audace que chez cette femme ? Ses rêves, pleins d'horreur et de sang, fatiguent et brisent en elle les ressorts de la vie sans abattre l'ambition : c'est l'héroïne de l'assassinat. Imagine-t-on rien de plus pathétique et de plus passionné que la jalousie du More de Venise, rien de plus chaste dans l'amour et de plus suave que Desdémone ? Voilà véritablement les merveilles de l'invention poétique.

On suppose généralement qu'*Othello* ou peut-être *la Tempête*, fut le dernier ouvrage de Shakespeare : à l'âge d'environ quarante-sept ans, il cessa d'écrire, et, retiré dans sa ville natale, y coula, au sein d'une famille bien-aimée, le reste de ses jours. La mort le surprit, en 1616, dans cette paisible retraite qu'une aisance modeste lui avait permis d'embellir.

La pensée se reporte avec bonheur sur ces dernières années d'un grand homme qui assistait, vivant, à sa gloire et pouvait s'enorgueillir de laisser à sa patrie enthousiasmée un théâtre national, à tous les littérateurs européens un sujet d'étonnement et d'étude, à l'art dramatique moderne un genre presque nouveau, le drame, dont il avait su faire le rival de la tragédie, la contre-partie glorieuse des créations du génie ancien, le type d'une famille plutôt plébéienne que noble, mais puissante et passionnée, d'œuvres sans nombre.

CHAPITRE XXXVIII.

L'art dramatique en Angleterre, du temps de Shakespeare, n'est pas renfermé tout entier dans les productions du maître. A côté de lui s'élèvent encore, outre ceux que nous avons mentionnés, une foule d'écrivains dont les compositions, assez lues même aujourd'hui, fournirent des aliments multipliés à la passion du public pour le théâtre, pendant les règnes d'Élisabeth et de Jacques Ier.

En 1596, Ben Johnson, l'ami et le protégé de Shakespeare, qui avait deviné en lui un homme supérieur; Ben Johnson, âgé de vingt-deux ans, donna, pour son début de poëte, la première comédie domestique de l'Angleterre (*Chaque homme dans son caractère*), celle du moins où, pour la première fois, s'unissait à la gaieté sans extravagance l'analyse de passions vivantes et de mœurs actuelles. La satire de la superstition, dans *l'Alchimiste*, et des coureurs d'héritage dans *le Renard*, l'amusant tableau de la haute société de Londres, telle que nous la montre *la Femme silencieuse*, font honneur, malgré quelques affectations, aux ressources d'esprit de Johnson. Enfin, son drame pastoral du *Triste Berger* se place, pour la vivacité et la beauté des images poétiques, auprès du *Songe d'une nuit d'été*, l'une des conceptions les plus riantes de Shakespeare. Quant à ses tragédies, elles ne sont trop souvent que des lambeaux arrachés aux compositions latines ou grecques et recousus au hasard.

A l'époque où Shakespeare abandonne le théâtre, Beaumont et Fletcher s'y présentent ensemble. Dans le temps assez court de leur association, cinquante pièces furent le fruit de leurs communs travaux. Beaumont mourut en 1615. Fletcher, qui lui survécut jusqu'en 1625, continua de briller dans une carrière où l'amitié l'avait d'abord aidé, encouragé, soutenu.

Parmi les œuvres que Beaumont et Fletcher ont signées tous deux, la mieux dessinée, la plus vigoureuse, est *la Tragédie de la Pucelle*. Ce serait encore aujourd'hui une pièce populaire, si les mœurs, devenues plus décentes, permettaient de supporter le langage plein de crudités auquel ne répugnait nullement le spectateur du temps de Jacques Ier, et qui méritait un peu, par sa licence, l'aversion des dévots du temps. Les idées de Fletcher et de son collaborateur ont servi de fonds à des écrivains plus modernes, particulièrement à ceux qui vinrent après la restauration des Stuarts : les deux amis peuvent passer pour les véritables fondateurs, en Angleterre, de la comédie d'intrigue, qui fut en vogue pendant tout le XVIIe siècle et que Wycherley, Dryden, Behn, Shadnell ont exploitées. *Imitateurs du théâtre espagnol*, Beaumont et Fletcher ont emprunté à leurs modèles, et, grâce au succès qu'ils obtinrent eux-mêmes, ont naturalisé chez leur nation les habitudes de mouvement, de complexité dans l'intrigue, et ces péripéties rapides qui amusent la curiosité plutôt qu'elles ne développent profondément les caractères. Shakespeare seul a su dessiner par quelques traits ineffaçables les moindres personnages qui paraissent dans ses pièces. L'infériorité de ses successeurs est évidente sous ce rapport.

Beaumont et Fletcher étaient en pleine possession du théâtre, lorsque s'éleva un poëte nouveau, prêt à recueillir leur héritage de gloire. Ce fut Philippe Massinger, qui fleurit de 1622 à 1656. De seize pièces qui nous restent de lui, cinq sont des tragédies. Les onze autres peuvent s'appeler des drames, l'élément comique s'y trouvant associé à l'émotion sérieuse. Moins fréquemment ensanglanté que celui de ses contemporains, le théâtre de Massinger offre des scènes empreintes de la plus douce mélancolie, des caractères, peu nombreux sans doute, mais dessinés avec art. Comme presque tous les dramatistes de son époque et de son pays, il doit beaucoup à la littérature des romans; mais d'ordinaire il en corrige les défauts avec assez de goût. Le seul point sur lequel on puisse dire qu'il manque de délicatesse, c'est qu'il cherche quelquefois les obscénités : il les prête, il est vrai, à des personnages qu'il veut rendre odieux, mais il prête trop libéralement. Les principales tragédies de Massinger sont : *la Vierge martyre*, *le Combat contre nature*, *le Duc de Milan* (celle-ci est empruntée à l'histoire), *le Douaire fatal*. Le sujet de cette dernière, repris plus tard sous le nom de *la Belle Pénitente*, par Rowe, a été, nous l'avons vu (page 182), transporté par Colardeau sur le théâtre français. Malgré leur mérite, les tragédies de Massinger ne sont pas restées au répertoire; cet honneur appartient à un de ses drames, *la nouvelle Manière de payer les vieilles dettes* : le caractère d'un méchant y est vigoureusement marqué par le rôle resté populaire de sir Giles Overreach.

Jean Ford, inférieur à Massinger pour la beauté morale et l'élévation, sait cependant arranger des situations touchantes et possède au plus haut degré le pouvoir de faire couler les larmes. Comme beaucoup de poëtes français, nos contemporains, il se plaît à appeler l'intérêt sur des personnages d'un caractère ou peu noble ou même vicieux, chez lesquels une passion forte et malheureuse dans ses entraînements tient lieu de grandes qualités. Un dramaturge d'aujourd'hui lui envierait jusqu'au titre de sa meilleure tragédie, *le Cœur brisé*.

Shirley manque de force dans le genre sérieux, et l'on reproche à ses comédies *le Joueur*, *le Bal*, etc., de donner des mœurs de l'époque où il vivait une idée peu avantageuse. C'était pourtant le poëte favori de Charles Ier.

Le Voyageur anglais, une Femme tuée de bontés, sont les meilleures productions de l'esprit trop fertile de Heywood.

Webster eut l'imagination lugubre : c'est à peine si, dans sa *Duchesse de Melfy,* il laisse assez de personnages debout pour enterrer les morts.

Dans le même temps, c'est-à-dire sous les premiers Stuarts, fleurirent un grand nombre d'autres poëtes dramatiques : Marston, déclamateur ampoulé, grand tueur d'hommes et qui prodigue les évocations sépulcrales ; Chapman, Rowley, le Tourneur, Dekker, Middleton et tant d'autres. Les critiques anglais les considèrent eux-mêmes comme médiocres et ne signalent ensuite aucun nom remarquable, au théâtre, pendant les vingt années qui suivirent la mort de Charles Ier, années fécondes d'ailleurs en chefs-d'œuvre dans les autres genres littéraires. Mais le théâtre, pendant cette période, était méprisé, suspecté par le parti dominant.

Lorsque vint la restauration, le goût des représentations dramatiques se réveilla plus avide que jamais, et de remarquables innovations le flattèrent et l'activèrent encore. L'acteur Betterton, envoyé en France par Charles II, s'y enrichit de remarques bien faites sur les détails de la mise en scène. A l'exemple de ce qu'il avait vu, il introduisit au théâtre de Londres diverses améliorations matérielles, et les rôles de femmes furent confiés, non plus à de jeunes garçons travestis, mais à des actrices.

La France exerça encore une autre influence : les pièces anglaises furent découpées dans les romans de Scudéri et de la Calprenède, presque aussi répandus alors parmi les hautes classes de la société en Angleterre qu'ils l'étaient en France. Ce furent les mêmes incidents invraisemblables, le même dialogue faux et pédantesque.

Dryden (1631-1700) n'échappa point, en commençant, à cette contagion d'un faux bel esprit. Ses premières tragédies brillèrent néanmoins par la force de la pensée, et sa versification, bien que calquée sur l'alternation française des rimes, fut habituellement douce et coulante. Plus tard, il renonça tout à la fois aux vers rimés et au langage emphatique des héros de roman. Sa réputation, au théâtre, se fonde sur trois pièces qu'il composa dans un goût plus simple et plus fort : *Tout pour l'amour* (1678), *le Moine espagnol* (1682), *Don Sébastien* (1690). Le père Dominique, dans la seconde, est très-amusant : on l'a plusieurs fois copié depuis. Cependant Dryden est inférieur à lui-même dans le comique : sa plaisanterie est pauvre, presque toute en jeu d'acteurs. Dans les scènes tragiques, il est bien plus recommandable : nobles, chaleureuses plutôt qu'attendrissantes (Dryden avait médiocrement le don d'émouvoir la sensibilité), elles abondent en images et en figures heureuses. Un Français croirait entendre quelque tragédie de Voltaire; aussi conçoit-on facilement l'estime que notre grand tragique faisait du talent de Dryden. Celui-ci, du reste, avait beaucoup réfléchi sur son art. Un de ses premiers ouvrages est un dialogue, dans lequel sont discutés les mérites des Grecs, des Français et des vieux poëtes nationaux, et Dryden, par l'organe d'un des interlocuteurs, loue et soutient les unités. C'est donc un acte d'adhésion au système français, sauf quelques réserves.

L'auteur de *Venise sauvée*, Otway (1651-1685), partage le même sentiment, mais en conservant plus de liberté encore dans l'imitation. Cette pièce, qui appartient à l'année même où l'auteur termina son indigente et courte carrière, est, en Angleterre, la meilleure tragédie de l'époque. Pathétique profond, intérêt puissant, éloquence, sobriété du style, parfois gracieuse poésie, tout recommande ce chef-d'œuvre. Nous l'avons dit (page 175), Lafosse, en le transportant au théâtre français, a lui-même montré un talent honorable ; mais l'intrigue est plus forte, plus émouvante chez l'auteur original. On doit à Otway une autre production qui, malgré les vicissitudes de la scène anglaise, est encore revue avec plaisir. *L'Orpheline* (1680) est une peinture touchante des affections du cœur, et l'élévation des idées le dispute, dans cette pièce, à l'élégance du langage.

Southern, dans sa tragédie d'*Oroonocko*, eut la gloire de dénoncer le premier, parmi les écrivains anglais, les horreurs de la traite ; mais, malgré la hauteur du sentiment moral qui anime la pièce, son exécution est médiocre. Lee, avec plus d'esprit que Southern, n'est pas non plus un grand poëte tragique.

Tandis que les auteurs que je viens de rappeler occupaient le théâtre sérieux, la scène comique était livrée à tous les excès. L'impudence du langage, les hideux tableaux de la débauche y affligent le goût, et si les mœurs licencieuses du règne de Charles II expliquent comment les auteurs de ces productions et le public d'alors pouvaient s'y plaire, on s'étonne de voir les époques suivantes s'amuser de ces vilenies. Mme de Staël a présenté, sur ce fait, une ingénieuse remarque, que nous voudrions croire tout à fait vraie. « Rien, dit-elle, ne ressemble moins aux Anglais que leurs comédies... La plupart, absorbés par les affaires, ils ne cherchent le plaisir du spectacle que comme un délassement. On dirait que, voulant être gais, ils ont cru nécessaire de s'éloigner le plus possible de ce qu'ils sont réellement, ou que, respectant profondément les sentiments qui faisaient le bonheur de leur vie domestique, ils n'ont pas permis qu'on les prodiguât sur leur théâtre. Le tableau des immoralités de tout genre est sans conséquence pour une nation telle que la nation anglaise ; elle s'en amuse comme des contes, comme des images fantasques d'un monde qui n'est pas le sien. » Quoi qu'il en soit, l'obscénité est le caractère qui frappe d'abord dans les auteurs comiques dont les œuvres se présentent ici, et l'on ne saurait faire valoir en leur faveur l'excuse de leurs vieux devanciers : s'ils peignent le vice, il ne semble nullement que ce soit avec l'intention de le livrer au mépris.

La meilleure comédie du règne de Charles II est *la Femme de province*, par Wycherley. On y retrouve les rôles et le sujet de *l'École des femmes*, de Molière. Une autre pièce de Wycherley, *l'Homme franc*, n'est qu'une assez grossière imitation du *Misanthrope*.

Shadwell, Etherege, Afra Behn, Susanna Centlivre, le duc de Buckingham, par leur extravagante immoralité, ferment dignement le règne licencieux du premier Stuart ramené par la restauration. Après la mort de ce prince, des sentiments

moins vulgaires se firent jour sur le théâtre comique ; et l'art,
qui se relevait en s'épurant, inspira des auteurs restés célèbres
et familiers jusqu'à ce jour au public anglais.

En 1693, *le Vieux garçon*, de Congrève (1672-1727), ré-
véla tout à la fois un poëte et un genre nouveaux. Bientôt après
parurent *l'Homme à double face, Amour pour amour, le Train
du monde*, sans compter la tragédie intéressante de *l'Épouse
affligée*. Au moins les personnages de Congrève gardent, malgré
leurs vices, le ton de la bonne compagnie; ils sont corrompus,
non grossiers, et d'ailleurs fort spirituels ; car le mérite particulier de l'auteur, c'est l'enjouement, quelquefois même l'affectation des traits plaisants.

Farquhar et Vanbrugh, l'un par *la Ruse du petit-maître*,
l'autre dans *le Mari poussé à bout*, surpassent, sous le rapport de
l'intrigue, Congrève, qu'ils égalent assez souvent par la faculté
de la veine. Vanbrugh donna ensuite une pièce, *la Rechute*, où
l'on rend hommage à la chasteté d'une femme : c'était la première fois que le théâtre s'en avisait depuis la restauration.
Un peu plus tard furent joués les *Conscious Lovers*, de Steele,
une comédie véritablement morale. Cette tendance de l'art comique se fortifia encore chez Cibber, mais aussi tourna bientôt
aux fadeurs sentimentales.

La tragédie reçut également des formes de plus en plus cor-
rectes ; elle eut même une physionomie morale très-marquée.
Lee, Nicolas Rowe (1675-1718), auteurs de *Tamerlan*, sont
recommandables à ce double titre. L'un et l'autre restent cepen
dant inférieurs à l'illustre Addison, dont le *Caton* (1715) fit,
pendant tout le xviiie siècle, l'admiration et l'envie des tragiques français. Sans doute, nous ne dirions plus avec un critique
du même temps, le chevalier de Jaucourt : « Caton d'Utique
est le plus grand personnage, et la pièce d'Addison la plus belle
qui soit sur aucun théâtre, » mais nous convenons aisément
avec lui que « c'est un chef-d'œuvre pour la régularité, l'élégance, la poésie, la grandeur des sentiments, le dessin des physionomies diverses. » Voltaire accuse Addison d'une molle
complaisance pour le goût du temps où cette pièce fut donnée :
il gémit de ce que des scènes d'amour viennent contraster avec

le ton sévère et sombre du sujet. Mais ce que Voltaire n'a peut-être pas envisagé suffisamment, c'est que l'amour est là digne d'une vierge romaine, c'est qu'il sert même à faire ressortir, par une savante opposition, la physionomie du personnage principal.

Addison n'est pas seulement un poëte formé sur les préceptes de Boileau ; c'est un moraliste et un critique (on se souvient assez de son fameux *Spectateur*), c'est un chef d'école ; mais l'école n'eut pas d'autre illustration. Il semble que le génie dramatique des Anglais, contrarié dans ses affections natives, se soit vengé de la gallomanie en frappant d'impuissance les poëtes de cette époque : le public n'attendait et ne voulait rien d'eux. En revanche, dans la seconde moitié du xviiie siècle, le talent des acteurs acquit une extrême perfection : Foote, mistress Siddons, et surtout le célèbre Garrick, aidé des conseils du critique par excellence, de Samuel Johnson, opérèrent la plus heureuse révolution dans l'art du théâtre. Pendant ce temps, la tragédie ne produisait aucune œuvre remarquable et dégénérait avec Lillo en drame larmoyant et bourgeois. Garrick, en donnant aux pièces de Shakespeare une jeunesse nouvelle, empêchait le public de sentir l'épuisement momentané du grand genre sérieux, que ne relevaient pas assez les tentatives des classiques Glover et Mason. La farce, la comédie furent, au contraire, cultivées avec succès : Foote et Garrick eux-mêmes s'adonnèrent aux compositions de cette nature. Tandis que le vieux drame romantique occupait seul le théâtre sérieux, la comédie, il est curieux de le remarquer, se modelait sur la scène française. Colman, Murphy, Cumberland, malgré l'absence d'originalité, furent bien accueillis des spectateurs. Au-dessus d'eux parut Richard Brinsley Sheridan. Sa première comédie (1775), bien que le fond de l'intrigue fût l'histoire assez romanesque de son propre mariage, obtint peu de succès au théâtre de Covent-Garden. *La Duègne* vint ensuite et fut applaudie, quoique ce ne fût guère que la retouche d'une ancienne pièce, *le Moine espagnol* de Dryden. Shéridan jugea que le même procédé réussirait encore ; mais il se trompa dans son calcul en voulant remanier et corriger *la Tempête* de Shakespeare.

On regarda cette entreprise comme une irrévérence envers l'idole de la nation. Il se releva de cette chute en donnant *l'École de la médisance*, œuvre originale malgré quelques souvenirs du *Tom Jones* de Fielding et du *Tartufe* de Molière. Shéridan montra dans cette pièce une vivacité, une fécondité d'invention qui, jointes au mérite du style, en ont fait une production vraiment classique. Devenu bientôt après membre des Communes, il ne donna plus rien d'important au théâtre qu'en 1806. Ce fut un mélodrame, *Pizarre*, imité de la tragédie de Kotzebue, *la Mort de Rolla*, et qui obtint un succès prodigieux. Cet engouement du public pour le mélodrame faisait peu d'honneur au goût régnant. Néanmoins dans la comédie, épurée mais affaiblie, mistress Cowley, mistress Inchbald, Macklin, Holcroft, Reynolds rencontrèrent encore quelquefois la vogue. Johanna Baillie essayait d'une conciliation entre le système français et celui des anciens poëtes nationaux. Ces vieux modèles inspirèrent Coleridge (1775-1854), et c'est d'après leurs libres procédés qu'il traita le sujet de *la Mort de Robespierre*. Coleridge se fortifia lui-même dans l'admiration des formes amples et commodes du *drame* par la connaissance de la nouvelle littérature allemande. Il traduisit le *Wallenstein* de Schiller, et son enthousiasme pour le système de cette création, en même temps que son aversion pour l'école française, se communiqua à d'autres poëtes. C'est ainsi que la poétique adoptée par Byron pour *Marino Faliero* (1820), *Sardanapale, les Deux Foscari, Caïn, Werner*, fut en désaccord complet avec les lois de la scène telles qu'on les entendait encore en France, et telles peut-être que la plupart des critiques anglais eussent voulu les voir appliquées; car le *Marino Faliero*, médiocrement bien accueilli au théâtre de Londres, fut traité encore moins favorablement par les journalistes. Depuis, le romantisme gagna complétement la partie, à ce point même que les drames de Victor Hugo et de Dumas faisaient fureur à Londres il y a vingt ans. En même temps, les auteurs chargés de fournir habituellement de nouveautés comiques les théâtres de Covent-Garden et de Drury-Lane traduisaient indéfiniment les innombrables vaudevilles de Scribe et de ses imitateurs. C'est à ce métier que s'employaient des hommes doués de plus de talent qu'il n'en fallait pour une pareille tâche. A peine s'aventuraient-ils à composer eux-mêmes quelques pièces originales d'après ces modèles et en restant fidèles à la manière du vaudeville français.

Au milieu de la foule des poëtes se distinguait cependant, alors même, un acteur plein de feu et d'esprit, Knowles, le rival et l'ami du fameux Kean. *Caïus Gracchus*, *Virginius*, *Guillaume Tell*, ses meilleurs drames, indiquent déjà, par le choix des sujets, une tendance énergique, que l'exécution n'a pas démentie. Knowles est un homme de talent; il a une veine assez franche de lyrisme et de sentiments tendres. Au besoin, il va jusqu'au tragique. Mais, comme on l'a dit spirituellement, son imagination a un faux air de vignette anglaise, et le drame, entre ses mains, n'est guère qu'un mélodrame élégiaque. Quoi qu'il en soit, c'est là le chef d'une école de *shakespeariens* passionnés qui se groupaient, il y a quelques années, autour de Macready, artiste habile et instruit. On ne peut nier ni le talent qui, dans cette école, a brillé chez quelques poëtes, ni le léger ridicule de ces archaïstes qui s'absorbent dans la contemplation du siècle d'Élisabeth.

Naturellement, un pays comme l'Angleterre, où se montrent d'ordinaire d'aussi fortes individualités, n'a pas dû voir les poëtes courir tous aux doctrines littéraires dont l'idolâtrie shakespearienne est le premier dogme. Macready lui-même a provoqué M. Talfourd à faire représenter une tragédie, *Ion*, qui semble, dans quelques parties, échappée au portefeuille d'un tragique grec. La seconde pièce de Talfourd, *le Captif*, est également d'une régularité digne d'un élève d'Aristote.

La Fille du patricien, *le Cœur et le Monde*, *le Génie et l'Orgueil nobiliaire*, *Strathmore*, compositions remarquables de M. Marston, n'accusent, au contraire, aucun système préconçu. Cela est passionné, écrit d'inspiration, quelquefois trop fougueux. En outre, l'auteur puise ses sujets dans les mœurs actuelles.

M. Taylor préfère chercher les siens dans l'histoire : *Isaac Comnène*, *Philippe d'Artevelde*, *Edwin*, sont empreints d'un sentiment de haute raison et cependant dramatiques.

Ainsi se maintient, par des créations nouvelles et littéraires, l'honneur de la scène anglaise, bien qu'on y aperçoive, comme partout aujourd'hui sur les théâtres européens, l'abus fréquent de l'esprit, le savoir-faire et l'art banal des effets convenus. Mais c'est là un inconvénient, sinon irrémédiable, au moins très-facile à expliquer, des littératures et des époques où le génie a perdu cette fleur de naïveté, cette franchise juvénile qui font le charme des âges moins philosophiques et moins industriels que le nôtre.

CHAPITRE XXXIX.

Les troubadours avaient cultivé presque tous les genres : le drame seul leur resta étranger, bien qu'ils eussent été plusieurs fois sur le point d'y arriver par ces jeux poétiques qu'ils appelaient *tensons*. En Allemagne, les *Minnesingers*, contemporains des poëtes provençaux et qui offrent avec eux tant de points de ressemblance, eurent de même des luttes spirituelles où se révélait comme un dessin de comédie. Le souvenir d'un de ces débats s'est conservé, mais sous la forme lyrique, dans une œuvre curieuse, intitulée *la Guerre de la Wartbourg*. On y voit en l'an 1207, au château de la Wartbourg, s'ouvrir un tournoi d'esprit à la cour de Hermann, landgrave de Thuringe. Le *singer* Ofterdingen entre en scène avec les rivaux qui l'ont défié. Les conditions de cette rencontre ont été réglées à l'avance : si Ofterdingen succombe, il subira le dernier supplice. Pareil sort est réservé, s'il est vainqueur, aux poëtes qui l'ont appelé en champ clos. Ofterdingen va triompher, déjà ses adversaires se taisent devant lui; mais la belle landgrave survient inopinément; il la voit, il se trouble, il succombe. On va mettre à exécution la fatale sentence, mais la princesse intervient et sauve le poëte. D'autres épreuves ont lieu ensuite et complètent l'ensemble de ces poétiques débats.

C'est aux successeurs des chantres d'amour, des *Minnesingers*, c'est aux maîtres chanteurs (*Meistersæger*) que revient le mérite d'avoir créé, dans la littérature nationale allemande, l'art dramatique. Les premiers étaient les poëtes des châteaux, gentilshommes eux-mêmes pour la plupart, trop *enamourés*, comme dit Montaigne, trop perdus dans de gracieux passe-temps, trop contraints pour faire faire à la poésie d'énergiques progrès. Les autres appartiennent aux maîtrises d'art et aux communes. Florissants déjà vers la fin du xiiie siècle, les maîtres chanteurs se réunirent plus tard en corporations pour cultiver le chant et la poésie. Dès lors, chaque profession reçut d'eux ses chants particuliers, et les villes leur durent de colossales représentations religieuses. L'une des *Passions* les plus célèbres, celle de Francfort-sur-le-Mein, qui fut jouée dans les dernières années du xve siècle, le fut sans doute par eux. Vers le même temps, la satire naïve, qu'ils avaient déployée dans leurs compositions morales, se dramatisa sous la forme de ce qu'on appelait *les pièces de carnaval* : ce furent là bientôt les ornements obligés de toutes les réjouissances aux jours gras. Voltz ou Foltz, de Worms, maître chanteur de Nuremberg et barbier, composa en ce genre des pièces que nous possédons encore. Son contemporain et son émule, Hans Rosenplut, peintre d'armoiries, donna un *Jeu de Carnaval, les Sept Maîtres, le Carnaval des Turcs, l'Adolescent, le Paysan et le Bouc.* Le comique et l'entrain de ces farces se ressentent malheureusement de la licence du siècle qui les produisit. On prétend que l'apothéose de Jean VIII, publiée sous le nom de Théodore Schernberg, est de la même époque. Le sujet n'est autre que la fable de la prétendue papesse Jeanne. Le poëte admet la vérité de ce conte et représente Jeanne, sous les habits pontificaux, prise des douleurs de l'enfantement, mettant au jour un enfant, puis descendant aux enfers. Elle est néanmoins délivrée, grâce à l'intercession de la vierge Marie.

Entre 1850 et 1858 brilla le plus célèbre des maîtres chanteurs, Hans Sachs, cordonnier de Nuremberg. Ses poésies sont au nombre de six mille quarante-huit et embrassent tous les genres. C'est assez dire qu'elles ne sont pas toutes excellentes; mais un grand nombre se recommandent par le naturel, la vérité, et même par des traits de génie. Hans Sachs n'était pas un savant; on s'en aperçoit assez par quelques-unes de ses œuvres dramatiques, où Sémiramis et Cléopâtre, Clytemnestre et Agrippine figurent dans une même intrigue. Mais si, dans la comédie et dans la tragédie, Hans Sachs se trouve mal à l'aise, s'il y est gêné par l'élévation du sujet et par les exigences d'une forme noble, il est admirable dans ses pièces de carnaval. C'est dans le cadre de ces facéties que se déploient toute son énergie et la puissance d'observation qu'il avait acquise. L'une des meilleures, entre ces bouffonneries, est celle qui a pour titre : *Comment le diable épousa une vieille femme.*

La seconde moitié du siècle auquel appartient Hans Sachs fut très-riche en compositions dramatiques, et c'est un point assez remarquable que si les sujets sacrés commencent à plaire moins en France, l'Allemagne, quoique agitée par la Réforme, les aime encore et les joue avec passion. Ainsi, dans une représentation donnée à Gabel, en Bohême, *Saül,* drame biblique du maître Holzwart, fit voir sur la scène cent acteurs et cinq cents figurants.

Ayrer fut à Nuremberg le rival d'Hans Sachs. L'un avait composé cinquante-six tragédies, soixante-huit comédies, soixante-deux pièces de carnaval ; l'autre n'a laissé que trente-six pièces et trente drames. Moins fécond, bien qu'il le soit encore assez, Ayrer est aussi inférieur en mérite; mais il fit connaître à l'Allemagne des pièces qui ressemblent aux opéras italiens du même temps. A la même époque, Brummer fit jouer sa *Tragédie apostolique* à Kaufbeuren par deux cent quarante-six acteurs, « pour l'admiration des hôtes et des étrangers, » comme il le dit dans la dédicace de sa pièce aux magistrats de cette ville. On a de Rebhuhn quelques comédies sacrées presque régulières, soit que le poëte cherchât cette régularité par instinct, ou que déjà l'étude sérieuse des anciens exerçât une salutaire influence sur les œuvres nationales. Ce dernier point cependant est douteux, car ce furent plutôt les Hollandais et les Anglais dont le théâtre servit de modèle aux Allemands. Lorsque, en 1626, une troupe hollandaise fut venue donner des représentations en Allemagne, les situations fortes, les scènes remplies d'horribles catastrophes que cette troupe mit sous les yeux des spectateurs, remuèrent profondément le public, dont le goût s'égara ainsi et se complut aux spectacles violents, aux drames sanguinaires. A l'imitation des comédiens hollandais, des troupes allemandes s'organisèrent et détruisirent peu à peu le théâtre des Maîtres chanteurs.

Cependant il s'était formé dans la province de Silésie, que les maux de la guerre atteignaient moins que le reste du territoire, une école de poëtes dont Opitz (1597-1639) est le chef et qui a rendu à la langue allemande de très-grands services. Elle dut à cette école la création de mots nouveaux, de tours heureux, la pureté des formes, la chasteté des idées. Enfin, Opitz lui-même est le créateur de la prosodie allemande. Instruit par l'étude des classiques, il avait traduit en vers les *Troyennes* de Sénèque et *l'Antigone* de Sophocle. Malgré le succès d'une autre de ses compositions, l'opéra de *Daphné*, joué en 1627, Opitz ne fut pas le plus remarquable des poëtes dramatiques du XVIIe siècle. Cet honneur est dû à Gryph (1616-1664), dont les tragédies, empruntées ordinairement à l'histoire du Bas-Empire ou à l'histoire moderne, présentent des figures bien dessinées, des situations d'un grand effet, et qui, malgré l'abus des allégories et des locutions pompeuses ou la trivialité de quelques termes, sont en général d'un style passable. Les meurtres, les apparitions de spectres attestent la préoccupation du système anglais, tandis que des chœurs sont empruntés au théâtre grec, et qu'on retrouve je ne sais quel souvenir de l'époque française du *Roman de la Rose* dans certains personnages, tels que l'Amour, les Vertus, les Saisons, la Mort. Dans l'opéra et dans la comédie, Gryph imite habituellement les auteurs contemporains de France, d'Italie et d'Angleterre. Mais il a tiré de son fonds diverses pièces fort comiques, par exemple : *Absurda comica, Monsieur Squenz* et *Horribilicribrifax.*

27

Les premiers poëtes silésiens avaient régné peu de temps : ils furent effacés par une seconde école du même pays. Abandonnant la voie simple et droite d'Opitz, les nouveaux venus s'éprirent de passion pour le style brillanté des Italiens, les métaphores et les *concetti* ; ils y joignirent même l'imitation de modèles peu sûrs empruntés à la France. C'est de la sorte que Hoffmanswaldau (1618-1679) paraphrasa le *Pastor fido* de Guarini, et imita de Théophile Viaud *Socrate mourant*. Un homme de plus de talent, mais d'aussi peu de goût, Lohenstein (1655-1685) n'accordait son estime qu'à trois poëtes, Sénèque, Marino et Guarini. Les tragédies de Lohenstein, *Ibrahim-Pacha*, *Agrippina* et *Epicharis*, fruits de sa verve précoce (il avait dix-sept ans lorsqu'il les composa), *Cléopâtre, Sophonisbe* répondent au système de leur auteur. Elles ont toutes la même physionomie : les personnages, au lieu d'agir, conversent par images et sentences. La seule chose que Lohenstein n'imita pas du tragique latin, ce furent les unités.

Une troisième école silésienne, réagissant contre la précédente, tomba de l'affectation dans la trivialité. Quoique cette dernière pléiade semble pouvoir réclamer Gryph comme lié quelquefois avec elle, on le rattache plutôt à Opitz pour ne laisser aux modernes Silésiens que Postel, auteur médiocre de vingt-six opéras, et Klaje, qui s'adonna au drame religieux et ne put, malgré son originalité naturelle, acquérir un nom considérable.

A partir de 1700, la littérature sembla livrée à tous les hasards. Imitant sans cesse et toute chose, elle n'avait réellement de national que la langue. On eût dit que le goût de l'imitation la condamnait à une stérile abondance, dont les arlequinades, copiées des Italiens, étaient peut-être le moins mauvais échantillon.

Un homme de goût se présenta enfin, non pour mettre sur la scène des créations originales, mais au moins pour y produire quelques pièces régulières. C'était Gottsched (1698-1783) qui déploya tout le zèle imaginable pour saisir lui-même et pour faire entendre à ses compatriotes les pensées des poëtes sérieux ou comiques de France, qu'il aimait avec passion. Au demeurant, et malgré l'immense réputation dont il a longtemps joui (son *Caton mourant* a été réimprimé dix fois), Gottsched n'a guère laissé d'autre souvenir que celui d'un auteur engagé aveuglément parmi les partisans du système français. Il le soutint avec emportement, mais pour s'effacer ensuite devant l'éclat nouveau d'œuvres plus analogues à l'esprit germanique. Nous touchons par Gottsched à une révolution profonde dans l'art : elle sera brièvement indiquée dans le chapitre suivant.

CHAPITRE XL.

Trois poëtes, Lessing, Klopstock et Wieland, se partagent la gloire d'avoir fondé la littérature classique des Allemands. Le rôle le plus actif dans cette création patriotique appartient au premier. Dans le domaine des belles-lettres et des arts, Lessing (1729-1781) propagea sans relâche une révolution analogue à celle que Kant devait opérer dans la philosophie. Critique plein de goût, de clarté, de science et de pénétration, écrivain fécond et pur, il traça d'une main ferme, en 1767 et 1768, dans une publication périodique, imprimée à Hambourg et intitulée *Dramaturgie*, la poétique du nouveau théâtre allemand. A peu de chose près, la *dramaturgie* est, pour le fond des idées, la reproduction des théories de Diderot, mais soutenue par une critique piquante et précise des pièces françaises que l'on traduisait alors en grand nombre pour la scène allemande.

Déjà Lessing, devançant le précepte par l'exemple, avait fait jouer, en 1754, la tragédie bourgeoise de *Miss Sarah Sampson*. Cette œuvre avait été une innovation hardie aux yeux de l'Allemagne, qui ne connaissait, n'aimait encore que la forme classique et le théâtre noble de Voltaire. *Miss Sarah Sampson* fut rapidement suivie d'un assez grand nombre de compositions dont le critique-poëte enrichissait la scène. *Le Jeune Savant, Misogyne ou l'Ennemi des femmes, les Juifs, l'Esprit fort, le Trésor,* et *Minna de Barnhelm,* où l'auteur représente l'esprit guerrier des Prussiens du grand Frédéric, sont des comédies amusantes, originales : le plan est simple, le dialogue incisif, et la peinture des caractères heureusement tracée. Comme tragédies ou plutôt comme drames, Lessing a produit, outre *Miss Sarrah Sampson* et *Philotas, Emilia Galeotti,* généralement regardée comme son chef-d'œuvre. Cependant Mme de Staël préférait, au drame d'*Emilia, Nathan le sage,* apologie voilée, mais éloquente dans sa réserve, de la tolérance religieuse. Les partisans d'*Emilia* n'ont pas manqué de raisons pour justifier leur préférence ; mais tout le monde accepte le jugement qu'a prononcé l'illustre auteur de *Corinne,* sur les qualités générales du poëte. « Lessing, dit-elle, ne peut être considéré comme un auteur dramatique du premier rang, il s'était occupé de trop d'objets divers pour avoir un grand talent en quelque genre que ce fût. L'esprit est universel ; mais l'aptitude naturelle à l'un des beaux-arts est nécessairement exclusive. Lessing était, avant tout, un dialecticien de la plus grande force, et c'est un obstacle à l'éloquence dramatique : car le sentiment dédaigne les transitions, les gradations et les motifs ; c'est une inspiration continuelle et spontanée, qui ne peut se rendre compte d'elle-même. Lessing était bien loin sans doute de la sécheresse philosophique ; mais il avait dans le caractère plus de vivacité que de sensibilité ; le génie dramatique est plus inattendu que ne pouvait l'être un homme qui avait consacré la plus grande partie de sa vie au raisonnement. »

Klopstock (1724-1803) a laissé aussi des poëmes dramatiques, dont trois roulent sur des sujets bibliques (*la Mort d'Adam, Salomon, David*). Trois autres, *la Bataille d'Hermann, Hermann et les princes, la Mort d'Hermann,* sont tirés de l'histoire des Germains et forment une véritable trilogie, dont les membres sont appelés par Klopstock lui-même des *bardits.*

27.

Il voulut indiquer par là qu'il avait entrepris de faire revivre la manière des anciens poëtes nationaux. On admire les belles fictions, les caractères, le langage de ces trois pièces. Écrites en prose, elles sont cependant entremêlées de chants lyriques d'une chaleur et d'une harmonie admirables. Gluck a mis en musique quelques-uns de ces chants. Les Allemands tiennent encore dans une haute estime les poëmes dramatiques de Klopstock : ils y reconnaissent sa touche large et simple, la vigueur de son style et de sa pensée ; mais en même temps ils avouent que ce sont des pièces faites plutôt pour être lues que pour être jouées.

Wieland compte dans la multitude de ses œuvres une tragédie, *Lady Grey*, et deux opéras, *Alceste* et *Rosamonde*. *Alceste* fut la première composition un peu remarquable que les Allemands eurent en ce genre.

Gerstenberg, poëte lyrique distingué, a tiré de l'*Enfer* de Dante une tragédie en cinq actes, *Ugolin*. Weisse (1726-1804) donna des tragédies et des opéras estimables, mais il eut pour la comédie un talent plus prononcé. On s'est longtemps plu à voir ses *Poëtes à la mode*, sa *Gouvernante*, son *Faiseur de projets*.

Le comédien Brandès (1755-1799) fut, dans son temps, le favori de sa nation. Il fit voir en Allemagne le premier essai de mélodrame par une *Ariane à Naxos*.

Kruger, doué d'un vrai talent pour le bas comique, Brave, Cronegh, le pastoral Gessner, Engel le philosophe, Klinger le romancier, complètent le nombre des poëtes dramatiques dans la période que domine Lessing.

Celle où s'élevèrent, comme des rois, Gœthe, Schiller et Herder, ne fut pas moins féconde, et quelques-unes des œuvres qu'elle a produites sont immortelles.

Les tragédies de Gœthe (1749-1832) et de Schiller (1759-1805) ont éclipsé toutes celles qui les avaient précédées.

L'*Iphigénie en Tauride* (1786), par l'auteur de *Werther*, est le chef-d'œuvre du théâtre classique de l'Allemagne. « Cette tragédie, comme le dit excellemment Mme de Staël, rappelle le genre d'impression qu'on reçoit en contemplant les statues grec-

ques ; l'action en est si imposante et si tranquille, qu'alors
même que la situation des personnages change, il y a toujours
en eux une sorte de dignité qui fixe dans le souvenir chaque
moment comme durable. C'est un intérêt aussi que celui du plus
beau langage et des sentiments les plus élevés. Une passion si
haute plonge l'âme dans une noble contemplation, qui lui rend
moins nécessaires le mouvement et la diversité dramatique. »

Dans une autre tragédie, Gœthe dessine avec habileté la
figure du *comte d'Egmont*, et sait donner à l'un des héros de la
liberté belge les vertus chevaleresques. Il peignit, dans *Tor-
quato Tasso* (1788), avec plus d'élégance peut-être que de feu,
l'opposition qui existe entre le caractère d'un poëte et celui
d'un homme du monde, le mal que peut faire à l'imagination
délicate d'un écrivain la protection souvent humiliante d'un
prince, les douleurs enfin d'un amour ardent uni à la sensibilité
poétique et soustrait aux prudentes influences de la raison.

Le *Faust* nous découvre le génie de Gœthe sous un aspect
tout nouveau. On sait qu'une légende ancienne racontait la dam-
nation du docteur qui vend son âme au diable en échange des
richesses de la science et des plaisirs passagers de la vie. Après
avoir couru les théâtres de toute l'Europe (nous l'avons signalée notamment sur celui des Anglais), cette tradition avait
fini par descendre dans la loge des marionnettes. C'est dans ce
refuge peu relevé que Gœthe la connut, au temps où il achevait
à Strasbourg ses études de droit. Elle laissa dans ses souvenirs
une impression profonde, et bien des années après il la reprit
pour en faire le sujet de l'œuvre la plus originale et la plus fantastique. Éminemment appropriée par le sujet, la pensée et le style
au goût de l'Allemagne, la tragédie de *Faust* a cependant conquis l'admiration des étrangers. Qui n'a frémi en suivant des
yeux la transfiguration du sublime et faible docteur, en le voyant
sous la tutelle de l'ironique, du terrible Méphistophelès, le véritable héros de la pièce ? Qui n'a senti, dans l'apparent délire
de l'imagination du poëte, l'art le plus subtil et la raison la plus
hautaine ? Tout en voulant se garder de l'admiration, on y succombe, au moins devant la première partie du *Faust*; car pour
la seconde, les avis sont partagés. Dans cette suite, achevée

seulement en 1831, les uns ont vu le déclin de Gœthe, les autres la conclusion grandiose d'un poëme singulièrement profond.

Moins systématiquement hostile que Lessing au génie français, Gœthe a imité le *Mahomet* et le *Tancrède* de Voltaire. Il a composé en outre *la Fille naturelle*, une froide et ennuyeuse tragédie.

Les Allemands, dit un des historiens de leur littérature, ont comparé Gœthe à tous les poëtes tragiques du monde, mais ils regardent Schiller comme leur Sophocle. La carrière dramatique de ce poëte se divise, selon eux, en trois périodes distinctes : l'une, dans laquelle il ne sut pas encore maîtriser sa fougue ; l'autre, qui commence lorsque l'étude eut épuré son goût ; la troisième, qui fut celle de la plénitude de son talent.

A la première appartiennent : *les Brigands, la Conjuration de Fiesque, Cabale et Amour*, trois œuvres d'exaltation intempérante : à côté de beautés du premier ordre, on y trouve une emphase rebutante et qui ne pouvait passionner que des imaginations extrêmement naïves, comme durent l'être quelques jeunes fous qui, dans la nouveauté des *Brigands*, résolurent, prétend-on, de déclarer à l'ordre social une guerre sans merci.

La pièce de la seconde époque est *Don Carlos*. Ce ne sont déjà plus des déclamations ni le puéril mélange, comme dans *Cabale et Amour*, du naïf et de l'horrible, mais une œuvre tout empreinte de mélancolie et de raison. Le caractère de Philippe II, l'isolement orgueilleux et funeste du tyran, ses humiliations et ses fureurs jalouses sont tracées de main de maître.

Douze années d'études sérieuses succédèrent dans la vie de l'auteur à cette publication. Pendant ce temps, abandonnant la muse tragique pour l'histoire et la philosophie, Schiller observa la société, étudia les hommes, perfectionna son goût et remonta aux sources de l'art. *Wallenstein* parut (1798), et le retour du poëte au théâtre fut un triomphe. Rien n'est plus opposé au système français que ce poëme complexe formé de trois drames successifs et différents, mais la critique française elle-même, éclairée par l'habile interprétation que Benjamin Constant a donnée du *Wallenstein*, admire la puissance, la vérité, le pittoresque de cette composition, dont elle accepte jusqu'au plan comme un effort d'invention et de finesse.

Marie Stuart est pathétique : les caractères y sont magnifiquement soutenus. On regrette de refuser le même éloge à *Jeanne d'Arc*, dont les trois premiers actes sont cependant trèsbeaux. *La Fiancée de Messine* est célèbre pour la richesse lyrique des chœurs qu'elle renferme à l'imitation des anciens ; mais, dans l'ensemble, c'est une conception d'un ordre inférieur.

Enfin arrive *Guillaume Tell*, la plus parfaite et la dernière tragédie du grand poëte. Suivant une judicieuse remarque, c'est le chef-d'œuvre dramatique de Schiller et celui de l'Allemagne.

Loin de Gœthe et de Schiller, mais le premier après eux, se montre Werner (1768-1823), sombre et mélodramatique auteur du *Vingt-quatre février*, qu'on pourrait nommer la tragédie bourgeoise de la fatalité. *Martin Luther, la Croix à la mer Baltique, Attila, roi des Huns, Wanda, reine des Sarmates*, sont de même des œuvres saisissantes. Werner donna pour son œuvre dernière la tragédie de *Cunégonde*, création d'un mysticisme lugubre.

Leisewitz, Auguste-Guillaume Schlegel, Tieck, Collin, disciples des anciens et de la régularité française, Kœrner, Mullner, Grillparzer, Michel Beer, Grabbe, Raupach, auteur de plus de soixante pièces, se sont distingués à côté des trois précédents ou depuis eux ; mais pour ne pas dresser le catalogue des œuvres tragiques dues à ces auteurs, dont quelques uns sont illustres encore à d'autres titres, disons qu'en général ils se rattachent au système que Schiller et Gœthe ont intronisé, et qui a fait, à la fin du siècle dernier, l'originalité du théâtre allemand encore vivante de nos jours. De nobles efforts ont été néanmoins tentés dans une direction différente, mais plutôt au point de vue de l'érudition et de l'archaïsme, pour faire revivre, dans de fidèles copies, les œuvres du théâtre grec. Encouragées par les savants, offertes à un public spécial, ces résurrections ingénieuses ont eu le genre de succès qu'elles pouvaient obtenir, celui de satisfaire la curiosité et de donner aux artistes, aux poëtes, une idée à peu près exacte des grandes créations antiques. Elles seraient dignes d'éloges quand elles n'auraient ,eu d'autre mérite que de délivrer l'Allemagne des tragédies pseudo-classiques qui ont encore en France leurs admirateurs et leurs poëtes.

Le drame n'a pas fleuri d'une manière moins brillante que la tragédie dans l'Allemagne du xixe siècle. Gœthe a tiré de l'autobiographie de Gœtz de Berlichingen, surnommé *Main de Fer*, le sujet d'une pièce imposante, où, sous les traits du vieux chevalier, sont peintes les mœurs des derniers preux du moyen âge. *Stella*, qu'il écrivit ensuite, est bien inférieure à *Gœtz de Berlichingen*. *Othon de Wittelsbach*, par Dabo, est une pièce de chevalerie qui obtint une immense popularité. *La Dot, le Crime causé par l'ambition, les Chasseurs*, sont les plus célèbres productions d'Iffland (1759-1814), qui, comme poëte dramatique et comme acteur, fit longtemps les délices de l'Allemagne. Les drames d'Iffland sont, pour la plupart, des tableaux d'intérieur, bien dessinés, mais sans grande animation, et qui, vulgaires par le sujet, le sont aussi par la manière dont l'auteur les a traités. Kotzebue (1761-1819), qui devait périr, comme on sait, sous la main d'un étudiant fanatique, apporta au théâtre quelque imagination, une grande entente de la scène, l'art de faire sortir de l'opposition des caractères les plus heureux effets. Imitateur des Français dans la comédie (ainsi, *la Petite Ville d'Allemagne* est empruntée de *la Petite Ville* de Picard), Kotzebue ne doit qu'à lui-même ses drames *Gustave Wasa, les Hussites, Octavie, la Prêtresse du Soleil, les Espagnols au Pérou, Hugo Grotius*. Il a même fourni aux écrivains français quelques modèles. Ils lui doivent, par exemple, le sujet de cette pièce à émotion, *Misanthropie et Repentir* (v. p. 217), qui fit couler tant de larmes sous le consulat.

Depuis Kotzebue, le drame a fourni une longue carrière, mais aucun nom de poëte n'a été, en ce genre, accueilli et applaudi de toute l'Allemagne. Il semble que cette grande nation soit retombée dans l'état d'anarchie littéraire que la division politique encourage merveilleusement, et dont quelques hommes illustres l'avaient retirée au commencement de ce siècle. D'anciennes jalousies de ville à ville ont reparu avec une fâcheuse animosité, et c'est assez quelquefois pour une pièce d'avoir plu aux Berlinois pour qu'on la siffle à Vienne. Cet obstacle aux grandes fortunes poétiques n'est pas invincible, mais il existe, et, dans la confusion, on saisit mal où peuvent être les hommes de talent. Il y en a ; ce point ne peut faire l'objet d'un doute. Où sont-ils ? L'étranger ne saurait le dire au juste, puisque les témoignages des Allemands eux-mêmes sont en ceci presque toujours contradictoires.

C'est pour la même raison que la comédie allemaude a si peu de célébrité au dehors. La comédie, en effet, doit réunir dans un habile assemblage la peinture des vices ou des ridicules généraux à celle des travers particuliers ; mais quand ces travers ont un caractère tellement local ou spécial qu'ils n'intéressent que les habitants d'une seule ville, la littérature n'a, pour ainsi dire, point d'histoire. Ajoutez que les Allemands ont leur manière propre de se divertir, que les façons de leur esprit souvent élevé, mais habituellement aussi un peu traînant, leur maladresse à manier l'ironie légère et le trait sont autant d'entraves pour le génie comique. Que les compatriotes de Gœthe admirent *le Caprice d'un amoureux*, *les Torts réciproques*, *le Grand Cophte*, *le Général bourgeois*, toutes œuvres prétendues comiques du grand poète; qu'ils applaudissent aux imitations faites par Schiller de Picard ou de Gozzi, que le *Toni* de Kœrner ou *l'Empereur Octavien* de Tieck obtiennent en Allemagne le plus grand succès, personne ne le trouvera mauvais ; personne non plus ne se sentira vivement égayé par de telles pièces.

Ce n'est pas à dire que les Allemands ne puissent atteindre au comique; ils ont des farces excellentes. Mais pour la haute comédie, c'est un genre dans lequel il semble qu'au moins jusqu'à ce jour la nature ne les a nullement favorisés. Ils ont assez de titres glorieux pour se consoler de voir manquer un fleuron à leur couronne poétique.

CHAPITRE XLI.

HISTOIRE DES THÉATRES SCANDINAVES ET SLAVES.

En quittant l'Allemagne, nous avons à poursuivre au Nord
et à l'Orient de l'Europe les explorations commencées; mais,
plus rapides encore que les précédentes, celles que renfermera
ce chapitre ne peuvent être que des vues extrèmement som-
maires, quelque chose comme ces aperçus d'un voyageur observant dans le lointain les grandes masses et les points les plus
saillants d'un immense horizon.

§ 1. THÉATRES SCANDINAVES.

Je commence par le Danemark et je ne m'étonne pas d'entendre un lecteur s'écrier : « Il y a donc une littérature en Danemark? Que peut être une littérature danoise? » Je l'avoue
même avec M. Ampère, qui, le premier parmi les critiques
français, s'est aventuré dans la Baltique, c'est un obstacle à la
gloire que d'être placé loin des grandes routes de la civilisation
et de porter un nom trop difficile à prononcer, comme est celui
de quelques poëtes éminents du Nord. Mais pourquoi mé-

connaître le génie là où il se trouve? Le Danemark, la Suède, la Norwége, ont produit une innombrable quantité de chants populaires, les uns grandioses, les autres gracieux ou badins, et dont les paroles, accompagnées de musique, souvent dialoguées, faisaient pressentir la création ou du drame ou de la comédie. En mimant quelques récitatifs, les chanteurs sont devenus tout naturellement des acteurs, et les poëtes n'ont eu besoin ensuite, pour créer un théâtre, que de quelques études. Sans doute, ils ont tardé à les pousser au point convenable; ce n'est qu'au xviiie siècle que le Danemark nous présente un homme de génie, Louis Holberg (1684-1754). Après avoir révélé son talent par l'épopée comique de *Pierre Paars*, dont un épicier de petite ville est le héros, Holberg s'essaya dans le genre dramatique. Il écrivit successivement vingt-quatre comédies qui, toutes ont été traduites en allemand et en suédois; *le Potier d'étain*, l'une des meilleures, a même eu des interprètes français. Encore aujourd'hui, elles sont lues et jouées en Danemark, quoiqu'elles aient un peu vieilli et que la délicatesse actuelle du public s'offense de quelques libertés trop vives; mais la force du comique, l'originalité des caractères, l'entrain d'une gaieté communicative font oublier ce défaut. Selon quelques juges, Holberg est de tous les poëtes comiques modernes le plus comparable à Molière, dont il a toute la verve pour ridiculiser les travers humains, et pour créer, même parmi les personnages subalternes, des types vivants, impérissables.

Jean Ewald (1743-1781) fut le premier Danois qui aborda heureusement la tragédie : *Rolf-Krage* et *la Mort de Balder* sont restés des œuvres nationales. L'une est empruntée à la mythologie scandinave, l'autre à l'histoire ancienne du Danemark. Jean Hermann Wessel (1742-1781), dans sa comédie de *l'Amour sans bas*, a produit une agréable satire de la tragédie française. — Ole Jean Samroe (1759-1796) obtint un succès durable par une tragédie en prose, intitulée *Dywecke*, du nom de la maîtresse du roi Christian II. — Pierre-André Heiberg, né en 1758, auteur mordant et fécond, eut plutôt le génie de la caricature que le sentiment du goût et de la vraisemblance.

Tous ces auteurs, excepté Holberg, s'effacent devant le mérite d'Adam OEhlenschlæger, né en 1779 et que la mort a récemment enlevé. Fondateur d'une école nouvelle, OEhlenschlæger fut un esprit souple et puissant. Ses poésies fugitives ont un charme et une vigueur extraordinaires. Par une épopée, *les Dieux du Nord*, il s'est rendu cher à sa nation en dessinant avec autant de netteté que de grandeur les physionomies imposantes des anciennes divinités scandinaves. La poésie de l'Edda inspire de même quelques-unes de ses tragédies, telles que *Starkother*, l'Achille du Nord. *Hakon Iarl* représente la lutte de la religion d'Odin contre les progrès du christianisme; *Axel et Valbor*, l'amour et la loyauté chevaleresques. Son drame du *Corrége* est d'un autre ordre : il offre la lutte émouvante du génie contre le découragement, le doute et la pauvreté.

A côté d'OEhlenschlæger ont brillé un autre Heiberg (Jean-Louis) et Henri Hertz, poëtes comiques, et surtout Bernard-Severin Ingeman, né en 1789, aujourd'hui le premier et le plus populaire des poëtes danois : les vers de *Masaniello*, drame énergique et vrai, sont dans la mémoire de tous les compatriotes de l'auteur. Le succès le plus récent est celui qu'a remporté sur le théâtre de Copenhague un drame en trois actes, *la Jeunesse de Tycho-Braché*, par M. Hauch, déjà connu par des poëmes dramatiques assez remarquables.

En Suède, l'art dramatique ne compte pas, en ce temps-ci, de noms très-célèbres. Il y a quelques années, florissait une école romantique; les poésies lyriques qu'elle a produites sont infiniment supérieures aux œuvres dont elle a doté le théâtre. Là, s'est toujours trouvé, du reste, le côté faible de la littérature suédoise, et les efforts de Gustave III, qui travailla lui-même pour la scène, dans le goût du théâtre français de son temps, sont demeurés, sinon sans émules, au moins sans imitateurs renommés.

§ 2. THÉATRES SLAVES.

Les idiomes parlés à l'orient de l'Europe sont en général dérivés d'une langue très-ancienne, dont quelques vieilles chansons se conservent encore. A chacun de ces dialectes correspond une littérature. Mais chez les Croates, les Dalmates, les Serbes, les Bulgares, et autres peuples slaves, la poésie a brillé dans des chants guerriers ou des chansons amoureuses souvent remarquables, sans aboutir à la création d'œuvres scéniques. Il n'en a été autrement que pour la langue tchèque, celle des Polonais et celle des Russes.

Le théâtre tchèque vit paraître, dès le commencement du xive siècle, une comédie mordante et capricieuse, à la manière d'Aristophane, *l'Empirique;* mais il faut ensuite passer jusqu'à nos jours, en franchissant l'histoire douloureuse de toutes les catastrophes de la Bohème, pour retrouver des productions dramatiques un peu notables : Mackhatcheck (né en 1799) a écrit, entre autres, la meilleure comédie bohémienne, *la Demande en mariage* (1826), et Jean Népomucène (né en 1783) a enrichi de plusieurs drames le théâtre de Prague placé sous sa direction.

Tandis que la France se complaisait encore aux mystères et aux farces, la Pologne avait déjà un théâtre littéraire. En 1554, Jean Kochanowski écrivait *le Congé des ambassadeurs :* ce n'est pas la meilleure de ses productions poétiques, mais, eu égard au temps, on peut l'appeler un chef-d'œuvre, et ce n'est pas la seule pièce polonaise du xvie siècle qui mérite l'estime. Malheureusement les deux siècles suivants furent pour la nation une époque d'anarchie politique, et les lettres s'en ressentirent. Au commencement du nôtre, on entreprit de relever la scène nationale : cette tâche revint surtout à Boguslawski, créateur et directeur du théâtre de Varsovie. Ce mouvement de renaissance fut secondé, dans le genre comique, par Zablocki et Fedro; dans la tragédie, par Felinski, Wenzyck, Korzeniowski. D'autres écrivains encore s'y associèrent; mais tous semblent s'être attachés avec trop de zèle à l'imitation des modèles français : l'originalité disparaissait. Elle s'est ranimée sous l'inspiration des nouveaux malheurs de la Pologne, mais plutôt au bénéfice de la poésie lyrique : si le grand poëte Mickiewicz et quelques-uns de ses émules affectent, dans un certain nombre de compositions, la forme du drame, au fond leurs créations sont une plainte éloquente, une lugubre fantasmagorie, plutôt que des pièces qui puissent enrichir le théâtre et le passionner.

Les Russes avaient eu des représentations dramatiques assez curieuses sous le règne d'Alexis Mickaïlovitch, dans la seconde moitié du xviie siècle. Soumarokof (1718-1777) fut le premier qui composa une tragédie régulière. *Sinaf et Truvor*, *Zémire*, *le Faux Démétrius*, furent composés d'après les modèles français. Kniajenine (1742-1791), Vladislas Ozeroff, l'un et l'autre avec beaucoup de noblesse et de pureté, suivirent les mêmes guides, ces auteurs de Paris sur lesquels se portait avec complaisance l'admiration de Catherine II. Von Vizine (1745-1792), par de malicieuses comédies en prose, attaqua les ridicules du temps. En 1779, fut joué le premier vaudeville national ; l'auteur s'appelait Ablécimof.

Le romantisme est venu détrôner les disciples des classiques français ; mais tandis que son influence donnait à tous les genres une irrécusable et vigoureuse activité, le théâtre sérieux ne put prendre son essor. On doit louer cependant une tragédie de Mathieu Krionkofski, les drames du journaliste Nicolas Polevoï et de Nestor Koukolnick, pour l'intérêt que ces écrivains ont donné à la mise en scène des sujets nationaux. La comédie a brillé davantage : *les Inconvénients de l'esprit*, par Griboïédoff, sont une production très-amusante d'un poëte que la mort a prématurément enlevé ; Gogol, dans *le Contrôleur*, revue piquante des ridicules des petites villes, a donné cours à son esprit, le véritable esprit slave, léger, brillant, subtil et bizarre. Il était temps, du reste, que la littérature russe prît enfin le caractère national, et qu'échappant à un reproche jusque-là trop souvent mérité, elle cessât de paraître une importation de l'étranger en Russie.

CHAPITRE XLII.

Il faut revenir de ces excursions lointaines et reporter nos yeux sur la Hollande et sur la Belgique. L'étroite parenté des idiomes hollandais et flamand, le progrès longtemps commun de leur culture, les liens politiques qui ont rattaché jusqu'au xvie siècle nos voisins de l'est à nos compatriotes du nord, invitent à réunir dans un même cadre la littérature dramatique des uns et des autres. Un aperçu de l'histoire du théâtre français en Belgique terminera notre longue pérégrination.

Goropius Becanus a prétendu qu'Adam et Ève parlaient flamand. Ce serait là, pour la langue flamande, une bien respectable antiquité ; mais les productions les plus anciennes, au moins celles qu'on a conservées, ne remontent qu'au xiie siècle de notre ère. Il en est à peu près de même pour la langue hollandaise. L'une et l'autre, ainsi que le bas saxon et d'autres dialectes de la même famille, sont des transformations du bas allemand, l'une des deux grandes divisions primitives de la langue germanique. Au moment où l'on commence à trouver des monuments du hollandais et du flamand, ce sont deux idiomes déjà formés et qui retiennent pleinement le caractère de leur origine, bien que le second, par le voisinage de la France, admette déjà quelques constructions étrangères. Ils offrent d'ailleurs l'un et l'autre de si grandes ressemblances et l'esprit qui anime leur littérature est tellement analogue que l'on peut sans inconvénient étudier leur théâtre d'un seul point de vue jusqu'à l'époque où les guerres du XVIᵉ siècle amenèrent la scission des deux peuples.

§ 1ᵉʳ. DE L'ART DRAMATIQUE EN HOLLANDE ET EN FLANDRE JUSQU'AU TEMPS DE LA RÉFORME DANS LES PAYS-BAS.

Le XIIIᵉ siècle nous a montré en France le conteur, le trouvère, le ménestrel, parcourant le pays, frappant à la porte des seigneurs, divertissant la petite cour féodale par des histoires, des saillies et des essais de représentation scénique. Sous les noms de *Spreker, Segger, Vinder-Gezel*, les Pays-Bas ont connu les mêmes personnages qui, dérogeant au besoin quand le manoir se fermait devant eux, amusaient le peuple sur les places publiques ou donnaient aux riches bourgeois quelques heures de récréation domestique, en échange d'une rémunération plus ou moins généreuse. Au XIVᵉ siècle, les arbalétriers et d'autres corporations du même genre appelaient volontiers à embellir leurs fêtes patronales ces *gezellen*, qui s'étaient probablement formés eux-mêmes en confrérie : le concours de ces auxiliaires, suivant l'opinion de l'auteur de l'*Histoire de la littérature flamande*, M. Snellaert, permit de former une institution qui joue un grand rôle jusqu'au commencement du XVIIᵉ siècle dans les annales littéraires des Pays-Bas, celle des *chambres de rhétorique*.

Mais avant que les *rhétoriciens* se fussent constitués, nous voyons qu'il existait toute une littérature dramatique, celle des *mystères*, dont l'usage, même pour les villes, s'est maintenu avec honneur, dans les provinces de Brabant et de Flandre, jusqu'à la fin du XVIᵉ siècle. Là, comme partout dans l'Europe occidentale, les prêtres, aidés de bourgeois et aussi de *gezellen*, ont originairement figuré dans ces divertissements pieux : ils y étaient acteurs et auteurs. Les *mystères,* qu'on avait joués d'abord dans les églises, furent ensuite représentés sur les places publiques les jours de procession. Le plus ancien de ceux qu'on ait retrouvés en flamand, *la Première joie de Marie,* fut joué, en 1444, par la chambre de rhétorique, *la Fleur de blé,* de Bruxelles. Mais les rhétoriciens, qui continuaient ainsi l'œuvre délaissée par les ecclésiastiques, ne se bornèrent pas à un seul genre. Outre les récits de la Bible et les légendes des saints, ils donnèrent, comme les théâtres de France et souvent sur le même modèle, des pièces toutes d'invention. Ainsi, *Esmoreit de Sicile, le Duc de Brunswic, Lancelot de Danemarc,* sont de remarquables moralités sur des sujets fictifs : elles datent du milieu du xive siècle. Une grande pièce de ce genre (*abel spel*) était toujours suivie d'une petite farce (*soternie*), qui roulait ordinairement sur quelque infortune conjugale.

Sous l'influence des idées littéraires qui dominaient à la cour bourguignonne, prévalut ensuite le goût des allégories. Au moyen de personnifications plus ou moins heureuses, on mettait en scène des idées abstraites ou collectives, exprimées par des personnages revêtus de certains attributs : ainsi une ville était représentée à l'aide d'une couronne murale ou d'un écusson. Il fallait en outre faire parler ces êtres de raison d'une manière qui les caractérisât nettement. Le drame allégorique ou *spel van sene,* se maintint avec d'autant plus de facilité que sous sa protection purent se faire jour les plus mordantes satires, et il est telle de ces pièces qui fut un indice des idées de réformation. Au surplus, la fantaisie des rhétoriciens s'y donnait toute licence, aussi bien dans les *esbattemens* que dans tout autre genre de compositions dramatiques. Corneille Everaert, qui écrivait entre 1509 et 1551, met en scène des fabliaux populaires d'une incroyable crudité. C'était le goût du temps. Les chambres de rhétorique ne sont pas plus coupables, à cet égard, que les *confrères* parisiens ou que les *académiciens* qui florissaient à la même époque en Italie. Elles se placent au-dessus des uns et des autres par l'importance de leur action politique. Si elles n'ont pas fourni, en général, des leçons de goût, elles ont été un pouvoir dans l'État, et c'est de leur sein que sortirent presque tous les hardis lutteurs qui combattirent pour l'affranchissement au xvie siècle. L'une des pièces qui probablement leur appartient, *l'Homulus*, de Van Diest, est un chef-d'œuvre d'audace à la don Juan. C'est de la sorte que, malgré leur but en apparence exclusivement littéraire, les sociétés poétiques des Pays-Bas devinrent redoutables pour l'autorité. Par là même, lorsque la domination espagnole pesa de tout son poids sur les Flandres reconquises, les membres des chambres flamandes et brabançonnes émigrèrent en grand nombre et allèrent reformer à Amsterdam, à Harlem, à Leyde, les associations que, dans leurs provinces natales, le vainqueur abolissait ou asservissait. C'est au xviie siècle seulement que s'éteignent les chambres de rhétorique, non sans avoir retenu jusqu'à la fin les théories littéraires un peu mesquines d'un de leurs derniers maîtres, Matthieu Casteleyn, *l'excellent poëte*, l'auteur d'un traité en deux cent trente-neuf couplets de neuf vers chacun, sur l'art des *camaristes*. Mais aussi elles gardèrent jusqu'à la mort ce noble caractère de fraternité, cette ardente sympathie pour le talent, ce soin de l'encourager qui les avaient distinguées sur le sol paternel. Ce fut la chambre brabançonne d'Amsterdam qui patrona les débuts de Vondel, le plus célèbre des poëtes néerlandais. Quand une association littéraire honore ses dernières heures en léguant ainsi une jeune gloire à la patrie, n'a-t-elle pas droit à tous les respects?

§ 2. DE L'ART DRAMATIQUE FLAMAND DEPUIS LA FIN DU XVIe SIÈCLE.

L'émigration avait enlevé aux provinces belges du nord une foule d'hommes distingués dont les descendants comptent parmi les talents les plus illustres de la nation hollandaise. Appauvries de la sorte par la retraite de leurs citoyens les plus intelligents, les Flandres offrirent un spectacle de désolation. Aux yeux de l'étranger, elles semblèrent tombées si bas, qu'en 1740, Louis Riccoboni, dans ses *Réflexions historiques et critiques sur les différents théâtres de l'Europe*, écrivait : « Il y a longtemps qu'ils (les Flamands) n'ont plus de théâtre; et tout ce que l'on en conserve, c'est la représentation de la Passion dans la même simplicité et dans la même grossièreté qu'elle avait commencé, et qui se représente en certains temps de l'année par des sociétés bourgeoises, qui jouent aussi quelquefois de mauvaises traductions des comédies françaises. Enfin, l'on peut dire que depuis 1566, du temps des guerres civiles, le théâtre flamand ne subsiste plus. » Ce jugement est trop superficiel ; mais il indique comment on croyait, au dehors, pouvoir envisager l'art dramatique de nos provinces septentrionales. C'est, en effet, le malheur des littératures dont l'action a été circonscrite dans un espace restreint, d'être traitées avec peu de bienveillance et beaucoup de légèreté.

Loin de moi l'indifférence sur l'un ou l'autre de ces reproches ; mais les proportions de cette revue m'ordonnent d'être plus rapide que je ne le voudrais. Heureusement, l'*Histoire de la littérature flamande*, par M. Snellaert, suppléera facilement à ce que j'omettrai.

La littérature hollandaise présentera, pour le commencement du XVIIe siècle, les noms célèbres de Hooft, de Vondel et de Cats : ces trois écrivains, et d'autres encore, tel que Zevecote, se rattachent par leur origine aux annales littéraires du Brabant. Si leur place est marquée plus loin, il faut reconnaître qu'ils ont droit d'être mentionnés dès à présent : leur parenté avec les auteurs flamands et l'influence qu'ils exercèrent dans leur ancienne patrie est manifeste. Ce qui ne l'est pas moins, c'est la communauté établie entre les deux pays pour la réformation de la langue et le perfectionnement de la versification à cette époque. D'une part, la Bible de Dordrecht est le type de pureté grammaticale sur lequel, dans les deux pays, se sont modelés les écrivains, et d'autre part, le Brabançon Jean Van der Noot (mort à Anvers en 1590) eut l'honneur de signaler le premier à l'attention des poëtes l'emploi du vers alexandrin, que l'illustre philologue Daniel Heinsius (né à Gand en 1580) popularisa ensuite par son exemple et son autorité. Les services rendus par Heinsius sur ce point ne laissent pas oublier cependant que, par un excès d'affection pour ses modèles chéris, pour les Grecs, il prépara l'affaiblissement du théâtre en recommandant avec partialité l'imitation classique. Cet engouement des érudits ne fut pas, il est vrai, partagé par tous les poëtes. L'Anversois Guillaume Van Nieuwelandt (de 1617 à 1628) et le Tournaisien Jean de Valkgrave conservèrent l'originalité de l'art national. A Anvers, où les jeux scéniques furent le plus cultivés pendant la première moitié du xviie siècle, la scène ne fut pas livrée entièrement au drame savant. Il y fut même combattu avec vigueur, soit par le développement naturel de l'esprit indigène, soit par des importations de l'étranger. Ysermans y mit en vogue, pendant quelque temps, la pastorale et l'opéra des Italiens. Vers 1635, Strypen, Van den Brande, Van Engelen, Frederick de Conincq obéirent aux plus libres inspirations, tout en se rapprochant du genre espagnol. Chez eux aussi, comme chez Lope de Vega et davantage peut-être, le goût, la mesure, la réserve font trop souvent défaut. Les domestiques bouffons et le peuple, qui paraît pour faire l'office du chœur, acteurs subalternes admis trop souvent sur la scène, fatiguent quelquefois par leur grossièreté. Mais si l'on peut blâmer l'abus de leur système, il ne faut pas en condamner le principe, qu'adopta aussi Guillaume Ogier, né à Anvers en 1625. Malgré ses obscénités et ses plaisanteries répugnantes, les comédies de ce président (*factor*) de la chambre, *le Violier*, *les Sept Péchés capitaux*, *le Malentendu comique*, *Don Fernand ou l'Astrologue espagnol*, sont pleines de verve et d'originalité. La liberté qu'Ogier se donna de diviser ses pièces en un nombre indéterminé de scènes, au lieu de se soumettre à les couper par actes, donne à sa facture un air d'aisance qui respire d'ailleurs partout chez lui. Ses acteurs ne sont pas des petits-maîtres à la française, mais des personnages solides et bien vivants, comme ceux que peignaient Teniers et Van Ostade. Satirique hardi, Ogier peignit au naturel tous les vices qu'il fit successivement poser devant lui. C'est un libre censeur qui n'apporte dans ses copies de la vie commune ni exagération ni réticence. Les talents de cette justesse, de cette franchise sont rares dans toutes les littératures.

A partir de 1650, celle des Flandres se trouve livrée à deux directions contraires. Entre les poëtes dramatiques, les uns per-

sistent dans les voies tracées pour le drame par leurs prédécesseurs, les autres se rangent au système français. Au nombre des
premiers figurent Jean Lambrecht, qui composa de petites
comédies satiriques contre la gallomanie, Jacques de Condé,
Claude et Jean de Grieck, surtout Van der Borcht, qui essaya
de doter Bruxelles d'un théâtre national.

Van der Borcht et ses émules n'étaient pas, à tout prendre,
les ennemis du système français : ils eussent consenti à le recevoir, mais sous conditions, et Adrien Peys, poëte d'Anvers,
essaya de faire connaître par des traductions Rotrou, Corneille,
•Molière, sans renoncer à suivre pour son compte la manière
propre à ses prédécesseurs. Ce fut également la pensée d'un
poëte de Dunkerque, de Swaen ; traducteur du *Cid* de Corneille et de l'*Andronic* de Campistron, il composa une pièce originale, l'*Abdication de Charles-Quint*. Ce contact de la poésie
flamande avec celle de France finit, malgré tout, par oblitérer
les tendances originales. *La Mort de Boèce* et *Eustache*, par
Smidts de Bruges, offrent le souvenir fidèle des procédés français. D'ailleurs, nous voilà au temps où Labarre publie (1721)
une imitation de l'*Art poétique* de Boileau, que l'on reçoit avec
enthousiasme. C'est assez dire que la révolution est faite contre
l'ancien théâtre.

L'esprit flamand, tout en cédant, protesta, et ranimé de nos
jours, il essaye de lutter encore, même au théâtre. Notre pensée
ne peut être de dresser le répertoire de compositions trop récentes pour que nous en appréciions les auteurs avec assez de
liberté. Nous voulons moins encore leur tracer une poétique ou
marquer des bornes à leurs espérances. Les chefs-d'œuvre sont
possibles dans toutes les langues; mais il y a pour les poëtes
des genres devenus peu féconds. C'est aux écrivains flamands,
juges spéciaux de leurs propres ressources, à reconnaître eux-
mêmes quelles compositions dramatiques leur promettent encore popularité et succès.

§ 3. DE L'ART DRAMATIQUE HOLLANDAIS, DEPUIS LA FORMATION
DE LA RÉPUBLIQUE DES PROVINCES-UNIES JUSQU'A NOS JOURS.

Nous avons dit que les rhétoriciens émigrés des Flandres

continuèrent en Hollande à former des *chambres*. Deux d'entre eux, Jean Colm et Karel Van Mander, restèrent fidèles à une forme ancienne de drame qui admettait indifféremment des personnages offerts par la Bible, par l'histoire ancienne ou par celle du pays : sous le nom allégorique de *zinnekens*, des acteurs, ordinairement au nombre de deux, jouaient, au milieu des héros de la pièce, des rôles de confidents ou de témoins satiriques et bouffons.

Ces *zinnekens*, qu'on trouve encore dans le théâtre de Zacharie Heyns (1570-1640), furent bannis du drame par une école nouvelle, dont les poëtes les plus célèbres placèrent dans la tragédie des chœurs, sérieux auxiliaires d'une *action* toute grave. A cette école appartient Samuel Coster (né en 1580 ou 1590, mort peu de temps après la première moitié du xviie siècle). Coster, qui s'est signalé non-seulement par des tragédies, mais encore par des comédies, peut être considéré comme le fondateur du théâtre d'Amsterdam. Du moins il érigea en 1617, sous le nom d'*académie*, une société dramatique à laquelle fut annexée l'ancienne *chambre* de rhétorique de la ville. A la suite de cette fusion, les diverses *chambres* cessèrent de donner des représentations, et l'an 1638, l'*académie* de Coster s'appela décidément un *spectacle*.

Le chœur, admis par Coster, rapprochait au moins en un point les tragédies hollandaises du système grec. Abraham de Koningh et Bredero (1585-1618), sans conserver les *zinnekens* anciens et les allégories, tempérèrent encore la couleur sombre du drame par quelques éléments comiques. C'est le système de Shakespeare. Bredero n'est pas indigne d'être nommé à côté de ce grand homme. Habile à représenter la nature, il sut découvrir dans le domaine de la vie commune et l'élément tragique et le ridicule, qu'il peignit tous deux avec une extrême souplesse de talent. Cependant le théâtre de Bredero, ainsi que les œuvres scéniques de Coster et d'Abraham de Koningh, a disparu devant la gloire de Hooft et de Vondel, qui furent les princes de la scène néerlandaise à cette époque, et qui éclipsent encore aujourd'hui par leur gloire un grand nombre de poëtes dramatiques, leurs contemporains, tels que Zevecotius (Jacques Van

Zevecote), auteur d'une tragédie estimable (*le Siége de Leyde*) et qui appartient autant à la Flandre qu'à la Hollande ; Théodore Rodenburgh ; Jérémie de Decker ; Jean Six, bourgmestre d'Amsterdam ; le vitrier Jean Vos, écrivain désordonné, souvent obscène dans la comédie, ampoulé dans le drame, mais d'une vivacité et d'une vigueur surprenantes ; Jacques de Passenrode, soldat courageux, historien judicieux de la tactique des Grecs et des Romains, poëte tragique d'une grande pureté, poëte comique vif et bouffon. Cette liste est déjà longue. A peine osons-nous y ajouter encore Regnier Anslo, écrivain élégant, raffiné même : le briquetier Joachim Oudaen (1628-1698), auteur d'une tragédie de *la Mort des frères de Witt; Samuel Van Hoogstraten (1627-1678), qui composa deux drames, *Didier et Dorothée, ou la Délivrance de Dort*, et la *Pauline romaine;* Pierre Verhoeck (1653-1702), dont la tragédie de *Charles le Téméraire* offre des tableaux frappants ; Jean Antonides Vander Goes, le plus spirituel peut-être des disciples de Vondel. Tout le cours du xviie siècle est rempli de la sorte par une foule de poëtes dramatiques, qui inclinent davantage, les uns au drame romantique, les autres à l'imitation des formes classiques. Du reste, libres et de bonne foi, dans un système comme dans l'autre, ils n'ont sur l'esthétique de leur art aucune opinion exclusive. Leur doctrine la plus marquée, leur constante préoccupation, est de rester, par l'esprit général de leurs œuvres, des écrivains nationaux, ce qui les conduit souvent à prendre des sujets dans les annales anciennes ou récentes de leur pays.

Hooft (1581-1687) et Vondel (1587-1670), dont je dois parler avec un peu plus de développements, se font remarquer par ce même caractère. Avant tout, ils sont patriotes, et l'art n'est souvent chez eux qu'un moyen de signaler leurs affections politiques ou religieuses. L'*Iphigénie* de Hooft contient de vives attaques contre le clergé d'Amsterdam ; le *Palamède* de Vondel est, sous des noms anciens, une satire passionnée contre les bourreaux de Barneveldt.

Hooft appartenait aux classes élevées : il dut à ce hasard de la fortune de recevoir une éducation brillante, qu'il compléta

heureusement par des voyages au dehors. A Paris, Hooft vit
Malherbe et fortifia en lui-même, par les exemples de ce sage
rénovateur, une disposition naturelle au bon sens, au respect de
la langue, à la gravité de la pensée. Comme Malherbe, il étudia
les poëtes italiens; il fit plus, il voulut séjourner en Italie,
et, par un commerce assidu avec les hommes distingués de
cette nation, se donna un mérite nouveau dans sa propre langue, l'harmonie. De retour en Hollande, il travailla pour la
scène. La première de ses pièces, intitulée *Granida*, est une
espèce de pastorale. Heureusement, il abandonna bientôt ce
genre conventionnel et se montra ou franchement comique par
une imitation de l'*Aululaire* de Plaute, ou noblement sérieux
dans plusieurs tragédies, parmi lesquelles on préfère *Gérard
de Velse* et surtout *Bato*. Dans celle-ci, un prince des Cattes,
persécuté par sa marâtre, abandonne le royaume paternel et
va chercher, pour s'y établir, un pays inhabité. Quand il a
passé la frontière des Cattes, ceux qui l'ont suivi le saluent
comme leur roi; ils l'élèvent sur un bouclier. Alors Bato
s'écrie :

« Je jure de vous gouverner conformément aux lois, et d'après les conseils des plus sages et des plus nobles. Puisque vous consentez à me
suivre, adoptez mon nom et soyez désormais connus sous celui de Bata-
ves... Que mon peuple et ses descendants traversent le cours des siècles :
dans la paix, industrieux comme des abeilles; dans la guerre, vaillants
comme des lions. »

Les dernières paroles de ce héros à peu près mythologique sont
l'éloge aussi naturel que vrai des contemporains du poëte : il y
a dans un tel vœu le sentiment légitime d'une patriotique fierté.
Mais, en outre, le talent de l'écrivain brille par le charme d'une
versification coulante, d'un dialogue énergique, d'une sensibilité qui se traduit parfois en effusions lyriques d'un caractère
éloquent.

Les mêmes qualités appartiennent à Vondel, mais il y joint
un art supérieur de composition. Sa veine féconde s'est diversi-
fiée en s'épurant toujours. Le fils d'un humble marchand bon-
netier est devenu, à force de patience, de travail, d'études mû-
ries, le poëte classique de la Hollande. La Bible et plus tard

les tragiques grecs furent les modèles sur lesquels il se forma :
l'amour de la patrie et de l'indépendance, en échauffant cette
vigoureuse intelligence, acheva de l'élever. Si le *Palamède*
(1621) et la *Messaline* (1658) de Vondel recèlent des traits satiriques et des allusions personnelles, que la gravité de la tragédie semble bannir, il y a dans *Gilbert d'Amstel* des formes
plus sévères de composition, un amour contenu, mais profond,
de la gloire nationale, une générosité de sentiments qui justifie
la longue popularité de cette œuvre. *Gilbert d'Amstel* est moins
peut-être un héros du xivᵉ siècle qu'un patriote néerlandais du
xviiᵉ. Mais qui donc réclame des poëtes une impersonnalité absolue? On leur pardonne d'être hommes, pourvu qu'ils soient
grands par la fierté de l'âme et l'enthousiasme. *Lucifer* est une
composition étrange, mais où se trouvent, non moins que dans
Gilbert d'Amstel, les preuves du génie poétique. Tous les
genres de caractères et d'ambition, dit un traducteur de cette
pièce, y sont réunis. On y voit le rebelle éhonté, le mécontent
intéressé, le séditieux patelin qui excite le peuple et se cache,
et celui qui, sans prendre aucune résolution, se tient sur le qui-
vive pour profiter des événements. Mais ces peintures, inspirées
au génie observateur de Vondel par le jeu des passions réelles,
ont des proportions quelquefois sublimes, dignes de Michel-
Ange ou de Milton.

L'étude du théâtre et des autres productions de Vondel explique facilement l'influence que cet homme illustre a exercée
sur son siècle; on comprend que les esprits exaltés par la chaleur de cette veine abondante, animés par l'exemple des succès
du grand poëte, se soient adonnés en grand nombre à la littérature dramatique. Dans un sens et par rapport à la quantité, on
peut même dire qu'il y eut excès de fécondité : le catalogue des
pièces du théâtre hollandais, imprimé en 1727, contient deux
cent soixante-huit auteurs et trente sociétés, quatre cent qua-
tre-vingt-dix-huit tragédies, trois cent soixante et onze comédies, soixante et seize tragi-comédies, vingt-trois pastorales, deux
cent soixante et dix farces ou petites pièces. La plupart de ces
compositions appartiennent au xviiᵉ siècle; mais dans l'époque
qui suivit la rédaction de ce catalogue, le répertoire s'augmenta

encore prodigieusement, surtout par les imitations françaises.
Déjà, du vivant de Vondel, André Pels, par son *Traité du bon
et du mauvais usage du théâtre*, par ses commentaires sur
l'*Art poétique* d'Horace, avait recommandé, assez pauvrement,
du reste, le système classique. Si Didier Buisero (1644-1707),
le bienfaiteur de Vondel, Govert Bidloo (1649-1713), Ludolf
Smidts (1649-1720), semblent incliner davantage vers la manière du maître, Thomas Arents, né en 1652, traduisait du
français quelques tragédies et une comédie, que représenta
l'une des sociétés les plus célèbres, celle qui prenait pour de-
vise : *Nil volentibus arduum.*

Plus tard, ce mouvement français se dessine avec une grande
netteté, principalement pour la comédie de genre. La gravité
hollandaise se complut à multiplier les copies de ces œuvres
légères que les Dancourt, les Hauteroche, les Lesage semblaient
créer en se jouant. Néanmoins les écrivains hollandais n'étant
pas habituellement alors des auteurs de profession et ne tra-
vaillant pour le théâtre qu'en vue de charmer les loisirs d'une
vie d'affaires, durent à cette circonstance d'éviter l'engouement
et les aberrations du parti pris. Ils gardèrent, même en imitant,
la liberté de modifier, selon leurs mœurs et leur humeur, les
modèles étrangers. Aussi la littérature néerlandaise du xviiie siècle reste suffisamment nationale dans les compositions de Luc
Rotgans (auteur de *Scilla*, d'*Énée et Turnus*, tragédies), de
Catherine-Jeanne de Witt, que son goût porta préférablement
à reproduire les pastorales italiennes, de Pierre Langendyck,
poète comique, agréable et vif. Sybrand Freitama (1694-1758)
est un admirateur de la littérature française plus exclusif que
les précédents : il est vrai qu'il plaça judicieusement ses affections, puisque, sans parler de ses traductions pour le théâtre, il
a fait passer dans sa langue, d'une façon supérieure, dit-on, le
Télémaque et la *Henriade*. Balthasar Huydecoper (1698-1778),
par ses tragédies d'*Arsace* et d'*Achille*, se présente également
comme un partisan décidé du système français. Onno Zivier
Van Haren (1713-1779), François Van Steenwyck (1715-1788),
Jacques Lutkemanns, Antoine Hartsen, Siméon Van Winter et
sa femme Lucrèce Wilhelmine Van Marsen, Siméon Styl, Fri-

son, Julienne Cornélie de Lannoa, J. Nomsz, se montrèrent
dociles à la même influence. Nous arrivons ainsi jusqu'à la
conquête de la Hollande. Alors, si le souvenir de la nationalité
inspira de l'aversion pour les idées françaises, le style et l'art
de la composition n'en restèrent pas moins empreints de cette
rectitude de jugement que les poëtes avaient fortifiée en eux-
mêmes par l'étude des écrivains classiques de la France. Qu'il
s'agisse d'une tragédie allégorique de Helmers sur l'annexion
des provinces néerlandaises, d'une pièce républicaine dirigée
contre Napoléon par Bilderdyck, le poëte le plus brillant de la
Hollande au commencement de notre siècle, ce sont, malgré
tout, des formes toutes françaises d'imagination que revêt la
pensée de ces patriotes.

Lorsque, après la chute de Napoléon, des idées nouvelles se
produisirent en France sur les lois qui conviennent au théâtre,
les poëtes néerlandais ne restèrent pas étrangers à ces essais de
rénovation, et leur scène, qui était devenue un peu froide et
terne, a été ranimée par M. Helvétius Vanden Bergh, puis par
M. Schimmel : ce dernier occupe presque seul aujourd'hui l'attention. Du moins, les *Deux Tudors*, *Jean Wouters*, *Gonde-
bald*, *Giovanni di Procida* sont des œuvres qui élèvent
M. Schimmel bien au-dessus de ses rivaux.

CHAPITRE XLIII ET DERNIER.

Il reste un dernier mot à dire sur l'art dramatique des
poëtes franco-belges. Ce nous serait une tâche facile de remonter, à cette occasion, jusqu'au xiiie siècle et de célébrer ou Jean
Bodel d'Arras ou Adam de la Halle, sous prétexte qu'Arras fut
autrefois une ville belge. De même, il nous en coûterait peu de
transcrire, d'après le *Bulletin du bibliophile belge*, une exacte
et savante notice de M. H. Helbig sur Pierre Bello, de Dinant,
et Denys Coppée, de Huy, qui florissaient dans la première
moitié du xviie siècle. Nous pourrions enfin détacher du *Cata-*
logue dramatique de Soleinne la liste assez longue des pièces
indigènes qu'on a représentées depuis cent ans à Bruxelles, à
Liége ou dans quelque autre ville. Mais après un si long voyage
consacré à l'étude de tant de théâtres, on nous pardonnera sans
peine de laisser dans leur repos les productions qui vécurent
l'espace d'une soirée. Quant aux œuvres d'un vrai mérite, telles
que la *Jacqueline de Bavière* (1834) de M. Noyer, ou l'*Elfrida*
de M. Éd. Smits, si nous évitons d'en parler, notre excuse est

plus simple encore ; c'est que nous avons le droit de faire appel
aux souvenirs de nos lecteurs. C'est à eux, plutôt qu'à nous, à
choisir parmi les drames et les comédies contemporaines les
œuvres qu'ils jugent dignes de leur estime. Personne n'ignore
que M. Gustave Vaez (Van Nieuwenhuys) a obtenu de brillants
succès, même sur les théâtres de France; que M. Édouard
Wacken est un poëte élégant et distingué; qu'il est auteur
d'*André Chénier*, de *Charlotte Corday*, de *Wallace;* qu'*André
Chénier* est resté sa meilleure pièce. A qui donc apprendrions-
nous que M. Victor Joly a composé deux drames intéressants,
Jacques Artevelde et *les Proscrits;* que M. Louis Labarre a
fait jouer une *Révolution pour rire*, et, tout récemment, une
agréable comédie, *le Point d'honneur;* que M. J. Guilliaume a
donné au public une petite comédie originale (*Comment l'amour
vient*) et un fort heureux pastiche du style comique du
XVIIe siècle (*Pic, repic et capot*)? Les mérites divers de ces
poëtes sont généralement connus, et l'on apprécie également le
talent de MM. Ch. Lavry, Éd. Romberg, Potvin, L. Hymans.

Toutefois, que l'on ne s'y trompe pas ; en laissant à chacun le
soin de juger des œuvres qu'il peut ou qu'il a pu étudier directement, nous nous abstenons par esprit de convenances, non
par indifférence ou dédain. Spectateur, nous applaudissons volontiers aux efforts d'écrivains estimables qu'anime un amour
sincère de l'art. Historien de l'art dramatique, nous craindrions
de mêler la polémique à notre tâche; et parler des contemporains, n'est-ce pas déjà prendre parti pour ou contre? L'historien se confondrait forcément avec le journaliste : à chaque
chose sa place.

Mais s'il n'y a véritablement pas de théâtre franco-belge
avant notre époque (à moins qu'on ne veuille comprendre sous
ce nom même des pièces écrites en wallon, comme celles qui
composent le recueil du *Vieux théâtre liégeois*), et si l'examen
des pièces franco-belges de ce temps nous entraînerait sur un
terrain où nous ne voulons pas nous placer, nous restons libre
de présenter brièvement l'espèce de moralité qui résulte pour
nous de l'histoire des différentes scènes anciennes ou modernes, libre encore d'appliquer cette moralité à la recherche de

ce que peuvent être les futurs développements de notre
théâtre.

Le premier point est l'éternelle vérité qu'a exprimée Voltaire :

Tous les genres sont bons, hors le genre ennuyeux.

Voici le second. Dans le sérieux ou dans le comique, les formes dramatiques sont infiniment multipliées, toutes permises,
toutes possibles, sous cette double réserve de plaire et de con-
stituer des œuvres d'art. Or, il n'y a pas d'art sans l'amour du
beau, l'unité de la conception, et le style. Ces conditions essen-
tielles une fois reconnues, le reste n'est plus que savoir-faire et
dextérité, affaire de temps, de lieu ou de goût particulier. Il
serait cependant peu légitime de croire qu'entre les formes diverses de l'art dramatique aucune ne soit plus noble et plus relevée que les autres. La longue lutte des classiques et des romantiques n'a pas obscurci cette vérité, que la tragédie et la
haute comédie resteront toujours hiérarchiquement souveraines.
Mais nous l'avouons, tous les sujets, toutes les époques, tous
les publics ne sont pas, au même degré, favorables à ces deux
genres supérieurs, et les poëtes ayant le désir fort naturel de
plaire essaieront d'y arriver en employant la forme qui leur
assurera le mieux le succès.

C'est donc un besoin de la poésie de s'accommoder aux exigences de la foule, tant qu'elles ne sont pas destructives des
conditions nécessaires de l'art. Appliqué aux poëtes belges, ce
principe nous semble renfermer tout à la fois la consécration de
leurs succès passés, l'explication de leurs revers, la règle de
leur conduite.

Que demande particulièrement le public belge?

Il aime les traditions nationales. Continuez de les lui présenter sur la scène, comme on l'a fait déjà, non sans bonheur ;
mais tâchez, dans vos drames ou dans vos comédies historiques, d'unir à la connaissance parfaite des époques, au mouvement de l'action, l'analyse fidèle des passions humaines. A
toute époque, le cœur a eu sa logique, dont un poëte doit être

le merveilleux et sûr interprète. Des pièces, même assez faibles d'action, même chargées d'anachronismes, ont pu rester
au premier rang; aucune n'a survécu, si le génie de l'observation humaine lui a manqué.

Le public, dans un théâtre belge, comme partout, n'est pas
infatué de l'histoire nationale au point de ne pas admettre un
sujet sérieux pris en dehors de ceux que ses annales renferment.
Si vous allez fouiller l'histoire étrangère ou si d'elle-même votre
imagination crée tout un sujet nouveau, que votre drame soit
clair, facilement intelligible, et que jamais la bizarrerie des
couleurs ne nuise à la netteté du dessin.

Il y a des types universels : parmi les grands poëtes, les uns,
dans le secret de leur pensée, s'y élèvent en partant de la considération de l'individu; les autres réalisent ces types, ces
idées générales dans des créations déterminées. Soyez à votre
guise des uns ou des autres, idéaliste ou réaliste; mais que la
vérité générale se retrouve même dans vos personnages en apparence les plus exceptionnels.

Ce sont là des axiomes fort simples : ils n'en ont pas moins
leur invariable utilité, comme cet autre si vulgaire : « Écrivez
bien. »

Bien écrire est une loi pour tous les poëtes. Elle est particulièrement obligatoire pour les poëtes de Belgique. C'est peut-
être pour eux le seul moyen de triompher des préventions que
leurs dédaigneux confrères de France se plaisent trop souvent
à répandre contre la littérature franco-belge, tout en s'accor-
dant pour leur usage propre de très-grandes licences.

Il n'y a presque plus de sujets réellement neufs au théâtre, et
tous les moyens de pathétique sont vulgarisés. La beauté de
l'expression peut être sans cesse rajeunie et faire aimer, par les
savantes variations du langage poétique, la vieille, l'éternelle
histoire des sentiments.

Horace disait en général du poëte latin qu'il était

« Natura sublimis et acer :
Nam spirat tragicum satis et feliciter audet,
Sed turpem putat inscite metuitque lituram. »

Beaucoup de nos poëtes dramatiques semblent mériter le

même compliment et le même reproche. Ils s'élèvent facilement jusqu'à concevoir de grands effets, mais leur style n'est pas assez châtié. On dirait qu'ils craignent en se corrigeant, en supprimant avec courage les rédondances et les inutiles superfétations qui déparent un premier jet, de paraître moins vigoureux.

Cette illusion doit disparaître et faire place aux soins les plus soutenus. Un poëte n'est pas en ce monde pour son plaisir, mais pour créer de belles œuvres, et si l'on nous permet de finir par un mot de ce Platon qui fut si rude à tous les poëtes, principalement à ceux du théâtre, mais qui comprenait si bien les véritables conditions de leur fortune, souvenons-nous que toutes les choses belles à voir sont difficiles à faire.

FIN.

TABLE DES MATIÈRES.

30

FIN DE LA TABLE DES MATIÈRES.

ENCYCLOPÉDIE
populaire

ENCYCLOPÉDIE
publiée sous le patronage
DU ROI

10e SÉRIE

Directeur: J. BARON
Professeur à l'Université
de Liège

9 782019 947958